国家出版基金项目
NATIONAL PUBLICATION FOUNDATION

满族语言与文化研究丛书

主编◎郭孟秀　副主编◎长　山

满洲崛起对东北少数民族文化认同的影响

MANZHOU JUEQI DUI DONGBEI SHAOSHU MINZU
WENHUA RENTONG DE YINGXIANG

郭孟秀◎著

社会科学文献出版社
SOCIAL SCIENCES ACADEMIC PRESS (CHINA)

黑龙江大学出版社
HEILONGJIANG UNIVERSITY PRESS

图书在版编目（CIP）数据

满洲崛起对东北少数民族文化认同的影响 / 郭孟秀
著. -- 哈尔滨：黑龙江大学出版社；北京：社会科学
文献出版社，2022.6
（满族语言与文化研究丛书 / 郭孟秀主编）
ISBN 978-7-5686-0604-2

Ⅰ．①满… Ⅱ．①郭… Ⅲ．①满族－民族文化－研究
－东北地区②少数民族－民族文化－研究－东北地区
Ⅳ．①K280.3

中国版本图书馆 CIP 数据核字（2021）第 002408 号

满洲崛起对东北少数民族文化认同的影响
MANZHOU JUEQI DUI DONGBEI SHAOSHU MINZU WENHUA RENTONG DE YINGXIANG
郭孟秀　著

责任编辑　陈连生　张琳琳
出版发行　黑龙江大学出版社　社会科学文献出版社
地　　址　哈尔滨市南岗区学府三道街 36 号　北京市北三环中路甲 29 号院华龙大厦
印　　刷　哈尔滨市石桥印务有限公司
开　　本　720 毫米 ×1000 毫米　1/16
印　　张　18
字　　数　250 千
版　　次　2022 年 6 月第 1 版
印　　次　2022 年 6 月第 1 次印刷
书　　号　ISBN 978-7-5686-0604-2
定　　价　68.00 元

总　序

　　由黑龙江大学出版社联合社会科学文献出版社组织策划的满族语言与文化研究丛书即将出版。丛书荟萃《清代满语文对蒙古语言文字的影响研究》（长山著）、《朝鲜语与满－通古斯语族同源词研究》（尹铁超著）、《满语修辞研究》（魏巧燕著）、《满语借词研究》（哈斯巴特尔著）、《满语认知研究：形态、语义和概念结构》（贾越著）、《俄藏满文文献总目提要》（王敌非著）、《满族社会文化变迁研究》（阿拉腾等著）、《濒危满语环境中的满族祭祀文化》（阿拉腾著）、《满洲崛起对东北少数民族文化认同的影响》（郭孟秀著）、《清代黑龙江地区世居民族交往交流研究》（吕欧著）、《清代东北流人视野中的满族社会生活》（高松著），共十一部力作，是近年来黑龙江大学满学研究院研究成果的集中展现，也是诸位学者"博观而约取，厚积而薄发"的必然结果；同时也体现出黑龙江大学出版社慧眼识金，为满学研究把薪助火的专业精神。在本丛书的十一部著作中，可以归类为满语（通古斯语族）语言学的有五部，可以归类为文化人类学的有四部，另有古籍类一部，民族史类一部。其中涉及满族语言文字方面的内容，笔者并非相关领域专家，无从评价。以下是阅后的几点思考，是为序。

　　首先，是关于满族文化内涵的思考。

本套丛书把内容定位为"语言与文化",以展示黑龙江大学满学研究院在满族语言文化研究方面取得的优秀成果。阅读这套丛书后,笔者欲从历时和地理空间的角度思考满族文化的内涵,以便更深刻地理解丛书的内容。

尹铁超教授在《朝鲜语与满－通古斯语族同源词研究》一书中,将同源词研究上溯到了中国古代地方民族政权高句丽国的高句丽语和三韩语,把朝鲜语、高句丽语、满－通古斯语族诸语作为比较研究的对象。郭孟秀研究员提出,满族文化研究的内容框架可参考文化哲学三个层面的研究主题,即对文化现象的一般考察,关于文化的社会历史透视,以及关于文化的价值思考。他认为,除了第一个层面外,满族文化研究在其他两个层面都比较匮乏。① 这一观点无疑是正确的,非常有价值的。阿拉腾等在《满族社会文化变迁研究》一书中对满族文化进行了历时的分期。特别重要的是郭孟秀研究员在《满洲崛起对东北少数民族文化认同的影响》一书中对满族文化进行了纵向、历时的思考,将肃慎族系文化作为整体进行分类研究,包括肃慎－挹娄、勿吉－靺鞨、宋金时期女真人、元明时期女真人,研究其文化特征和满洲文化的形成。从历史发展过程的角度思考满族及其先民的文化的形成、演变过程,无疑为我们提供了非常有意义的研究视角。郭孟秀研究员还在满族文化的内涵研究上进行了创新,提出底层文化(渔猎文化)、表层文化(农耕文化)的概念,并首创满洲文化"轴心期"的新观点,即满洲人学汉语、习汉俗是一种文化选择的结果,更是文化有机体生命力的一种展示。对满族人来说,作为核心的渔猎文化与作为次核心的农耕文化在这一时期既存在一种亲和的相互融合的状态,同时又各自保留具有独立特征的文化张力,是文化二元结构的最佳状态,为满洲文化的发展提供了广阔的空间和愿景。此时的满洲文化表现出未特定化和未确定性,处于充满无限可能的"方成"而非"已成"状态,是满洲文化轴心期的重要标志。而在此之前,满学界就已经开始从人类发展史的角度审视

---

① 郭孟秀:《满族文化研究回顾与反思》,载《满语研究》2016 年第 1 期。

满族文化的形成发展过程。在全国"首届满族文化学术研讨会"上，有学者提出满族文化发展的三个阶段，即远古时期、满洲鼎盛时期（努尔哈赤进入今辽沈以后）、中华人民共和国成立以后的满族新文化时期。有学者提出清朝时期满族文化的四个类型：留守型文化、屯垦型文化、留守与驻防交叉型文化、驻防型文化。驻防型文化层次最高，留守、屯垦型文化保留传统内容较多。[①] 但此次研讨会以后，从人类发展史的角度和自然地理空间的角度研究满族文化的成果还是较少。而满族语言与文化研究丛书的出版，将会成为帮助我们更加全面地了解满族文化内涵的重要资料。

中国远古的文化，由于处于相对封闭的自然地理空间而呈现出独立发展的地域土著特征，很少受到族系外民族的冲击和干扰，形成了自身的半闭环的交流循环体系，黑龙江流域便是中国相对封闭的自然地理空间中的重要一环。黑龙江流域以北是不太适合远古人类生存的，外兴安岭南缘只发现了零星的新石器遗址，而在黑龙江流域内，新石器文化的遗存才开始密集、丰富起来。在满族先民生存的黑龙江下游流域以及乌苏里江、松花江下游流域，其北部是没有外敌存在的，而其东部是大海，只有西部和南部面临着濊貊－夫余族系的威胁，即夫余和高句丽。在公元7世纪前，肃慎族系与濊貊－夫余族系间形成了弱平衡关系，在长期的历史发展过程中塑造了具有独特地域特征的文化，即北东北亚类型的渔猎文化。而一旦离开这一具有独特自然地理特征的区域，就会发生文化类型的明显演变。笔者认为，在远古时期，自然地理状况对人类社会的发展进程起到决定性的影响，几乎所有的文明古国都不曾脱离这一规律。古埃及、古巴比伦、古印度文明的发生区域有一个共同的因素，即大河、平原和适合于旱地农业发展的环境。这些文明古国自然地理空间的开放性导致了其文明的中断，而相对封闭的地理空间环境则成为中国古代文明绵延不断的有利条件之一。中国古代文明的发生因素同样是大河（黄河）、平原，黄河从上游至下游流经宁夏平原、河套平原、汾渭平原、华北平原，特别是汾渭平原和

---

① 周凤敏：《"首届满族文化学术研讨会"综述》，载《满族研究》1990年第1期。

华北平原，作为古中国文明的发生地域，远古农业十分发达。据考证，这些地方距今五千年左右出现青铜器，距今三千多年出现象形文字——甲骨文。这些条件与其他三个文明古国有相似之处，即适合远古农业发展的大河、平原，以及象形文字和青铜器。

历史事实证明，黑龙江干流流域不适合旱地农业的发展，若不脱离这一区域便不可能进入古代的文明社会，而是长期滞留于原始的氏族－部落社会。比如，东胡族系的鲜卑人和契丹人在脱离这一区域南下直至中原后，才有机会进入到奴隶制社会，最终进入到封建社会；蒙古族脱离这一区域到漠北草原后才进入到奴隶社会。而那些没有机会脱离黑龙江干流流域的诸氏族部落，比如埃文基人（鄂伦春、鄂温克人）、那乃－赫哲人、乌尔奇人、乌德盖人、尼夫赫人、奥罗奇人、奥罗克人等25个土著"民族"，则根本没有机会脱离氏族－部落社会。因此，我们可以把满族的传统文化划分为四种类型：第一种类型是没有脱离黑龙江干流下游流域、乌苏里江流域、松花江干流下游流域的满族先民的文化，他们仍然处于氏族－部落社会，狩猎、捕鱼是其文化的核心特征，比如肃慎、挹娄、勿吉、靺鞨的大部分及生女真、野人女真等；第二种类型是源自黑水靺鞨的女真人建立金朝后形成的该时期的女真文化；第三种类型是以粟末靺鞨为主建立的渤海国的文化，粟末部是夫余人和勿吉人融合形成的，《旧唐书》记载为"涑沫靺鞨"或"浮渝靺鞨"[1]，受夫余人影响，粟末靺鞨文化具有鲜明的中原文化特征；第四种类型就是女真－满洲－满族文化，简称满族文化，建立清朝的核心是建州女真，其主要部落胡里改部的源头是黑龙江下游以北的乌德盖部落，逐步迁移至松花江中游（今依兰县）。元末明初，胡里改部和斡朵里部先后南迁，开启了满洲族的历史，也创造了满洲族文化。分析这四种类型的文化我们发现，渤海文化、女真文化、女真－满洲－满族文化之间并没有继承关系，而是表现出明显的差异性，它们的共同点是其源头都与黑龙江下游的原始部落相关，在恶劣的自然环境下形

---

① 刘昫等：《旧唐书》第05部，陈焕良、文华点校，岳麓书社1997年版，第991、992页。

成的剽悍、刚烈和无所畏惧的精神，或许就是它们文化共同性的体现。所以，如果我们用"肃慎－满洲族系"文化来命名满族及其先民的文化的话，其特点则是多样性中蕴含着共同性，且多样性超过其共同性。满族文化包括满族先民的文化（黑龙江下游流域的氏族－部落文化、渤海文化、建立金朝的女真文化）、满族传统文化和革命文化、社会主义先进文化。满族的传统文化处于濒危状态，但满族的现代文化（社会主义先进文化）则正处于形成、发展的过程中，而且必然是综合性的、复合型的新文化。不能将满族现代文化的形成发展视为"汉化过程"，因为这完全违背了中国历史的发展过程。新石器时代的六大文化区系①和六大文化区②，以及先秦时期华夏"中国"的"天下"中夷夏分布、交错杂居的事实，包括秦、楚、吴、越等融入华夏的历史，这些都说明是各民族共同创造了华夏文化。满族现代文化的建设处于中华现代文化建设的范围中，表现为核心文化（中华文化核心价值观、精神力量）的统一和表层、深层文化（满族文化）多样性的统一。中国其他各民族的文化同样处于现代文化的重塑过程中。

其次，是关于满族文化濒危问题的思考。

所谓"濒危文化"包括物质的、非物质的正在消失的文化，而且是不可逆转地即将消失的文化。既然是濒危的文化，其所依存的人文条件和自然地理条件就都已经处于消失的过程中，所以，濒危文化不具有传承性，因为文化的本体内涵和形式都已经经历了长期的变异过程，失去了传播的功能性基础。濒危文化的原始内涵是不可复原的，因为其最核心的文化内涵已经不复存在。比如现在东北地区还存在一些"活态"的萨满祭祀仪式，但无论是规模还是功能都区别于以往。在本套丛书中，《清代满语文对蒙古语言文字的影响研究》《朝鲜语与满－通古斯语族同源词研究》《满语修辞研究》《满语借词研究》《满语认知研究：形态、语义和概念结构》

---

① 苏秉琦、殷玮璋：《关于考古学文化的区系类型问题》，载《文物》1981年第5期。
② 严文明：《中国史前文化的统一性与多样性》，载《文物》1987年第3期。

《濒危满语环境中的满族祭祀文化》，均属于濒危文化研究的范畴。"黑龙江省富裕县三家子村、孙吴县四季屯等一些满族村屯中还有十几位满族老人能够较为熟练使用满语，满语口语即将彻底退出历史舞台。对基础满语语法、满语修辞、满语与锡伯语比较等方面的研究，是在书面语的层面对满语所做的继承与保护，这项工作可以让满族语言作为满族文化的一部分存续下去。"这是本套丛书立项报告中的表述，笔者深以为然。满族濒危文化严格表述应为"满族濒危传统文化"，即将退出社会功能的是过去的文化，而满族新的文化即社会主义先进文化正处于建设过程中，因此从整体视角看，满族文化不存在濒危的问题，而是在发展中出现了变迁。《满族社会文化变迁研究》就是从这个视角进行的研究，非常具有现实意义。

基于上述认识，笔者个人的观点是要重视满族濒危传统文化的资料库建设（文字记载、影像资料制作、博物馆展示建设等）和专业化研究，做好这些工作的基础是有效的精英人才培养机制，如黑龙江大学开展的满族语言文化方向的本科生和研究生培养工作，就是很有远见的举措。满族优秀的传统文化是中华文化的组成部分，我们有责任，更有能力，对其进行深入、系统的研究。

再次，是关于满族语言与文化研究重要价值的思考。

郭孟秀研究员认为，目前针对满族文化价值方面的研究是比较匮乏的，该观点抓住了满族文化研究存在的突出问题。满族及其先民创造了恢宏而又多样的优秀民族文化，诸如渤海文化、女真文化和女真－满洲－满族文化，是中国古代北方地区最具影响力的少数民族文化，对中华文化的发展做出了杰出贡献。从我国旧石器晚期到新石器早期的人类发展状况来看，中原地区并不总是走在前面，先进的文明也并不都是从中原向四周扩散。比如距今约八千年的阜新查海文化的玉器，距今五六千年的红山文化的庙、祭坛、塑像群、大型积石冢、玉猪龙等成套玉器，都说明苏秉琦先生认为中华文明"满天星斗"的观点是正确的。至少在某一个时期内，中原地区还未发现"具有类似规模和水平的遗迹"而走在前面的文明，当然，这并不影响中原地区作为古中国文明核心区域所起到的引领作用。东北地区史前文化的顶峰显然是前红山－红山文化，它作为华夏文化的边缘和"北狄"文化的腹地，成为中华文化向东北地区传播的枢纽和通道，最先受到影响的是濊貊－夫余族系，而后是东胡族系，最后受影响的肃慎－满洲族系却创造了三种类型的文化，从公元7世纪末开始间断影响中国北部一千多年，是少数民族文化与中华文化融合的典型范例。满族先民所创造的这些优秀文化对中华文化的贡献没有得到学界应有的重视，研究成果较少，这是非常遗憾的。应该特别重视女真人两次入主中原、粟末靺鞨人建立"海东盛国"渤海的文化因素研究，以及这些满族先民的文化向中原文化靠拢的原因，这些都是满族文化价值研究的重要课题，但不限于此。"满族缔造的清朝，持续近三百年，对中华民族的近现代历史与文化都产生了重要的影响。因此，从中华民族文化大局的角度研究满族文化具有重要的历史意义与现实意义。"这是本套丛书的重要意义和价值所在。

丛书中《满洲崛起对东北少数民族文化认同的影响》《清代满语文对蒙古语言文字的影响研究》《清代东北流人视野中的满族社会生活》《清代黑龙江地区世居民族交往交流研究》四部著作对满族文化的价值进行了探讨。后金－清政权在入关前，分别发动了对蒙古、赫哲、索伦等族的一系列统一战争，建立了牢固的同盟关系，稳固了后方，同时进一步将中华文化传播到这些地区。通过清朝的统治，东北少数民族逐步接受中华文化并且开始认同中华文化，有一个重要的途径就是通过接受、认同满洲文化来渐次接受、认同中华文化，满洲文化"中华化"的过程使得中华文化在东北少数民族中的传播和影响更为深入、稳固，这是满族文化对中华文化历史建设的重要贡献。当然，这一贡献并不局限于东北地区，还包括中国其他的少数民族地区。

在先秦时期，"天下观"中存在"教化天下"的内涵，自秦朝始，"教化天下"演化出中央与边疆之间"因俗而治"、羁縻制度、土司制度以及朝贡－封赏等多种形式的政治关系，实则是"教化观"外溢扩展的结果。先秦时期"教化天下"不等于华夏"中国"实际控制的"天下"，带有礼治的想象成分，两种"天下"合二为一实现于清朝。也可以这样认为：满洲文化的"中华化"使得先秦时期想象的"天下"和"教化天下"在清朝统一于实践的"天下"。"大一统"的理想之所以能够在清朝实现，文化一统是重要的条件，而在这一过程中，满洲文化"中华化"的贡献是关键因素，其当然成为满族文化价值研究的重要内容。

在满族文化中，语言文字具有重要而独特的学术研究价值。《俄藏满文文献总目提要》等著作就是这方面的研究成果。满文古籍文献包括档案、图书、碑刻、谱牒、舆图等，数量居 55 个少数民族文字古籍文献之首。"清代，特别康熙、雍正、乾隆三朝，大量公文用满文书写，形成了大量的满文档案。用满文书写印制的书籍档案资料，及汉文或别种文字文献的满译本，构成了满文文献的全部。"此外，中国第一历史档案馆所藏满文文献，就有一百五十万件左右。辽宁、吉林、黑龙江、内蒙古、西藏、北京等省、市、自治区的档案部门或图书馆，中央民族大学、北京大学等大学的图书馆，以及中国社会科学院民族学与人类学研究所等研究机构的图书馆，均藏有满文文献。北京、沈阳、台北是我国三大满文文献收藏宝库。由于历史变迁等一些举世周知并令人难忘的原因，我国珍贵的满文文献还流散在世界各地，如日本、韩国、俄罗斯、英国、美国等地。①比如，日本有镶红旗文书（从雍正至清末）资料 2402 函。1975 年，美国国会图书馆藏有满文文献 8916 册。因此，我国必须培养一批相当数量的满语言文字方面的专业人才，翻译和研究浩如烟海的满文文献，与其他文字的文献对照、补充，还原更加真实、完整的清朝历史与文化，寻觅无文字民族的历史与文化的面貌，其价值自不待言。本套丛书中满语言文字研究方面的著作，就属于这类成果。

最后，是关于满族文化与中华文化关系的思考。

在《满洲崛起对东北少数民族文化认同的影响》一书中，郭孟秀研究员认为东北少数民族对中华文化认同的形成过程，是通过对国家政权的认同发展到对满洲文化的认同，再由此升华到对中华文化的认同。这是非常

---

① 富丽：《满文文献整理纵横谈》，载《中央民族学院学报》1984 年第 3 期。

新颖而有创意的观点。笔者认为，在这个过程中，满洲文化的逐步"中华化"是影响清朝各民族对中华文化产生认同的关键因素。李大龙教授认为，"建立清朝的满洲人则不仅没有回避其'东夷'的出身，反而在天子'有德者居之'旗号下对魏晋以来边疆政权对'大一统'观念继承与发展的基础上有了更进一步发扬，目的是在确立满洲及其所建清朝的'中国正统'地位的基础上实现中华大地更大范围内的'大一统'"①。"大一统"观念自秦朝开始拓展其内涵，从单纯的华夏"中国"统治的合法性、正统性，逐渐形成中央王朝文化一统、政治一统、疆域一统、族系一统等内涵的综合概念，其中，文化一统是实现其他"大一统"的基础。所以，清朝统治者在顶层文化上推行以儒家思想为基础的中华文化，在基础层文化上采取"修其教不易其俗，齐其政不易其宜"②的政策，既包容差异，又实现了中华文化核心价值的统一。在这一过程中，满族文化必然向"中华化"的方向发展，因为文化政策必须服从于统治的合法性和稳定性。

研究满族文化与中华文化的关系，首先要知道什么是中华文化。习近平总书记对此指出："我们灿烂的文化是各民族共同创造的。中华文化是各民族文化的集大成。"③ 在2021年的中央民族工作会议上，习近平总书记又指出："要正确把握中华文化和各民族文化的关系，各民族优秀传统文化都是中华文化的组成部分，中华文化是主干，各民族文化是枝叶，根深干壮才能枝繁叶茂。"④ 满族的优秀传统文化亦是中华文化的组成部分，中华文化认同是由包括满族文化在内的各民族文化认同的基础文化层级和中华文化认同的国家文化层级组成的，基础文化层级不应具有政治属性，而国家文化层级则必然具有政治属性。中华文化认同是在认同中华各民族

---

① 李大龙：《农耕王朝对"大一统"思想的继承与发展》，载《云南师范大学学报（哲学社会科学版）》2020年第6期。

② 《礼记·王制》，见杜文忠：《王者无外：中国王朝治边法律史》，上海古籍出版社2017年版，第72页。

③ 《习近平：在全国民族团结进步表彰大会上的讲话》，新华网，2019年9月27日。

④ 《习近平在中央民族工作会议上强调 以铸牢中华民族共同体意识为主线 推动新时代党的民族工作高质量发展》，新华网，2021年8月28日。

文化形成和发展历史的基础上，对中华顶层文化的价值观、精神的认同，或者说顶层文化已经属于国家文化的范畴，每个民族的文化认同都不能与之等同，每个民族的文化都不等同于中华文化。这就厘清了满族文化与中华文化的关系，即枝叶与主干的关系，基础层级与顶层（国家文化）的关系。这一认识应该成为开展满族文化研究的原则，也就是说既不能把满族文化的研究政治化，也不能认为开展满族传统文化研究和发展满族现代文化就有害于中华文化认同，就与极端的、狭隘的民族主义有联系。开展满族文化研究与发展满族现代文化是中华文化建设的一部分，不影响中华文化共同性的增进，包容和尊重差异的共同性才会更有生命力和凝聚力。正常的差异并不会成为中华文化建设的障碍，处理得当，反而会成为动力。

满族语言与文化研究丛书的出版，体现了上述四个思考中提到的理念，笔者期盼更多此类研究成果涌现。

中国民族理论学会副会长，

延边大学、黑龙江大学兼职教授、博导，都永浩

总 导 言

　　满族（满洲）既是一个历史民族，也是一个现代民族，独特的发展历程铸就了其别具一格的文化特质，使之成为中华文明大花园的一朵奇葩。形成于明朝末年的满洲民族共同体，素有"马背上的民族""引弓民族"之称。满族族源可追溯至商周时期的肃慎，汉至两晋时期的挹娄（肃慎），北魏时期的勿吉，隋唐时期的靺鞨，宋、元、明时期的女真等均为肃慎后裔，也是满族的先世。这些部族长期繁衍生息于我国东北的"白山黑水"之间，在军事、政治、社会、文化上都创造了辉煌的成就，对中华民族文化的形成发展影响重大，意义深远。正如著名社会学家、人类学家费孝通先生所言，中华民族是由 56 个民族构成的多元一体，各民族文化的多样性构成了中华文明的丰富性。因此，研究满族语言及其历史文化具有重要的学术价值与现实意义。

　　全国唯一专门的满语研究机构——黑龙江省满语研究所自 1983 年成立以来，本着"把科研搞上去，把满语传下来"的办所宗旨，组建了国内第一个满语研究团队。自 20 世纪 80 年代以来，黑龙江省满语研究所充分利用地缘优势，连续对日趋濒危的满语进行抢救性调查，采用录音、录像等现代化手段，对黑河地区、齐齐哈尔地区和牡丹江地区仍然能够使用满语的满族老人进行连续性跟踪调查记录，完整保存活态满语口语原始资料。

近年来，抢救性调查范围拓展至赫哲语、鄂伦春语、鄂温克语、那乃语与锡伯语，搜集了较为全面丰富的满－通古斯语族诸语言调查资料。此外，黑龙江省满语研究所对满语语音、语法、词汇等基本理论问题展开了系统的分析研究。

1999年11月，黑龙江省满语研究所整建制迁入黑龙江大学，组建黑龙江大学满族语言文化研究中心，研究领域由单一满语拓展至满族历史与文化，并利用黑龙江大学的人才培养机制，陆续创建与完善中国少数民族语言文学（满语）学士、硕士与博士三级学位培养体系，目前共培养满语本科、硕士、博士毕业生近170人。中国少数民族语言文学（满语）专业培养了大量的满语专业人才，毕业生多于满文档案保管机构从事满文档案整理与研究工作。2019年6月，为适应学科建设发展需要，满族语言文化研究中心正式更名为满学研究院，标志着黑龙江大学满学学科建设迈上一个新台阶，成为集满语满学研究、满语人才培养、满族文化传承于一体的教学科研机构。经过几代人的努力，黑龙江大学满学研究团队以学科特色鲜明、学术积淀厚重、学科体系完善、学术研究扎实而享有一定学术声誉和社会影响力。

满族语言与文化研究丛书拟出版的11部专著即为满学研究院科研人员的近期学术成果。其中以满语研究为主题的成果4部，哈斯巴特尔《满语借词研究》，长山《清代满语文对蒙古语言文字的影响研究》，贾越《满语认知研究：形态、语义和概念结构》，魏巧燕《满语修辞研究》；以亲属语言比较研究为主题的1部，尹铁超《朝鲜语与满－通古斯语族同源词研究》；以满文文献研究为主题的1部，王敌非《俄藏满文文献总目提要》；以满族历史文化研究为主题的5部，阿拉腾《濒危满语环境中的满族祭祀文化》，郭孟秀《满洲崛起对东北少数民族文化认同的影响》，阿拉腾等《满族社会文化变迁研究》，吕欧《清代黑龙江地区世居民族交往交流研究》，高松《清代东北流人视野中的满族社会生活》。丛书研究既涉及基础理论问题，又涵盖以问题为中心的专题探讨；研究主题多偏重于历史范畴，亦有基于田野调查的现实问题研究。

这批成果是黑龙江大学满学研究院的教学科研人员经过一定时期的积累，秉持严谨的态度所推出的原创性成果。但是，学无止境，受自身专业与研究能力限制，相关研究或许还存在一些局限与不足，希望得到学界师友批评指正。

满语文已经退出或者说正在淡出历史舞台，不再具有现实应用性的交际交流功能。因而，满语文研究，乃至以满语文研究为基础的满学研究已经成为"具有重要文化价值和传承意义的绝学冷门学科"。在现代语境下，抢救保护与开发研究少数民族语言文化是一项意义重大而充满艰辛的事业，需要学术工作者坚持严谨的学术操守，抵制急功近利的诱惑，甘于"板凳要坐十年冷"的寂寞，同时更需要社会各界的大力支持与积极参与。

满族语言与文化研究丛书的出版要特别感谢香港意得集团主席高佩璇女士。自2009年开始，高佩璇女士从中华民族传统文化传承与保护的高远视角，先后出资700余万元资助黑龙江大学与香港大学饶宗颐学术馆合作开展"满族文化抢救开发与研究"项目。该项目旨在对现存活态满族文化进行抢救性调查与挖掘，对现存满文档案开展整理翻译与研究开发，以加强后备人才培养，拓展深化满族语言与历史文化研究。德高望重的国学大师饶宗颐先生大力倡导这一功在当代、利在千秋的民族文化事业，并为项目亲自题写牌匾"满族文化抢救开发与研究"。高佩璇女士以黑龙江省政协常务委员身份，多次撰写建议提案，向各级领导及社会呼吁关注支持满学研究与满族文化事业，并得到省委、省政府、省政协领导的重视与批示，彰显了深切的民族情怀与企业家的担当奉献精神。香港大学饶宗颐学术馆馆长李焯芬教授、副馆长郑炜明教授等在项目论证和实施中开展了大量细致工作。经过项目组成员十余年的努力，目前项目第二期即将结项，此次出版的11部专著即为该项目第二期的部分成果。在此谨向令人敬仰与怀念的饶宗颐先生（已故）致以敬意，向高佩璇女士等支持关注满学事业的社会各界仁人志士表示由衷感谢。

满族语言与文化研究丛书出版之际，还要感谢黑龙江大学领导及黑龙江大学重点建设与发展工作处的大力支持。感谢黑龙江大学出版社的帮助，正是在他们的努力下，本丛书得到了国家出版基金的资助；他们对所有选题进行认真审核，严把意识形态关，并邀请相关领域专家对每部专著内容予以审读，提出修改建议，大大提升了学术成果的严谨性。部分论著涉及满语文及音标，给录入排版造成了一定困难，幸有诸位编辑不辞辛苦，认真校对，保证内容的规范与质量，在此一并致谢！

黑龙江大学满学研究院院长，

博导、研究员，郭孟秀

前　言

本书以满洲崛起对东北各少数民族文化认同影响为主题，当属于满族文化研究范畴，也是笔者从事满文化研究十余年来一直关注的一个选题。作为满学研究的一个学术方向，满族文化研究在我国发端于 20 世纪 80 年代，以 1989 年 10 月 8 日至 13 日于辽宁省丹东市召开的我国首届"满族文化学术研讨会"为标志。这是唯一一次单一以满族文化为主题且有近百名国内外专家学者参加的学术会议，讨论的议题包括满族文化内容、模式、类型、层次，满蒙汉八旗驻防及关系，旗与民族关系，满族文学内容及特色，满族音乐、舞蹈内容及特色，满族文化的发展趋势等。无论是讨论的内容，还是对满族文化研究的自觉重视程度，都达到了前所未有的高度。①也正是在这次会议上，至今已成为各地满族同胞重要民族节日的"颁金节"得以确立。

三十余年来，满族文化研究取得了丰硕的学术成果，研究队伍不断壮大，研究方法日趋多元，研究层次不断拓展深化。但是，与满学其他学科如语言、历史等分支学科相比，满族文化研究还处于起步阶段，一些相关

---

① 周凤敏：《"首届满族文化学术研讨会"综述》，载《满族研究》1990 年第 1 期；袁肠：《满族文化研究管窥——首届满族文化学术研讨会综述》，载《社会科学辑刊》1990 年第 1 期。

的基本概念与基本理论问题都有待于进一步厘清，学科体系的基本框架尚未构建，研究范式与方法仍在探索之中，整体研究处于一种自在自发而非自觉的状态，甚至可以说仍然从属于满学各学科之中而未分化独立出来。满族文化研究的滞后不仅是一个领域的问题，在文化日趋受到社会高度关注并在诸多学科中已经成为学术前沿的现代语境下，也严重制约了满学学科的整体建设发展与学术影响力。对于满族文化研究的未来发展，笔者曾专门撰文讨论①，提出满族文化研究应该借鉴文化哲学研究范式，加强基础理论研究。研究主题包括三个层面：其一是对满族文化现象的一般考察，涉及文化的生成、文化的结构、文化的传播与发展、文化的时间与空间特征等；其二是关于满族文化的社会历史透视，即关于满族文化模式、文化危机与文化转型的研究；其三是关于满族文化的价值研究。② 就目前已有成果来看，关于第一层面即满族文化现象的研究居多，以描述性实证研究为主，且有大量重复内容，而第二层面与第三层面的成果相对匮乏。关于满族文化的价值研究当引起学界更多关注。

本书即是在满洲（满族）文化研究大范围之内，从文化价值视角探讨满洲兴起并发展壮大对作为边疆区域的东北少数民族文化认同的影响。费孝通先生认为："中华民族是包括中国境内 56 个民族的民族实体，并不是把 56 个民族加在一起的总称，因为这些加在一起的 56 个民族已结合成相互依存的、统一而不能分割的整体，在这个民族实体里所有归属的成分都已具有高一层次的民族认同意识，即共休戚、共存亡、共荣辱、共命运的感情和道义。"③ 即民族认同意识的多层次论，其中 56 个民族是基层，中华民族是高层。正是在中华民族多元一体格局理论指导下，本书首先梳理了东北古代少数民族三大族系的历史演变过程与文化特征，以明代东北少数民族文化多样性及多元认同为基础，阐述了满洲（族）的兴起不仅使其

---

① 郭孟秀：《满族文化研究回顾与反思》，载《满语研究》2016 年第 1 期。
② 衣俊卿：《文化哲学——理论理性和实践理性交汇处的文化批判》，云南人民出版社 2001 年版。
③ 费孝通主编：《中华民族多元一体格局》（修订本），中央民族大学出版社 1999 年版，"代序：民族研究"第 13 页。

自身走上融入中华民族共同体的历史进程，而且引领了清代东北少数民族在文化上对中华文化的高度认同，实现了由单一基层认同到对中华民族高层认同的多层次认同格局。

在此有必要对本书中"满洲"与"满族"的使用作一点说明。从宽泛意义上来说，满洲与满族是指同一个民族共同体。满洲为以努尔哈赤、皇太极为首领而集聚形成于明末清初的民族共同体，族称由皇太极于1635年所确定。至清末民国时期又出现了"满族"这一称号，而且两个族称一度同时使用，在新中国成立后确认为满族（1952年），一直延续至今。满族也就成为现代社会公认的族称，而其起源即是明末清初的满洲。事实上，社会大众层面的这一认识，也无可厚非，因为现代满族无论如何也不能说与最初满洲是两个民族共同体。但在学术研究层面则应更加严谨，区别满洲与满族也是十分必要的。一些学者对此也提出明确意见。滕绍箴在经过历史考证后认为，满洲与满族既关系密切，又有所区别，满洲是满族发展的第一阶段或初级阶段，"满洲发展阶段是以满洲文化表征为主的历史时期；满族发展阶段是以汉族文化表征为主的历史时期"①。徐凯提出，满族是1952年由中央统战部对山东分局统战部来电作出批示后确立的族称，然而，几十年以来，在中国通史、民族史、清史、满族史著述中，时常将特定的历史名称"满洲"与"满族"混为一谈，因此，有必要对二者加以区分，他认为，满洲贵族是清朝的统治者，满洲为当时的主导民族。满族则是由满洲演变而来，从此满族成为祖国多民族大家庭的成员之一，享受着人民民主的各项权利。② 赵志强认为满洲与满族是两个历史时期的名称，满学是研究满洲的科学，从历史发展过程来看，以往满学研究的对象主要是满洲而非满族。从中外有关语言称谓来看，也用满洲而不用满族。③考虑到清代史料记载均以"满洲"相称，本书所讨论的也主要是清代满洲，故

① 滕绍箴：《满洲满族名称辨析——纪念满洲定名360周年》（下），载《满族研究》1995年第4期。

② 徐凯：《满洲认同"法典"与部族双重构建：十六世纪以来满洲民族的历史嬗变》，中国社会科学出版社2015年版。

③ 赵志强：《满学概论》，中国社会科学出版社2020年版。

遵从诸位学者关于"满洲""满族"族称的厘定，除了引用文献和涉及近现代时期外，均使用"满洲"称号。

加强对东北少数民族中华文化认同研究既有一定的学术价值，也有强烈的现实意义。2019年9月27日，习近平总书记在全国民族团结进步表彰大会上的讲话中指出："文化是一个民族的魂魄，文化认同是民族团结的根脉……牢固树立正确的祖国观、民族观、文化观、历史观，对构筑各民族共有精神家园、铸牢中华民族共同体意识至关重要。"[①] 如果能够从中华民族的视野，从一个更长的历史时段，深入挖掘满洲文化的影响与社会历史作用，将有助于从更深层次上解读中华民族多元一体格局形成的历史过程与历史逻辑。自古以来，东北地区居民就是以少数民族为主，但一直与中原王朝保持着密切联系，自先秦肃慎始，向商周朝贡不绝于史。在漫长的历史发展过程中，东北少数民族在文化认同上经历了由单一本民族（族群）文化到本民族文化与中华民族文化多元认同，由自在到自觉的演变过程。特别是自明末女真－满洲崛起以来，东北少数民族对中华民族的文化认同达到了一个前所未有的高度，由此形成为抗击外来侵略、保证领土完整，各少数民族空前团结一致，国家主权意识强烈的团结稳定格局。

囿于本人的学术水平，本书还存在诸多问题与不足。本书虽然大致梳理出满洲崛起对东北少数民族文化认同转化的影响，但还是较为笼统和粗线条，加之史料文献特别是满文档案利用不充分，大大影响了本书研究的精深度。此外，对文化认同理论缺乏深度研究，也在一定程度上降低了研究成果的理论水平。在此诚望各位专家学者予以批评指正。

本书的出版还要特别感谢诸位师友、同学的帮助。渤海大学都永浩教授、黑龙江省社会科学院民族研究所谷文双研究员、烟台大学左岫仙副教授在本书的结构设计与写作过程中都提出了很多宝贵建议，关锐、牛聪、顾涵、牟敏瑶等同学为本书的完成做了大量的文献史料整理与注释校对工作，在此表示由衷感谢！

---

① 习近平：《在全国民族团结进步表彰大会上的讲话》，《人民日报》2019年9月28日。

目 录

第一章

古代东北少数民族历史概述

人是文化的存在，也是历史的存在。在这一意义上而言，文化即是历史，或者说文化是在历史中展开的，"若我们有意研究文化，自须根据历史。因文化乃是历史之真实表现，亦是历史之真实成果。舍却历史，即无文化"①。因此，研究古代东北少数民族文化必然要以历史为基础和依据。纵观东北少数民族历史，可谓部族②众多，源远流长，历史发展过程复杂。出现于史的部族多达数百个，最早可追溯到先秦时期。他们长期繁衍生息于白山黑水这片东北沃土之中，在与中原王朝保持联系的同时，各部族之间接触、交往不断加强，相互征伐、兼并融合时有发生，文化交流与涵化也随之展开。为了简要厘清东北民族史的历史框架与发展轨迹，在此以金毓黻先生等学界前辈提出的三大族系为主体，梳理历史演变过程。

第一节　古代东北少数民族三大族系

世居东北的少数民族无疑是东北古代历史舞台上的主角，正如金毓

---

① 钱穆：《中国历史研究法》，生活·读书·新知三联书店 2001 年版，第 133 页。
② 这里的"部族"与苏联"部族"概念不同，系指诸氏族、部落与早期的原生性"民族"的合称。

戢先生所言："东北史者，东北民族活动之历史也，无东北民族，则无所谓东北史，故述东北史，必以民族居首焉。"①东北少数民族最早见诸史册的为肃慎，《竹书纪年》记：（帝舜）"二十五年，息慎氏来朝，贡弓矢。"②这里的"息慎"即"肃慎"，同书还有周武王十五年，周成王九年肃慎"来宾""来朝"的记载。《逸周书·王会解》载："东胡黄黑。山戎戎菽。"《山海经·海内西经》亦载："东胡在大泽东，夷人在东胡东。"自秦汉始，东北古代各少数民族陆续出现在史书中，所记部族越来越多，内容也更加翔实。但是，由于部族众多，关系复杂，尤其是许多族称为少数民族语，加之与中原王朝相距遥远，往来疏密不常，汉文史籍经常出现一部多名的现象，比如，东胡族系的乌桓亦称"乌丸""古丸"等，肃慎亦有"息慎""稷慎"等。考虑到本书的研究主题，在此对东北民族史并不展开讨论，而是沿用前辈学者提出的族系框架体系，简要梳理三大族系各部族历史演变发展概况，为接下来的文化讨论奠定基础。

一、族系概念界定

虽然我们都在大量使用族系这一概念，也能够准确把握族系概念的内涵，族系概念似乎有一定自明性，但族系作为一个学术术语，我们必要对其给予学术意义上的严格界定。干志耿、孙秀仁两位学界前辈曾在《黑龙江古代民族史纲》中对族系概念做了初步界定：族系与族体不同，"包含有两方面的意义，一是时间的概念，即先后顺序和渊源关系，但他们并不是同一个民族；二是属于同一系统，即相当于同一语系、语族或语支，尤其是后二者"③。这里强调了族系不同于民族共同体，系统内各部族之间既有先后顺序，又有渊源关系。对所属系统的界定，以语系、语族或语支作

① 金毓黻：《东北通史》上编，五十年代出版社 1981 年版，第 23 页。
② 《竹书纪年·五帝纪》。
③ 干志耿、孙秀仁：《黑龙江古代民族史纲》，黑龙江人民出版社 1987 年版，第 53 页。

参照固然可取，但却不能作为划分族系的标准，族源应该是族系划分最为重要的参考。在阿尔泰语系的三大语族中，满通古斯语族在国内包括满语、赫哲语、锡伯语、鄂伦春语、鄂温克语五种民族语言，而从族源上看，锡伯、鄂伦春、鄂温克三个民族基本可以确认均来源于东胡鲜卑族系。[①] 由此，族系应该是由具有一定渊源关系的各部族在历史演进中形成的相对稳定的关系体系。这种关系主要是指各部族之间的关系，既包括时间的先后关系，也包括共时的相互关系，甚至是历时与共时相互交织的关系；既可能是外联式的关系，也可能是内嵌式的关系；更重要的是这种关系不是两个或多个部族之间偶然的关系，而是具有一定持续性的稳定的关系。如此既可将族系与民族共同体相区别，又可将并无族源关系的部族摒除族系之外。

二、东北古代史研究族系框架的提出

关于东北史的研究发端于 20 世纪二三十年代，按族系划分的框架体系也是在这一时期首先提出的。

金毓黻先生将包括汉族在内的东北古代民族划分为四大部分："古代之东北民族，大别之为四系。一曰汉族，居于南部，自中国内地移植者也。二曰肃慎族，居于北部之东。三曰扶余族，居于北部之中。四曰东胡族，居于北部之西。此皆早居于东北之民族也。"[②] 并说明虽然汉族为外部迁入，但因时间久远而与土著三系并无差异："依古籍所载，可知肃慎夫余东胡三族，最早居于东北之民族也。汉族虽由中原移殖，然其初来之时

---

① 《锡伯族简史》编写组编写：《锡伯族简史》（修订本），民族出版社 2008 年版；《鄂温克族简史》编写组编写：《鄂温克族简史》（修订本），民族出版社 2009 年版；《鄂伦春族简史》编写组编写：《鄂伦春族简史》（修订本），民族出版社 2008 年版。根据学者考证，锡伯族即鲜卑遗民，鄂温克族与南北朝失（室）韦人之北室韦、钵室韦、深末怛室韦"关系较为密切"，鄂伦春族与钵室韦"有着某些渊源关系"。

② 金毓黻：《东北通史》上编，五十年代出版社 1981 年版，第 24 页。

代，已在史前，与其他各族，亦无异也。"① 金毓黻先生正是按这一框架撰写了至今仍堪称经典的《东北通史》。同时，也为东北史研究提出了一种基本思路与范式。

以族源脉络为依据划分东北古代民族史框架体系在肃慎族系研究中得到了更充分的体现，在20世纪初的东北史研究成果中，中外史家从不同角度进一步论证了肃慎族系的真实性。冯家升先生在《述肃慎系之民族》一文中指出："肃慎系之民族为三大通古斯之一，其名称虽代有变更，而其种属则为一系，如先秦之肃慎，汉魏之挹娄，南北朝之勿吉，隋代之靺鞨，唐代之渤海，宋元明之女真，近代之满清是也。"② 吕思勉先生在《中国民族史》中所列十二族就包括肃慎，"今所谓满族，见于史籍最早者，当推肃慎"③。并引用史料论证古代之肃慎"必即后世之挹娄靺鞨其人也……晋时之肃慎，《魏书》称为勿吉，隋、唐《书》作靺鞨，辽以后称女真，至明末，乃有满洲之称"④。傅斯年先生出版的《东北史纲》虽然没有明确提及"肃慎系"一语，但却在第一章第二节中使用了"肃慎——挹娄——女真"标题，认为"《满洲源流考》言'挹娄疆域与肃慎正同'，其说不误。又谓肃慎、挹娄、珠申、女真为一音之转，亦确"⑤。在第四章"西汉魏晋之东北属部·上史料"中列出《后汉书》《魏志》《魏书·勿吉传》《北史·勿吉传》相关记载，实将其视为同一族系，文中引用史料说明肃慎与挹娄的关系。林惠祥先生的《中国民族史》在第八章标题上就使用了"肃慎系（满族来源之二）"，"肃慎亦属满族之一系，在上古时期谓之肃慎或息慎、稷慎，后又称为挹娄、勿吉、靺鞨；至于女真更为肃慎之转音语"⑥。日本学者鸟居龙藏在《挹娄即为肃慎》一

① 金毓黻：《东北通史》上编，五十年代出版社1981年版，第31页。
② 冯家升：《述肃慎系之民族》，载《禹贡》1935年第3卷第7期。需要说明的是"满清"一词在新中国成立后因带有民族歧视色彩而不再被使用，但此处为原文直接引用，故未作改动。
③ 吕思勉：《中国民族史》，中国书籍出版社2019年版，第171页。
④ 吕思勉：《中国民族史》，中国书籍出版社2019年版，第173页。
⑤ 傅斯年：《东北史纲》，上海古籍出版社2000年版，第18页。
⑥ 林惠祥：《中国民族史》，上海书店出版社2012年版，第119页。

文中虽然没有提出肃慎系概念，但也认为各部族之间存在连续性，挹娄即为肃慎，亦即人类学家所谓的通古斯人种。此挹娄在中国历代被以各种不同的名称称呼，有时被称为"靺鞨"，有时被称为"勿吉"，有时又被称为"女真"。至于其人民，即为同一通古斯人种，表明对各部族同属一系的认可。[①]

新中国成立后，学术界在研究东北史、东北民族史时继续秉持并进一步深化了这一观点，如《东北民族史略》（1983）、《东北史纲要》（1987）、《中国东北通史》（1991）、《中国民族史》（1994）、《东北史》（2001）、《东北通史》（2003）、《中国东北史》（2006）、《中国东北民族史》（2014）等。[②] 亦有学者在研究黑龙江古代民族历史时采用了这一观点，干志耿、孙秀仁在《黑龙江古代民族史纲》一书中明确指出："古代黑龙江地区的三族系，即后来西部的东胡—鲜卑—室韦—契丹—蒙古系；中部的秽貊—橐离（索离）—夫余—豆莫娄系，又称之为古亚细亚系；东部的肃慎—挹娄—勿吉—靺鞨—女真，后来学者称之为通古斯诸族。"[③]

金毓黻先生等前辈学者提出的东北古代民族族系框架体系，从历史实际出发，依据东北古代少数民族的源流关系较为科学地勾勒出了东北历史格局，使得看似多民族交错、纷繁复杂的东北古代史变得清晰明了，对东北史与东北民族史研究具有重要开创意义，建立了一种崭新的解读东北史的学术体系，从宏观上廓清了三大族系的整体结构与历时演变框架。金毓黻先生因此也被誉为东北民族史研究的集大成者，"他创建了第一个较完

---

① 《鸟居龙藏全集》第七卷，日本朝日新闻社 1976 年版。此文献得之颇费周折，之前虽曾有学者提及，但遍查国内图书馆与数据库，均无所获，有赖刘东辉、杨帆同学在日本访得；原文为日文，幸得同事阿拉腾教授援手翻译成汉文，在此一并致谢。

② 《满族简史》编写组：《满族简史》，中华书局 1979 年版；傅朗云、杨旸：《东北民族史略》，吉林人民出版社 1983 年版；董万仑：《东北史纲要》，黑龙江人民出版社 1987 年版；薛虹、李澍田主编：《中国东北通史》，吉林文史出版社 1991 年版；王锺翰主编：《中国民族史》，中国社会科学出版社 1994 年版；程妮娜主编：《东北史》，吉林大学出版社 2001 年版；李治亭主编：《东北通史》，中州古籍出版社 2003 年版；佟冬主编：《中国东北史》（全六卷），吉林文史出版社 2006 年版；姜维公主编：《中国东北民族史》（全 3 册），吉林文史出版社 2014 年版。

③ 干志耿、孙秀仁：《黑龙江古代民族史纲》，黑龙江人民出版社 1987 年版，第 53 页。

整的有关我国东北民族源流的体系"①。当然，作为一种学术假说，这一框架体系仍有进一步深化研究的空间，诸如族系内部的承继关系与方式、在不同时间各族系间诸部族的交往与融合、各族系的文化共性特征以及族系间的文化交流与涵化等等。

第二节　东胡族系

东胡族系在东北三大族系中位于最西部，在不同时期活动地域范围也不尽相同。从语言上划分属于阿尔泰语系。历史上曾先后出现诸多部落、部落联盟、部族和民族，如东胡、乌桓、鲜卑以及由鲜卑分化出的慕容、宇文、段部、拓跋、乞伏、秃发、吐谷浑各部，此外还有库莫奚、契丹、室韦、蒙古等。但各部族传承脉络比较清晰，整个族系按各部族兴衰发展历程大致可划分为四个阶段：东胡及早期阶段、乌桓和鲜卑时期、室韦与契丹时期、蒙古－元时期。这四个阶段也代表了这个族系发展的四个高峰。

一、东胡及早期阶段

"东胡"一名最早出现于先秦史籍中，《逸周书·王会解》："东胡黄罴。山戎戎菽"。《山海经·海内西经》亦载："东胡在大泽东，夷人在东胡东。"说明在战国时期东胡一部就已经存在且为中原所知。据林幹先生考证，东胡之名并非自称，匈奴人自称为"胡"，而东胡在匈奴之东，故称"东胡"，主要依据是《史记·匈奴列传》"索隐"引东汉学者服虔之注曰："东胡，乌丸之行……在匈奴东，故曰东胡。"②

关于东胡的族源主要有两种不同说法。多数学者认为，东胡仅为春秋

---

①　孙进己：《东北民族源流》，黑龙江人民出版社 1989 年版，第 3 页。
②　林幹：《东胡史》，内蒙古人民出版社 1989 年版，第 3 页。

时期晋、燕两国北部众多的诸"戎"之一①。日本学者白鸟库吉认为，战国至秦汉时期，"胡"用于专指匈奴，称东胡当与匈奴同种。② 根据早期中国四夷——东夷、西戎、南蛮、北狄的地理分布，东胡源自诸戎似更可信，再考虑到其后败于匈奴后分化为乌桓与鲜卑两大部落，东胡或许并非一部，极有可能是当时中原人对内蒙古草原东部游牧部落的泛称。史书中关于东胡分布地域范围的记载较为简略，《史记·匈奴列传》载"燕北有东胡、山戎"，《史记·赵世家》载："今中山在我腹心，北有燕，东有胡。"可知东胡在燕国之北，赵国之东。学者根据考古发掘资料进一步考证，东胡活动范围大致在今内蒙古东部老哈河上游东南至辽宁大、小凌河流域，即包括今赤峰市（旧昭乌达盟）、朝阳市、锦州市及其周围的大片地区。③

东胡初见于商周之际，在春秋时期不断发展壮大，到战国时期达到鼎盛，"控弦之士二十万"，开始与中原燕赵两国以及匈奴发生征战与往来。

据《史记·匈奴列传》载："燕有贤将秦开，为质于胡，胡甚信之，归而袭，破走东胡，东胡却千余里。"说明当时力量比燕国更为强大，遂有燕国秦开为质。击败并驱走东胡后，燕国修筑长城自造阳（今河北张家口市独石口附近）至襄平（今辽宁辽阳市），并设上谷、渔阳、右北平、辽西、辽东五郡，以拒东胡。

东胡强大后还数次掳掠赵国代郡众人，为赵国东境之患。后赵国出兵打败东胡，东胡也一度服属于赵，后来强大，故又叛赵，并占领了赵国辖境的代郡地方（大同一带）。赵惠王二十六年（公元前273年），赵国的良将李牧再次发兵，先破匈奴，后败东胡，收复代郡，《史记·赵世家》载："东胡叛赵，驱略代地人众以叛，故取之也。"

东胡与匈奴之间也是征伐不断。先以东胡强盛，向匈奴索要名马与

---

① 张博泉、苏金源、董玉瑛：《东北历代疆域史》，吉林人民出版社1981年版，第33页；董万仑：《东北史纲要》，黑龙江人民出版社1987年版，第46页；林幹：《东胡史》，内蒙古人民出版社1989年版，第1页。

② 白鸟库吉：《东胡民族考》，方壮猷译，商务印书馆1934年版，"上编"第18页。

③ 林幹：《东胡史》，内蒙古人民出版社1989年版，第9页。

"阏氏"。秦汉之际，东胡逐渐衰落。公元前206年，东胡越过与匈奴的中间地带"瓯脱"，西侵入"弃地"，匈奴单于冒顿愤而发兵征讨，东胡因轻敌准备不足而大败，部众被击散，余部分两支分别逃至乌桓山（今内蒙古赤峰市阿鲁科尔沁旗以北）和鲜卑山（今内蒙古通辽市科尔沁左翼中旗西），形成后来的乌桓族与鲜卑族，自此东胡之名不见于史。

作为一个古老的以游牧为主的部族，东胡自商代初年到西汉，存史大约1300年。尽管史载不详，但是通过东胡与中原燕、赵以及北方强族匈奴的关系中依然可以辨析出当时东胡开疆拓土聚集部众，由小到大、由弱至强的发展过程。也正是东胡早期对东北西部大草原的经略，才开创了我国古代东北乃至北方游牧民族自我发展并与中原交往联系的历史格局，也为东胡族系后世繁衍发展奠定了扎实的基础。

二、乌桓和鲜卑时期

这一时期为东胡族系发展的第二阶段，也是整个族系最为重要的阶段，时间范围在隋唐以前，集中于魏晋南北朝时期。尽管乌桓并未作为一个部族延续下来，但其在东北的活动范围与影响力都很大，战国时期就已经见于史册，衰落后的部众也都融入了其他民族，为东北古代历史不可或缺的重要参与者。而鲜卑则以独立身份不断强大盛极一时，并繁衍扩展，于史不绝，构成东胡族系的主干部族，其后诸多强族均源于鲜卑。

（一）乌桓

乌桓，亦称"乌丸""古丸""乌延"等，东胡时期及东胡以前，乌桓分布在大兴安岭以东。公元前206年，匈奴冒顿破灭东胡，乌桓退保乌桓山，并"因以为号"，主要分布在西拉木伦河及其以北地区，即今内蒙古自治区东部及与黑龙江、吉林、辽宁三省相接区域。其后经历了数次南迁，逐渐强大起来。西汉武帝时期，霍去病击破匈奴左地，迁乌桓于沿边诸郡塞外，即老哈河流域、滦河上游以及大小凌河流域之地。此时乌桓也未完全摆脱匈奴控制，受汉及匈奴双重统辖。至东汉初期乌桓日渐强大，与汉、匈奴间互有征战。东汉光武帝建武二十一年（45），汉遣伏波将军马援率三千骑突袭乌桓，乌桓因预先得消息而相继逃走。马援追击斩首百级还，而乌桓复尾击之，援遂晨夜奔入塞，马累死千余匹。第二年，乌桓乘匈奴内乱及旱蝗饥荒击破之，迫使匈奴北徙数千里，"漠南地空"。乌桓从此完全摆脱匈奴的控制。光武帝乘乌桓击败匈奴之机赐以币帛，招抚乌桓，并分批次迁徙于塞内外诸郡，"大约从今天我国东北的大凌河下游，经河北省的北部、内蒙古自治区南部、山西省北部和中部，最西到达内蒙古的鄂尔多斯草原，均有乌桓部众驻牧其间"[①]。至东汉中期，乌桓达到鼎盛时期，形成几个政治中心，"灵帝初，乌桓大人上谷有难楼者，众九千余落，辽西有丘力居者，众五千余落，皆自称王；又辽东苏仆延，众千余落，自称峭王；右北平乌延，众八百余落，自称汗鲁王"[②]。四郡共16000余落，尤以辽西郡丘力居为盛。献帝初平（190—193）中，丘力居死，子楼班年少，从子蹋顿有武略，代立，总摄辽东、辽西、右北平三郡各部，众皆从其号令，雄踞北部边塞诸郡。

三国时期，建安十一年（206）夏，曹操发兵东征乌桓，乌桓军大败，蹋顿被杀。乌桓及汉民前后降者20余万。曹操迁辽东、辽西和右北平三郡乌桓降者万余落及乌桓校尉阎柔所统幽、冀乌桓万余落（共3万落左右）于邺城附近诸郡或幽、并二州之州治即蓟县（今北京市西南）、晋阳（今山西省太原市西南）一带。[③]三郡乌桓的进一步内迁加速了与汉族的融合，乌桓作为一个整体也开始日渐衰落。

魏晋以后，除被曹魏南迁的三郡乌桓外，其他诸郡乌桓大多留居原地，与其他诸族错居杂处，虽仍有一定实力，但随着鲜卑诸部崛起而被分散瓦解，势力日衰，成为"杂胡"之一种。据《魏书》载："其诸方杂人

①　王锺翰主编：《中国民族史》，武汉大学出版社2012年版，第281页。
②　《后汉书》卷九十《乌桓鲜卑列传》。
③　王锺翰主编：《中国民族史》，武汉大学出版社2012年版，第284页。

来附者，总谓之'乌丸'，各以多少称酋、庶长。"① 尽管"乌丸"已经成为杂夷的泛称，不再以独立部族身份出现，但乌桓部众并未灭绝，而是逐渐融入汉族及鲜卑各部之中了。

（二）鲜卑

鲜卑无疑是东胡族系中影响较大的部族之一，也是东北古代史上第一个在中原建立政权的部族。其部众之多、活动范围之广、延续历史之久、建立区域政权之盛均可谓中国东北乃至北方古代史之佼佼者。同样，鲜卑一族发展演变的复杂程度也要明显高于其他古代部族。考虑到关于鲜卑的专题研究成果丰富，笔者亦无更深入研究，在此对其历史并不展开叙述，仅对发展传承脉络予以简要梳理。

学界关于鲜卑族源观点颇多，本文取山戎或白夷说。先秦时他们已游牧狩猎于大兴安岭山脉中部与北部，秦汉之际，匈奴击破东胡，鲜卑之名始显于史册，考诸文献，兴起当晚于乌桓，在东汉初年。早期鲜卑可分为两部，即东部鲜卑和北部鲜卑（拓跋鲜卑）。

1. 东部鲜卑

东部鲜卑源于内蒙古自治区东部的鲜卑山，即今科尔沁右翼中旗西哈勒古河附近的大罕山。东汉初年，鲜卑仍役属于匈奴，但在发展过程中开始逐渐与汉朝往来。在乌桓内迁到边郡塞内后，鲜卑亦乘机南迁至老哈河，与汉"始通驿使"。建武三十年（54），鲜卑大人于仇贲、满头率族人属汉，被封为王和侯，是为鲜卑正式接受汉朝封号之始。在这一时期内，鲜卑和汉朝、乌桓、匈奴之间征伐不断，叛服不常。北匈奴西迁后，鲜卑日渐强大。

（1）檀石槐与轲比能军事联盟

在宇文部、段部、慕容部崛起之前，东部鲜卑曾两度建立规模较大的军事联盟。公元2世纪中叶，檀石槐（约137—181）因"施法禁，曲直，

---

① 《魏书》卷一一三《官氏志》。

莫敢犯者"而被推以为大人，檀石槐"南钞汉边，北拒丁令，东卻夫馀，西击乌孙，尽据匈奴故地，东西万二千馀里，南北七千馀里，罔罗山川、水泽、盐池甚广"①，建立了鲜卑第一个军事联盟。他将鲜卑分为东、中、西三部50余邑，各置大人为首领，归其统辖。檀石槐死后这一联盟也很快瓦解分化为三个集团：一是檀石槐后裔步度根集团，拥众数万落，据有云中、雁门一带；二是被称为小种鲜卑的轲比能集团，拥众十余万骑，据有高柳（今山西省阳高县）以东的代郡、上谷边塞内外各地；三是原属于东部大人弥加、素利等所领的若干小集团，分布在辽西、右北平、渔阳塞外。② 后小种鲜卑轲比能"以勇健，断法平端，不贪财物，众推以为大人"③，随之轲比能先后兼并了"东部大人"所管辖的各小部和步度根部众，统一了漠南地区，形成第二个军事联盟。但这一联盟也持续不久，曹魏为了扼制鲜卑的复兴，在讨伐的同时不断离间其与步度根的关系，于青龙三年（235），幽州刺史王雄遣韩龙出塞刺杀之，更立其弟。

两次军事联盟解体后，东部鲜卑再次陷入群雄纷争的局面，始有宇文部、段部、慕容部迭相兴起。

（2）宇文部

宇文部并非源于鲜卑，而是匈奴与鲜卑杂居融合而成，据《北史·匈奴宇文莫槐传》载："匈奴宇文莫槐，出辽东塞外，其先，南匈奴之远属也，世为东部大人。"约公元1世纪，匈奴或西迁或南下，留在漠北有十余万落之众，东迁并归附于辽东太守，与鲜卑部落杂处。始居阴山的宇文部一并迁往辽西，加入檀石槐建立的鲜卑部落联盟，宇文氏为东部大人，逐渐鲜卑化，遂称鲜卑宇文氏。檀石槐军事联盟瓦解后，宇文氏独立成部。晋元康（291—299）初年，宇文莫圭部日渐强大，自称单于，所辖疆域不断扩大，于今西拉木伦河和老哈河一带，统治中心为紫蒙川（今辽宁省朝阳市）。建元二年（344）前燕慕容皝大败宇文部，占领紫蒙川，宇文

① 《三国志》卷三十《魏书·鲜卑传》。

② 王锺翰主编：《中国民族史》，武汉大学出版社2012年版，第310～311页。

③ 《三国志》卷三十《魏书·鲜卑传》。

部为前燕所并，余众散亡。此后，宇文部大都受慕容氏所辖，后转隶北魏拓跋鲜卑，北魏末，丞相宇文泰掌握西魏（536—556）大权。宇文泰死后，其子宇文觉逼西魏恭帝退位，称帝，建立北周，后于581年为杨坚所取代。

（3）段氏

段氏为东部鲜卑的一支，其起源则与乌桓关系密切。史载："其后渔阳大饥，库辱官以日陆眷为健，使将之诣辽西逐食，招诱亡叛，遂至强盛。"① 库辱官为乌桓部落大人，说明段氏最早系乌桓大人的家奴，因饥荒而从渔阳迁至辽西世居，后聚集部众，日渐强大。由此也可看出，段部非仅有鲜卑一族，其构成较为复杂，"招诱亡叛"中多为辽西旧有部族，极有可能包含乌桓人、匈奴人、汉人。② 曹魏末晋初势力渐盛，至公元4世纪初，发展成为东部鲜卑最强之部，"其地西尽幽州，东界辽水"③，并与宇文部和慕容部相互征伐，东晋咸康四年（338）为慕容皝所灭。

（4）慕容氏

慕容，初为部落大人名，后以为氏。檀石槐时期慕容为中部大人之一，主要分布在西拉木伦河上游，即今河北省平泉市北至西拉木伦河西段地区。慕容部兴起于慕容廆（又作若洛廆、弈洛瓌）时期。永嘉（307—312）初，廆自称鲜卑大单于，西晋愍帝、东晋元帝先后遣使封之为大将军、大单于、昌黎公、辽东公等。公元319年，击败前来攻伐的数十万宇文、段部及高句丽联军，占据辽东之地。慕容廆又采取劝课农桑发展生产、选用汉族士人、设置侨郡县安置汉人等一系列措施推动社会发展，为其子孙进据中原奠定了基础。东晋咸和八年（333），慕容廆死，三子慕容皝继立，并于咸康三年（337）称燕王（史称前燕），其后又东击高句丽，北并宇文部，成为东北强国。慕容皝子慕容儁不断壮大势力，于永和六年（350）称帝，建元天玺，与东晋脱离臣属关系，达到鼎盛，除前秦所据关

① 《魏书》卷一〇三《徒何段就六眷列传》。
② 孙进己：《东北民族源流》，黑龙江人民出版社1989年版，第48页。
③ 《晋书》卷六十三《段匹磾传》。

中外，黄河以南，淮汉以北广大地区尽归燕控制。太和五年（370），前燕为前秦苻坚所灭，慕容部势衰。前秦苻坚在淝水之战中为东晋所灭，北方又重陷于诸部分裂的混乱之中。鲜卑慕容氏余部又在原前燕旧境内先后建立三个政权：慕容皝第五子慕容垂建立了后燕（384—407），都中山（河北定县）；慕容泓（冲）建立了西燕（384—394），都西安（后为慕容永，都长子，今山西长子县）；慕容垂之弟慕容德建南燕（398—410），初都滑台（今河南滑县），后迁都广固（今山东青州市）。

2. 北部鲜卑

北部鲜卑是拓跋鲜卑的早期阶段，或者说，拓跋鲜卑是由北部鲜卑发展而来的。广义而言，拓跋鲜卑应该包括建立代国和北魏的拓跋部，建立南凉的河西鲜卑秃发部等。实际上，拓跋鲜卑的形成当在北部鲜卑第二次南迁后与当地匈奴的融合。为了叙述方便，下文遵从《魏书》所记，统一为拓跋鲜卑。

关于拓跋鲜卑的起源早期学术界争议较大，1980 年，考古学者米文平在鄂伦春自治旗阿里河镇西北 10 公里大兴安岭北段顶巅东侧的嘎仙洞中，发现了北魏太平真君四年（443），拓跋焘派李敞祭祖先时刊刻于石壁之上的祝文[1]，内容与《魏书·礼志》所载一致，因而多数学者认同北部鲜卑起源地"大鲜卑山"当位于大兴安岭北段。

（1）拓跋鲜卑早期阶段

关于拓跋鲜卑早期历史可参考《魏书·序纪》：

"昔黄帝有子二十五人，或内列诸华，或外分荒服。昌意少子，受封北土，国有大鲜卑山，因以为号。其后世为君长，统幽都之北，广漠之野。畜牧迁徙，射猎为业，淳朴为俗，简易为化，不为文字，刻木纪契而已。世事远近，人相传授，如史官之纪录焉。黄帝以土德王，北俗谓土为托，谓后为跋，故以为氏。其裔始均，入仕尧世，逐女魃于弱水之北，民赖其勤，帝舜嘉之，命为田祖。爰历三代，以及秦汉，猃狁、獯鬻、山

---

① 米文平：《鲜卑石室寻访记》，山东画报出版社 1997 年版。

戎、匈奴之属，累代残暴，作害中州，而始均之裔，不交南夏，是以载籍无闻焉。积六十七世，至成皇帝讳毛立，聪明武略，远近所推，统国三十六，大姓九十九，威震北方，莫不率服。崩。"①

虽然关于源于黄帝的说法明显带有传说色彩，但仍可看出拓跋鲜卑早期的生活状态和历史脉络，"积六十七世，至成皇帝讳毛立"可视为拓跋鲜卑的起点，时间大约在公元前 2 世纪后期至 1 世纪前期，相当西汉武帝在位期间，这里的"统国三十六"当指 36 个氏族集团或部落，毛可能为部落联盟的酋长。毛下传五世而至宣帝拓跋推寅（第一推寅），正值东汉初年，北匈奴西迁，南匈奴保塞，拓跋鲜卑乘草原空隙开始了第一次南迁，至"大泽"，即今呼伦湖（达赉湖），并在此生活约二百年之久。推寅后又经六世，至献皇帝邻时，为生存发展开始筹划第二次南迁。由于年老体衰，乃以位授子圣武帝诘汾（第二推寅）。诘汾遵命率众南迁，历经重重困难艰险，最终到达匈奴故地，即今河套北部固阳阴山一带。这部分鲜卑进入匈奴故地后，与留居的匈奴长期杂居共处，相互婚配，匈奴逐渐被鲜卑化，最后融合形成一个新的共同体，"鲜卑父胡母"的拓跋鲜卑。② 因此，有学者认为，"迁入匈奴故地以后，拓跋鲜卑作为一个新兴起的民族才基本定型"③。

拓跋鲜卑在始祖神元皇帝力微时期得到了较大发展。拓跋诘汾长子秃发匹孤率所属部众从塞北迁居河西，拓跋本支，从力微时起就游牧于上谷（今河北省怀来县）以西、云中（今内蒙古自治区托克托县东北）一带。虽然因西部鲜卑大人蒲头侵袭，一度部众离散投靠五原郡（今内蒙古包头市西北）没鹿回部大人窦宾（纥豆陵宾）之下，但复经十余年经营，旧部渐归，在并窦宾部众后，势力转强，控弦之士达 20 余万。力微三十九年，甘露三年（258），从河套北部迁于汉定襄郡之盛乐（今内蒙古和林格尔县西北），同年四月，举行祭天大典，诸部君主集聚，拓跋

① 《魏书》卷一《序纪》。
② 马长寿：《乌桓与鲜卑》，上海人民出版社 1962 年版，第 3、30、245 ~ 247 页。
③ 姜维公主编：《中国东北民族史》（全 3 册），吉林文史出版社 2014 年版，第 188 页。

部正式取得了部落联盟的领导权，力微也巩固了世袭的大酋长的地位。同时，拓跋鲜卑在向西南发展过程中，与中原曹魏、西晋政权保持联系与交往，魏景元二年（261），力微还遣其子沙漠汗（文帝）至魏都洛阳"且观风土"，实为质子，加强对汉文化的了解与吸收。

（2）代国

拓跋力微死后，少子禄官继为统领。晋元康五年（295），禄官分部众为中、东、西三部：禄官自为大酋，统领东部，居上谷之北，濡源（今河北省东北部滦河上源）之西；以力微长子沙漠汗之子桓帝统领中部，居代郡参合陂（今内蒙古凉城县东北）北；以桓帝弟穆帝猗卢统西部，居定襄之盛乐故城。拓跋鲜卑逐渐强盛，扩展牧地，"财畜富贵，控弦骑士四十余万"[①]。永嘉元年（307）力微病卒，侄猗卢继位，统领三部，雄居塞北，与晋通好，继续扩大统治地域。

晋建兴三年（315），猗卢受晋愍帝册封为代王。猗卢侄拓跋郁律（约317—321）时期，继续向北部草原发展，"西兼乌孙故地，东吞勿吉以西，控弦上马将有百万"[②]。东晋咸康四年（338），拓跋什翼犍在繁畤（今山西省浑源县西南）北即代王位，年号"建国"。什翼犍置百官，分掌众职，定法律，代初具国家规模。代建国三年（340），定都于云中盛乐宫（今内蒙古和林格尔县西北），当时实际控制疆域大致跨今内蒙古自治区中部和山西省北部。建国三十九年（376），前秦苻坚应刘卫辰之请，发幽、冀、并三州兵30万，分数路会攻什翼犍，代国灭。

代国建立之初为晋朝册封而非独立，其后发展壮大亦与晋关系密切，虽然持续时间不长，但却是拓跋鲜卑势力强盛的重要蓄积过程，从一定意义上而言，代国实际是由拓跋鲜卑早期发展到强大北魏政权建立不可或缺的关键链条。亦有学者根据代国的性质认为，什翼犍才是拓跋鲜卑国家的开创者。[③]

---

① 《魏书》卷一《序纪》。
② 《魏书》卷一《序纪》。
③ 张博泉：《鲜卑新论　女真新论》，吉林文史出版社1993年版，第109页。

（3）北魏

代国灭亡后，拓跋鲜卑部落联盟瓦解，部众被苻坚分化。淝水之战后，苻坚前秦衰落，拓跋鲜卑得以复兴。东晋太元十一年（386），什翼犍嫡孙、慕容垂外甥拓跋珪召集旧部，在牛川（今内蒙古锡拉木林河、呼和浩特市东南）召开部落大会，即代王位。同年四月，改称魏王，建元"登国"。天兴元年（398），拓跋珪迁都平城，即皇帝位，改元天兴，正式定国号为魏，史称北魏或后魏，是为北魏太祖道武帝。

拓跋珪在位 23 年，除内患，御强敌，多面出击，雄踞北疆，挺进中原，北魏日渐强盛。同时，道武帝还采取一系列措施，以便适应中原地区的需要，并促进鲜卑的封建化和向农业定居过渡。比如，吸收汉族士人，制定朝廷典章制度，加强北魏集权统治，离散原联盟诸姓部落，分土定居，使各部牧民由部落大人私属变成北魏国家编户，实行"计口受田"，"劝课农桑"，发展农业生产，等等。至北魏孝文帝时期，为巩固近百年的北魏基业，加强统治，孝文帝通过进一步改革促进社会封建化与鲜卑的汉化。主要包括：太和十八年（494），将都城由平城（今山西大同东北）迁往河南洛阳，并规定"迁洛之民，死葬河南，不得还北"①，加强与中原汉族地主阶层的融合；在经济上，创颁"均田令"和"三长制"，改革租调力役制，促进农业发展；在政治上，推行百官俸给制，改定礼仪、官制、律令等，加速北魏封建化进程；在文化习俗上，大力推进汉族化，提倡说汉语，着汉服，改汉姓，鼓励鲜卑人与汉人通婚。改拓跋氏为元氏，以继华夏正统自居，于是北魏亦有元魏之称。经过改革，北魏社会经济文化都得到快速发展，北魏政权也达到了鼎盛时期。

需要说明的是，在北魏政权封建化过程中，也加速了拓跋鲜卑及其他少数民族与汉族的融合，"实际上北魏统治时期是一个北方各民族大融合时期，其中主要是鲜卑族和其他少数民族如匈奴、乌桓等融合于汉族"②。

---

① 王锺翰主编：《中国民族史》，武汉大学出版社 2012 年版，第 330 页。

② 林幹：《东胡史》，内蒙古人民出版社 2007 年版，第 99 页。

孝文帝死后，北魏世宗（宣武帝元恪）继位。随着统治者政治腐败，贵族官僚日益荒淫奢侈，各民族间矛盾、统治阶级与被统治阶级矛盾日益激化，加之水旱饥荒等自然灾害，各地起义或反抗不断加剧，尤以正光五年（524）破六韩拔陵领导的六镇起义规模最大，跨越内蒙古、河北、宁夏广大区域。北魏政权开始步入衰落期。永熙三年（534），鲜卑化的汉人高欢调集 20 万大军分道南下，魏帝元脩放弃洛阳，转投关中的宇文泰。至此，盛极一时的北魏政权历 12 世、148 年而亡。

高欢进入洛阳后拥立元善见为帝（孝静帝），迁都邺城，史称东魏。550 年，高欢子高洋废东魏，自立皇帝，国号齐，史称北齐。拓跋鲜卑所建东魏政权结束。鲜卑贵族在北齐政权中仍占重要地位。

永熙三年（534）末，宇文泰毒死元脩后，拥立元宝炬为帝，是为西魏文帝，史称西魏。丞相宇文泰执掌西魏军国实权 20 余年，政治、经济、军事诸方面都有所发展。西魏恭帝三年（556）十月，宇文泰卒，第三子宇文觉继立。次年正月，逼恭帝逊位，觉称周天王，即帝位，史称北周。581 年，外戚杨坚取代北周，建立隋朝。

拓跋鲜卑建立的政权虽然相继衰落，但在魏晋南北朝历史进程中对促进东北以及北方少数民族相互融合，与汉民族融合发挥了不可替代的作用。虽然在其后的隋唐两朝，鲜卑作为一独立的民族共同体不复存在，但其后裔仍实际参与中华民族社会历史进步过程中，并在社会政治、经济、文化诸方面都有较大贡献。

3. 西部鲜卑

西部鲜卑主要指河西鲜卑（秃发鲜卑）、陇西鲜卑，主要活动于魏晋南北朝时期，部众大都是曹魏时迁至雍、凉之间，散居于河西、陇右，南凉、西秦盛时统领之，后转属于北魏，最终大部分被融合于汉族之中。

（1）河西鲜卑与南凉

河西鲜卑系秃发鲜卑迁至河西而得称。秃发鲜卑为拓跋鲜卑的一支，"秃发"或为"拓跋"之音转，始祖与北魏同源。曹魏黄初元年（220），圣武帝诘汾（第二推寅）卒，次子元皇帝拓跋力微因母为"天女"得立为首领，而匹孤虽为长子不得继位。约于219—256年，由塞北阴山、河套一带，沿黄河两岸，顺贺兰山脉东麓南下，至河西、陇西以北，即今内蒙古自治区额济纳旗至宁夏回族自治区北部游牧。除秃发鲜卑外，还有乙弗鲜卑（亦称卑和虏）、契翰（契汗、唾契汗）、折掘、意云鲜卑、鲜卑思磐部、车盖鲜卑、麦田鲜卑、北山鲜卑等部落。

秃发鲜卑迁入河西地区初期，先后由曹魏及西晋统治者设"护羌校尉"监领之，各部仍自有部帅。西晋初，民族矛盾日益尖锐激化。泰始六年（270），秃发首领树机能率部击杀秦州刺史胡烈于万斛堆（今甘肃省皋兰县东北黄河北岸），陇右、河西其他诸民族纷纷响应。咸宁五年（279）十二月，西晋遣兵讨伐，树机能兵败被杀。秃发部复降于西晋。但秃发部并未溃散，数传至秃发乌孤，秃发部在后凉东南广武一带势力渐强，受后凉吕光封为"冠军大将军、河西鲜卑大都统、广武县侯"。东晋安帝隆安元年（397），乌孤乘后凉势力衰，自称大部督、大将军、大单于、西平王，建立政权，年号太初，是为南凉政权之首现。399年八月，乌孤因酒醉坠马受伤死，弟利鹿孤即武威王位，迁都西平，南凉渐盛。建和三年（402）三月，利鹿孤卒，弟傉檀立，更号为凉王，迁都乐都，改元弘昌，史称"南凉"。嘉平七年（414），西秦乞伏炽磐乘机袭取乐都，傉檀降西秦，南凉共历3主、凡18年而亡。南凉亡后，原秃发氏部众先后为西秦、夏、吐谷浑与北魏所统领，最终与北魏拓跋鲜卑一同融入汉民族之中。

（2）陇西鲜卑与西秦

陇西鲜卑主要指活动于陇山（六盘山）以西的鲜卑诸部，其中以乞伏鲜卑最强。乞伏鲜卑为包括乞伏、斯引、出连、叱卢四部在内的联盟，原居于漠北，东汉中后期南迁至大阴山（今内蒙古自治区阴山山脉）。乞伏鲜卑是鲜卑与高车融合后的鲜卑部落，叱卢部，即高车十二姓中的叱卢氏。

泰始初（265），乞伏国仁五世祖祐邻（拓邻）时率部出大阴山，南迁至接近中原的"夏缘"，部众稍盛。后又西迁南徙，击败兼并鲜卑鹿结部，占据高平川（今宁夏回族自治区清水河流域），势力渐盛。祐邻曾孙述延在位时（约十六国初期），乞伏氏部落联盟进一步发展，后迁于苑川（今甘肃兰州市榆中县东北），部众增至 10 万余落。东晋咸和（326—334）年间，述延死，祁埿子傉大寒立。傉大寒卒，子司繁立。前秦始皇（351—355）中迁于度坚山（今甘肃省靖远县西）。至建元九年（373），司繁卒，子国仁借前秦之威，逐渐发展自己的势力。太初七年（394），国仁弟乾归击败前秦和仇池氏陇西王杨定 4 万联军，"尽有陇西、巴西之地"①，十二月，改河南王为秦王，史称西秦。更始四年（412）六月，乾归及其子 10 余人为国仁子乞伏公府所杀，驻府苑川的乾归子炽磐又率部击败公府，并于八月袭位，改元永康。炽磐承父遗业，西秦进入兴盛时期，但不久就因内忧外患而日趋衰落。永弘四年（431），为夏主赫连定所败，西秦历 4 主，47 年而亡。西秦灭亡后各部众分散加入到后兴的北凉、夏国、吐谷浑、北魏等政权之中，原西秦贵族在北朝政府中任职的亦不乏其人，但后来大多均被同化于汉族。

乞伏鲜卑及其建立的西秦，为魏晋时期陇西地区社会经济、文化发展和各民族间交流融合乃至中西陆路交通方面，均做出了积极贡献。

此外，还要提及源于辽东鲜卑发展于青海的吐谷浑，又称"吐浑""退浑"，初为部落大人名，后为部族称。原为鲜卑慕容部的一支，"本辽东鲜卑徒河涉归子也"②。先祖游牧于徒河青山（今辽宁省义县东北）。公元 3 世纪末至 4 世纪初，鲜卑单于涉归庶长子吐谷浑，率所部从辽东西迁至今内蒙古自治区阴山，再迁至青海，世居发展，脱离了辽东慕容鲜卑。329 年，吐谷浑之孙叶延建立政权，以其祖"吐谷浑"为国号，政权及部族存在持续至隋唐时期，后渐与羌、氐、汉、匈奴、西域胡、高车等一些民族融合，不复独立见于史籍。

---

① 《晋书》卷一二五《乞伏乾归传》。
② 《魏书》卷一〇一《吐谷浑列传》。

三、室韦与契丹

东胡族系在魏晋南北朝时期达到了发展高峰阶段，尤以北魏政权为著。其后因各部族及政权征伐不断而渐趋衰落。但整个族系并未分崩离析，仍以基于血缘的部落组织形式繁衍发展，至隋唐时期，随着室韦、契丹相继兴起，东胡族系发展到又一强盛阶段。

（一）室韦

室韦，初作"失韦"，隋时始用"室韦"，后亦作"失韦""失围"。原系蒙古语音译，森林之意。用作族称，意为"林中人"。室韦族源，史书记载不一，或"契丹之类"①，或"丁零苗裔也"②，综合史籍所载的地理位置与生产生活习俗，其主体部分为东胡后裔，出自鲜卑。有学者根据史书的不同记载推断，"室韦不是单一的民族共同体，而是一个多源的民族综合体，即它还包含有出自操涉貊、突厥和通古斯语言的一些部落或氏族，也有东胡族系乌桓族的遗民。若以地区作大体划分，中部的属东胡族系，西部的属突厥系统，东部的属肃慎、涉貊族系"③。

室韦族见诸史书记载始于北魏，约在 5 世纪，11 世纪后（金前期）不见于史，凡历 6 个世纪左右。南北朝时期，室韦大体上分布在今嫩江以西的大兴安岭地区。隋唐时期，部族渐强，"分为五部，不相总一，所谓南室韦、北室韦、钵室韦、深末怛室韦、大室韦"④。唐代室韦诸部名称大多与五大部不相一致，或由五大部分化而来。活动区域约东起嫩江东岸附近及今结雅河上中游地区，西至石勒喀河流域，南在今洮儿河流域与契丹为邻，北达外兴安岭南麓。⑤ 各部落尚未结成统一的部落联盟，氏族、部落

① 《隋书》卷八十四《室韦传》。
② 《新唐书》卷二一九《室韦传》。
③ 王锺翰主编：《中国民族史》，武汉大学出版社 2012 年版，第 690 页。
④ 《隋书》卷八十四《室韦传》。
⑤ 王锺翰主编：《中国民族史》，武汉大学出版社 2012 年版，第 691 页。

是社会组织的基本形态。南北朝时期，先后向东魏、北齐贡献文物，也曾臣服于突厥，隋唐时期则主要受隋唐管理，其间叛服不常，与多民族保持往来。唐朝末年，契丹崛起后多次出兵征伐室韦，唐朝已无暇东顾保护，室韦族开始衰落解体。

虽然室韦并未建立一个强大的北方政权，但其部族之一蒙兀室韦部西迁后发展为盛极一时的蒙古族，缔造了大元帝国。各部落乘历史机遇交错迭起，孕育而强，正是东北古代少数民族历史中的一个重要特征。

（二）契丹

契丹为东胡族系继鲜卑之后又一个强盛部族，自 4 世纪中叶至 14 世纪中叶存史约千年，建立的契丹国（辽）历时 200 余年，"不仅第一次将我国广大的北方地区各民族统一起来，而且还第一次打破了长城的阻隔，汉人北迁，北方民族南徙，将北方的游牧经济与长城以南的农业经济结合为一体，使游牧经济注入新血液，逐步走上了农牧结合的发展道路"[1]。

契丹族源为东胡或鲜卑宇文部，但随着部族的发展，与其他部族接触融合在所难免，所以早期契丹或许来源较为单一明确，后经数百年当有更多其他部融入，多源多流而成的民族共同体在东北古代史中也是屡见不鲜。

契丹历史从形成到兴盛再至衰落大致划分为三个阶段。

1. 形成阶段

契丹形成阶段为 4 世纪至 10 世纪初期，社会组织形式主要为原始部落与部落联盟，又可分为三个时期：

一是古八部时期，起自白马青牛起源传说，直至隋唐之际。据《魏书》所记，"契丹国，在库莫奚东，异种同类，俱窜于松漠之间。登国中，国军大破之，遂逃迸，与库莫奚分背"，其八部为"悉万丹部、何大何部、

---

[1] 王锺翰主编：《中国民族史》，武汉大学出版社 2012 年版，第 707 页。

伏弗郁部、羽陵部、日连部、匹洁部、黎部、吐六于部等"。① 主要活动区域为南到辽宁省朝阳市，北到西拉木伦河，西达内蒙古自治区赤峰市西南，东至辽河。当时各部各自为营，并未形成联盟，因而常受鲜卑慕容氏、高句丽、突厥等侵扰，一度曾为北齐所破而被"虏获十万余口、杂畜数十万头"②，后在隋朝扶持下得以回到故地，并在隋唐之际发展成部落联盟。

二是大贺氏部落联盟时期，当在隋唐之际。大贺氏部落联盟经历约100年，仍分八部，但名称与前八部有异，或为后组合而成。主要分布范围为"居潢水之南，黄龙之北，鲜卑之故地，在京城东北五千三百里。东与高丽邻，西与奚国接，南至营州，北至室韦"③，相当于现在的东至辽河，西至老哈河上游，南到辽宁省朝阳市北附近，北达西拉木伦河。此时的大贺氏部落联盟酋长既是契丹人的最高首领，同时也是唐代册封的地方官员，唐朝于贞观二十二年（648）置松漠都督府，契丹窟哥、失活、娑固等都担任过松漠都督。联盟各部之间亦不稳定，经常为争权夺位而相互厮杀。开元十八年（730）邵固又被可突于所杀，大贺氏部落联盟解体，遥辇氏部落联盟代之而起。

三是遥辇氏部落联盟时期。初期亲唐的大贺氏势力与亲突厥的遥辇氏两个贵族集团为争夺联盟酋长位置冲突激烈，直至遥辇氏迪辇俎里（汉名李怀秀）被立为阻午可汗后，遥辇氏为契丹各部盟主的地位才稳定下来。天宝四年（745），唐拜李怀秀为松漠都督，封崇顺王。遥辇时期契丹社会内部仍分为八部，但均为重新组合而成。早期活动区域与大贺氏时期基本一致，到9世纪下半叶（唐咸通至光启年间），则在北、南、西三面皆有所拓展，北达嫩江下游的洮儿河一带，南迄幽、蓟地区，西达奚人活动范围。遥辇氏部落联盟时期的契丹虽然仍是部落组织，但也出现了一些国家机制的迹象，比如，联盟可汗和军事首领，已为显贵家族专有，固定职

① 《魏书》卷一○○《契丹列传》。
② 《北齐书》卷四《文宣》。
③ 《旧唐书》卷一九九《契丹传》。

官、刑狱开始出现，阶级分化日趋明显等，因此，这一时期可视为契丹由部落组织到国家政权的过渡阶段。

2. 兴盛阶段

8世纪中叶后，唐朝由盛转衰，而契丹西北面的两个强邻突厥、回纥也相继衰落。正是在这样一个历史背景下，契丹崛起而盛。耶律阿保机于907年取代痕德堇为契丹可汗，削平各部反对势力，统一契丹，916年，建国称帝，自号天皇王，国号契丹，建元神册。称帝后，阿保机通过一系列改革加强皇族权力和完善中央集权制度，巩固契丹统治，对外"东征西讨，如折枯拉朽，东自海，西至于流沙，北绝大漠，信威万里"①，为契丹民族与辽朝政权的强盛开创了大好基业。

辽天赞四年（925），辽灭渤海；辽统和二十二年（1004）十二月，契丹在澶州与北宋订立"澶渊之盟"，在此后的100多年间，辽宋总体上处于和平友好关系。契丹（辽）国前后历经太祖、太宗、世宗、穆宗、景宗、圣宗、兴宗、道宗和天祚帝9主，凡209年。在强盛时统治地域东临海，西逾金山（今阿尔泰山），北至胪朐河（今克鲁伦河），南达白沟（今河北中部的拒马河）。它与女真族建立的大金国，同时成为中国历史上与北宋、南宋对峙的第二个南北朝。②

契丹设置五京统治区域涵盖了内蒙古与东北全境，第一次实现了对东北区域的空前统一与有效管辖，因此可以说，契丹所建辽朝政权不仅代表了东胡族系继鲜卑诸部后的又一个高峰，更体现了东北古代历史达到了一个新的高度。

在政治上，契丹（辽）统治者"因俗而治"，在模仿中原王朝设立皇都、五京及地方州县的同时，首创四时捺钵制与南北面官制。捺钵，契丹语，行营、行帐之意。四时捺钵制即契丹皇帝一年四季巡幸于四个不同捺钵之间，处理政务，捺钵成为实际上契丹朝廷的权力中心，而不同于中原

---

① 《辽史》卷二《太祖本纪》。

② 王锺翰主编：《中国民族史》，武汉大学出版社2012年版，第722页。

王朝所有政务集中于都城皇宫。南北面官制是为了管理从事游牧业与农业两种不同经济类型居民而设置的两套官制体系：北面官为治宫帐、部族、属国之政，南面官系治汉人州县、租赋、军马之事。四时捺钵制与南北面官制既沿袭了传统上对游牧、渔猎经济政治管理，又兼顾了对定居的汉人进行有效的统治，体现了鲜明的民族特色与地域特色，是东北地域政治文明达到的新高度，亦是中华民族文化多样性的历史体现。

在经济上，由传统游牧转向农耕生产，拓展了东北地区经济生产类型。作为一个游牧民族，契丹早期社会生产以畜牧业为主，辅以狩猎和农业。契丹国建立后，农业、手工业等有所发展；辽中期即辽太宗耶律德光以后至圣宗隆绪前期，农业得到进一步发展，在社会生产中与畜牧业地位相当；至辽晚期即圣宗中期以后，农业逐渐在国民经济中占据主导地位。农业生产主要由燕云地区大批逃亡或被掠汉人经营，而契丹人仍以畜牧业为主。

在文化上，创制契丹文字。为适应契丹社会发展需要，神册五年（920），"始制契丹大字"，九月"壬寅，大字成，诏颁行之"①。契丹大字参照汉字兼顾契丹语。其后，辽太祖弟耶律迭剌参照回鹘语创制了契丹小字。契丹大小字主要在辽贵族中使用，大约二三百年，至金章宗明昌二年（1191）"诏罢契丹字"。契丹大小字虽然流行使用范围有限，留存很少，但却为东北史上首次创地域民族文字，代表了东北文化发展繁荣的新高度。

3. 衰落阶段

辽朝中叶以后渐趋衰落，帝王持政无术，挥霍财物，大肆崇佛造寺，百姓生活日困，各地抗辽起义纷起。加之契丹贵族集团愚庸腐朽，为争权夺利互相残杀，各立旗号，从而加速了辽朝的灭亡。辽保大五年（1125）二月，末帝天祚在应州新城（今山西省应县）东30公里被金兵追获，辽朝遂亡。

---

① 《辽史》卷二《太祖本纪》。

辽保大四年（1124）七月，耶律阿保机八代孙耶律大石目睹辽朝将亡，自率所部西迁，后至辽朝的西北重镇可敦城（今蒙古国土喇河畔），召集部众，扩充军事实力。金天会八年（1130），面对金军北伐，耶律大石率部西征。金天会十年（1132）二月，耶律大石在叶密立城称帝，建年号"延庆"（汉文），尊号"天祐皇帝"，建立哈剌契丹国，史称"西辽""西契丹""后契丹"。哈剌，契丹语黑之意，哈剌契丹，即"黑契丹"。虽然西辽位于西北，"但它是契丹族在我国北方和东北方地区建立的辽王朝的继续，是我国十二、三世纪期间的边疆政权之一"[①]。1218 年，延续88 年的西辽政权为蒙古所灭。

契丹部族的兴衰与其所创建的契丹（辽）国政权几乎是同步的，在辽朝危机四伏行将破亡之际，契丹一族即开始呈现分崩离析之势，或西迁或北徙，还有大部分或降或被俘成为大金国的属民。到 14 世纪中叶（元末明初），契丹作为一个族属已经消失于史，契丹部众及其后裔逐渐融合到其他民族之中。

四、蒙古－元时期

蒙古族是东胡族系至今仍然存在的民族共同体，也是继北魏、契丹（辽）之后东胡族系发展的又一次高峰，缔建的大一统政权元朝在一定程度上代表了东胡族系的鼎盛时代，不仅对东北地区的社会发展与疆域拓展都做出了重要贡献，而且使中国历史、中亚史乃至世界史从此呈现了崭新的格局。

（一）早期蒙古

蒙古源于东胡，早期为室韦的蒙兀室韦，最初居住于额尔古纳河流域山野森林中，以狩猎采集为生。约公元 8 世纪以后，由额尔古纳河山林迁

---

① 林幹：《东胡史》，内蒙古人民出版社 1989 年版，第 199 页。

徙至鄂嫩河肯特山一带，开始了游牧生活。其后，诸多部落聚合繁衍，逐渐形成两个较大集团，尼伦蒙古和迭儿列斤（勤）蒙古，合称合木黑蒙古，意谓全体蒙古人。至成吉思汗三世祖合不勒汗时期，蒙古部不断发展壮大，成为蒙古高原强大的政治势力。当时驻居于蒙古高原从事游牧和狩猎的部落甚众，民族成分复杂，经济政治发展程度不一，后经相互征伐逐步形成各自称雄的塔塔儿、克烈、蔑儿乞、乃蛮四大部落集团。蒙古部在铁木真率领下经 16 年先后统一各部。金泰和六年（1206）春，铁木真于斡难河（今鄂嫩河）源举行忽里勒台（大会），被推举为全蒙古的大汗，尊为"成吉思汗"，建立"大蒙古国"，势力所控范围：东及兴安岭，南邻金王朝，西括阿尔泰山，北到贝加尔湖的广大草原。可见，正是在由部落发展到部落联盟再到政权国家的过程中，蒙古作为一个民族共同体由一部融合多部逐渐得以形成。

（二）三次西征

在稳定政权统治的同时，蒙古国开启了扩张征讨的历程。蒙古国对外共有三次西征：第一次西征（约 1219—1223）是成吉思汗时期，占领了今中央亚细亚直到欧洲东部和伊朗北部，建立起横跨亚欧的蒙古大汗国；第二次西征（约 1236—1241）为窝阔台统治时期，由成吉思汗孙拔都担任统帅，平定钦察，北破斡罗思（今俄罗斯），西陷勃列尔（今波兰），南败马札儿（今匈牙利）；第三次西征（约 1253—1258）为蒙哥时期，由成吉思汗孙旭烈兀（拖雷之子）率军，先后攻灭木剌夷（今伊朗）和报达（巴格达），破降天方（阿拉伯）。所占领地分封给成吉思汗子孙，形成钦察汗国（1243 年定都于伏尔加河流域萨莱城，又称金帐汗国，1480 年灭亡）、窝阔台汗国（建都也迷里城今新疆额敏县，1310 年并入察合台汗国）、察合台汗国（建都阿力麻里，今新疆霍城县水定镇西北，14 世纪前期分裂为东、西二部，明代以后灭亡）和后来旭烈兀建立的伊儿汗国（都城在低廉，今里海西南的大不里士，1388 年被帖木儿帝国吞并），成为蒙古四大汗国，初由蒙古大汗统辖，后各自分立，先后灭亡。①

（三）统一全国建立元朝

蒙古国建立后，成吉思汗通过一系列措施加强政治统治。例如，实施
"领户分封制"，设立军政合一的"千户制"，改变了以往氏族、部落联盟
各自统属状态，扩建具有游牧社会特色的护卫军"怯薛"，设置大断事官
掌管民户分配、审断刑狱和征收财赋等，制订国家大法"大札撒"，等等，
强化并巩固了成吉思汗及其家族对国家政权的控制。

自蒙古国建立起，一直存在争夺汗位的斗争。南宋景定元年（1260）
三月，蒙哥之弟忽必烈于开平（今内蒙古自治区正蓝旗东，后称上都）宣
布继为蒙古大汗，号"薛禅汗"，1264 年逼降与其对抗的阿里不哥，结束
了持续 4 年的汗位之争，巩固了自己的统治地位。至元八年（1271），忽
必烈仿照中原传统，改"大蒙古"国号为"大元"，史称元朝。

早在蒙古建国之初就开始了大规模的军事扩张，在对外西征的同时，
加速了对内统一的步伐，举兵征讨西夏、金和南宋。

自 1205 年始，蒙古大军先后六次进攻西夏，并于 1227 年灭西夏。成
吉思汗时期就曾用兵于金，1231 年，窝阔台借南宋之力，兵分三路伐金，
1234 年攻破金蔡州，金朝灭亡。

忽必烈即汗位后继续南下攻宋，早在至元五年（1268）就已派人围攻
宋汉水中游军事重镇襄阳和樊城，于至元十年（1273）破城。至元十二年
（1275）冬，复分兵 3 路，约期攻取临安（今杭州市）。在元军大军压境
下，至元十三年（1276）春，南宋皇室被迫出降，临安为元军占领，南宋
亡。与此同时，蒙古还先后战胜了吐蕃、大理等，实现了全国统一。

元朝政权实行一系列新政策加强对全国的统治。通过仿汉制、行汉法
加强中央集权；通过武力镇压与恩抚并行的方式加强军事统治；针对不同
地区不同民族采取以地制宜、因俗施政方针加强管理，如在中原地区推行

---

① 王锺翰主编：《中国民族史》，武汉大学出版社 2012 年版，第 863～869 页。

尊崇儒学、劝课农桑，在吐蕃地区实施"政教合一"制度，在西南地区推行土司制度等；在宗教信仰上推行包容多元的政策；为了维护蒙古贵族统治，把全国各族人民划分成蒙古人、色目人、汉人、南人四个等级，削弱汉族以及其他各民族的敌对意识。元朝的统一及统治政策使从战乱走向稳定的社会各方面有所恢复和发展。

元朝的统一不仅在全国范围内结束了两宋与辽金的南北对峙格局，而且也将东北广大疆域纳入中央政权的统一管辖体系之内，大部分地区属于元辽阳行省。东北疆域北达外兴安岭，东南部与高丽国相接，东濒日本海域和鄂霍次克海，东北至黑龙江下游包括库页岛。元朝对东北地区的行省管理体系虽然不同于中原地区地方州府县那样规范严格，但却将所属各民族都实质性地划入了中央政权的统治，同时也为东北各少数民族的发展提供了更大的空间。元朝时期东北地区的少数民族除蒙古族外还有女真各部、契丹、高丽、回回（回族）等。

（四）元朝灭亡及蒙古族西迁

尽管大蒙古国政权无论在军事上还是在领土扩张上都盛极一时，但围绕汗位之争的内部矛盾、复杂的民族矛盾始终都存在甚至不断激化，加之贵族的腐化堕落和贪官污吏的横征暴敛，致使元朝后期民不聊生，社会动荡，各民族农民起义大爆发。至正二十年（1360），以朱元璋为首的农民起义军夺取应天（今南京市），后又并合其他农民武装，于至正二十八年（1368）在应天建立政权，史称"明朝"，持续了90多年的元朝宣告灭亡。

元朝灭亡后，蒙古军虽然内部争斗激烈但整体并未离散。余部不断西迁，并维持蒙古政权，1378年昭宗卒后，进入"北元"时期，直至1634年为女真后金所败，延续429年的北元从此消失于史。

第三节　秽貊族系

秽貊族系自先秦出现于史册，主要活动于东北中部迤至朝鲜半岛的广大区域。整个族系主要包括秽貊、发、高夷、橐离、夫余、高句丽等古代部族。在东北古代历史中，与东胡族系和肃慎族系均有交往，共同构成了古代东北史的丰富多样性。

一、秽貊

秽貊，亦作"秽貉""濊貊"，在西周时期的史书中即有其活动记载，"北至于孤竹、山戎、秽貉"①，但在大多数先秦文献中，通常单称貊或秽。一般认为，秽貊最初为两个古代部族，到了战国或秦汉时才融合成一个共同体。秽又作"濊"，因依秽水而得名，最初为渔猎部落，秽水在今辽宁省凤城以东。貊，《周礼》《战国策》《孟子》《荀子》《管子》等有关篇章中亦写作"貉"，汉以后的史书中写作"貉"或"貊"。貊为游猎或游猎部落。关于貊族的来源，学术界说法不一，有学者认为，殷周时，秽貊居山东半岛一带。在周灭商之际，为周人东进所迫，大部分向东北和北方迁徙，留在故地的，后来成为周人的一部分。② 也有学者认为貊族源于中原东夷人，在东夷族系分化瓦解后迁往北方。③ 可以确认的是，迁居东北的秽貊各部融合了当地的土著居民，在战国末和汉魏时期逐渐形成了分布于今东北和朝鲜地区的一个庞大族系。④ 秽貊成了专指东北夷或东夷的称呼，秽貊人生息繁衍于今东北地区的松嫩、松辽平原、鸭绿江、辉发河、图们江流域以及朝鲜半岛北半部的广大区域内。

西周时，秽貊人以狩猎为主，向周王室贡献貔皮、赤豹、黄黑等方物，后出现原始农业，迁徙无常。随着社会发展，原部族不断分化融合，形成了一些新的部族，早期出现的有发、高夷、橐离。其中橐离是貊族迁居东北地区最北的一支，大约住在今嫩江、松花江合流处以北的松嫩平

---

① 《管子》卷八《小匡》。
② 王锺翰主编：《中国民族史》，武汉大学出版社 2012 年版，第 173 页。
③ 李德山：《貊族的族源及其发展演变》，载《社会科学战线》1998 年第 1 期。
④ 王锺翰主编：《中国民族史》，武汉大学出版社 2012 年版，第 173 页。

原，又称"索离""槁离"。战国时期，夫余、高句丽、沃沮等新族称相继出现。据文献所记，橐离国王子东明建立了夫余，夫余王室后人朱蒙建立了高句丽，秽貊、橐离、夫余、高句丽具有明确的族系传承关系，这一族系不但在政治军事上参与了东北区域格局的建构，而且以其独特的经济文化类型为东北地区的发展繁荣做出了巨大贡献。

二、夫余

夫余又作"凫臾""扶余""符"。据《三国志》《后汉书》转鱼豢《魏略》所记，夫余建国者为槁离国王子东明。"东明善射，王恐夺其国也，欲杀之。东明走，南至施掩水，以弓击水，鱼鳖浮为桥，东明得度，鱼鳖乃解散，追兵不得渡。东明因都王夫馀之地。"[①] 夫余当与槁离有渊源关系。在史书中夫余还有"卒本夫余""南夫余""北夫余""东夫余"等名称，其中"卒本夫余"为高句丽早期称号，因高句丽国始祖朱蒙从夫余国南奔至卒本川后所得名号，"南夫余"为百济国的别称，"北夫余"与"东夫余"为夫余的本称，北夫余是为了区别于卒本夫余和南夫余，东夫余则是指"西徙近燕"前的夫余。

夫余建国于公元前108年之前，自汉武帝时就臣属汉朝，领受"濊王之印"，隶属于玄菟郡、辽东郡。早期都城位于今吉林市郊南城子，后迁至今吉林省农安县。曾先后隶属于公孙氏政权、曹魏、西晋、前燕和前秦等，虽然保持长期朝贡关系，但亦叛服不常。到汉时期，夫余国发展进入鼎盛时期，疆域"南与高句丽，东与挹娄，西与鲜卑接，北有弱水，方可二千里，户八万"[②]，相当于今西至洮儿河，东到牡丹江，南至辉发河以北，北至黑龙江的广大区域。太康六年（285）后，鲜卑慕容氏连续攻击夫余几致灭亡，后在西晋王朝保护下得以复国，但却元气大伤，被鲜卑慕

---

① 《三国志》卷三十《乌丸鲜卑东夷传》。
② 《三国志》卷三十《乌丸鲜卑东夷传》。

容氏掠走 7 万之众，夫余开始由盛转衰。

自西汉至三国初，夫余统治肃慎族系之挹娄部长达 400 年，曹魏黄初（220—226）中挹娄起而反抗，虽招致夫余统治者多次征讨，但终未能再使挹娄臣服。

夫余与高句丽亦征战不断。早期夫余占据上风，朱蒙建国后曾遣使向夫余"馈方物"。西汉末年，高句丽渐强，多次发兵攻讨夫余，夫余战败而臣服于高句丽。后夫余又屡助中原王朝攻高句丽而与其交恶。好太王二十年（410），高句丽以夫余"中叛不贡"为由出兵讨伐并大败夫余，夫余复臣属高句丽。公元 5 世纪末，肃慎族系之勿吉部崛起，西逐夫余。494 年，其王率"妻孥以国"降于高句丽，夫余国灭亡，部众亦分散融入其他民族之中，夫余共同体解体。其中有一部分遗民北渡那河（今嫩江下游）建立豆莫娄国，亦称"大莫卢""寇漫汗"自保，唐朝建立后其首领曾向唐朝贡，后为兴起的黑水靺鞨兼并。

夫余国是嫩江、松花江流域第一个早期奴隶制政权，存史六百余年，对松花江上游地区的历史发展发挥了重要作用，而且其后的影响扩展至东北地区和朝鲜半岛。同时，夫余在其存在过程中长期与更迭变换的中原王朝保持臣属朝贡关系，为历史上中央政权对东北地区实行有效统治的最好证明。

三、高句丽

高句丽，也作高句骊，是秽貊族系继夫余之后又一个建立政权的古代民族，其统治范围之广，文明程度之高，历史影响之重，均远超夫余，当为秽貊族系发展的鼎盛时代。

根据史书所记的始祖传说，高句丽始祖朱蒙出自夫余，为躲避谋杀而南奔至卒本川，结庐于沸流水附近山上，以纥升骨城（今辽宁省桓仁满族自治县东北的五女山上）为都城称王，袭用高句丽族称作政权号，以高为姓。由此传说可以看出，高句丽与夫余具有很深的渊源关系，属于秽貊族系。

高句丽初有五部,"本有五族,有涓奴部、绝奴部、顺奴部、灌奴部、桂娄部",大致活动范围为"在辽东之东千里,南与朝鲜、濊貊,东与沃沮,北与夫馀接","方可二千里,户三万"。① 朱蒙建政权初期隶属于汉玄菟郡高句丽县,但仍具有一定独立性,积极拓展自己的势力,先后迫降沸流国,占领大白山东南荇人国(约在今朝鲜慈江道一带),攻灭北沃沮(今图们江流域)。朱蒙子瑠璃王(名类利,一作如栗或闾达)将王城由纥升骨城迁国内城(今吉林省集安市城东)。瑠璃王及其后数代王不断西征南讨,虽然多次受阻甚至几度濒临灭亡而有所影响,但对外扩张发展的态势并未停止,同时又通过倡导佛法、严饬法纪等措施不断加强内政,发展经济,积蓄国力。413 年,巨连(亦单称琏,即长寿王)即位,进一步巩固扩展之地,面对日益强大的北魏,调整了向西拓展的战略目标,于 427 年迁王城至平壤城(今平壤市),开启了与新罗、百济角逐的新阶段。

作为中国东北古代的一个少数民族,高句丽与周边各部征战不断,在与中原王朝保持臣属关系的同时,也因政权势力消长更迭叛服不常,甚至参与到相互攻伐之中。东汉时期高句丽王于建武八年(32)遣使朝贡,其后高句丽又数次"寇钞"辽东郡、乐浪郡,掠夺人口财物。三国时期,高句丽在臣属曹魏的同时又暗通东吴。晋时鲜卑慕容氏崛起,高句丽为争夺辽东而与之对抗,为慕容皝前燕所败后则转而称臣纳贡。高句丽迁都平壤后,新罗、百济面临高句丽进攻危急时多次请求中原王朝援助。隋唐时期,中央政权曾数次举大军征伐肆意侵扰辽西的高句丽,668 年,高句丽国最终被唐与新罗联军所灭。高句丽国亡后,高句丽族随之解体,其中大部分被唐迁居中原,余部或归新罗,或散投靺鞨、突厥。

自西汉至唐朝,高句丽所建政权超过 700 年,活动中心为东北中部与东南部,在其鼎盛时期所辖疆域大约为:东临日本海,西至辽河,南达汉江以北,东北有栅城(今吉林省珲春市)地,西北约以今第二松花江左岸

---

① 《三国志》卷三十《乌丸鲜卑东夷传》。

一线为界，其后在东南、西北、西南还略有拓展。虽然高句丽多年征战不断，但其以农业定居为主的独特文化类型和所达到的文明程度，均明显有别于东胡族系游牧文化和肃慎族系的渔猎文化，在东北历史文化体系中占有不可替代的重要地位。

第四节　肃慎族系

肃慎族系包括肃慎、挹娄、勿吉、靺鞨、女真、满洲等部族，也是三大族系中唯一一个自始至终稳定生活繁衍于东北广大区域的族系，甚至可以说，肃慎族系构成了东北历史的主体框架，体现出东北古代历史独特的演进方式，有别于中原王朝的政权更迭，但却是连续的、完整的，而非断裂的、碎片化。在先秦古籍中仅有肃慎一部出现；汉至晋，复有挹娄出现，虽与肃慎并列于史，但在中原史官眼中，挹娄的地位明显要高于肃慎；南北朝至隋唐时期，勿吉、靺鞨出现，且由部落发展到部落联盟，文献记载有七大部，"唯黑水完强，分十六落，以南北称，盖其居最北方者也"[①]；宋辽时期，女真浸强，多部并起，逐渐成为东北少数民族的泛称，历经元明，直到明末融合形成满洲民族共同体。

一、肃慎与挹娄

肃慎与挹娄是肃慎族系早期出现的两个部族称号，肃慎首见于先秦史籍，挹娄出现于汉代史书，但二者关系较为复杂，主要是因为汉晋史书记述混乱，后世文献亦沿袭相传，致使肃慎与挹娄的关系在历史上和当下学术界都众说纷纭，莫衷一是。事实上，"肃慎与挹娄是活动区域相近且曾经生活在同一历史时期两个古代民族，且有着不同历史进程和发展结

---

① 《新唐书》卷二一九《黑水靺鞨传》。

果"①。

（一）肃慎

肃慎一部在族系中具有特别重要的地位。作为最早见诸史册的部族，肃慎自先秦即向中原朝贡，历经秦汉三国两晋，直到南北朝仍有其朝贡的文献记录，隋唐至宋时期始转女真之号，贯穿于整个族系始终。虽然在史籍中并没有发现关于肃慎如何强盛的记载，至少不如勿吉、靺鞨之盛况，但三次崛起均有其参与。渤海、金、后金－清在叙其国史时无不提及，女真所创建的金与清政权更是确认肃慎为其直接先民。可见肃慎一名已经由其实际上的部落名称，升华为该族系归属与认同的精神标志，为其他部族所不可替代与超越。

肃慎，亦称"息慎""稷慎"，为我国东北地区最早见于史籍的居民之一。在先秦及秦汉的文献中关于肃慎的记载很少且十分简略，《竹书纪年》："（帝舜）二十五年（约公元前 2100 年），息慎氏来朝，贡弓矢"，同书还记录有在周武王十五年，周成王九年肃慎"来宾""来朝"；中国最早的国别史、左丘明所著的《国语》记载："仲尼在陈，有隼集于陈侯之庭而死，楛矢贯之，石砮，其长尺有咫。陈惠公使人以隼如仲尼之馆问之。仲尼曰：'隼之来也远矣，此肃慎氏之矢也。昔武王克商，通道于九夷、百蛮，使各以其方贿来贡，使无忘职业。于是肃慎氏贡楛矢、石砮，其长尺有咫。"② 在《孔子家语》和《史记·孔子世家》中也都记载了孔子解释楛矢石砮的故事。在《山海经·海外西经》中记载："肃慎之国，在白民北，有树名曰雄（雒）常，先人伐帝于此取之。"而《山海经·大荒北经》则记述："东北海之外，……大荒之中，有山曰不咸，有肃慎氏之国。"在成书于春秋（一说汉魏）的《逸周书》还记载了在肃慎有一种名为"麈"的动物，"西面者正北方稷慎大麈"③，麈为驯鹿的一种。这些

---

① 郭孟秀：《肃慎与挹娄关系再议》，载《民族研究》2012 年第 5 期。

② 《国语》卷五《鲁语（下）》。

③ 《逸周书》卷七《王会解》。

文献给我们的信息是先秦时期在东北地区（不咸山北）就有肃慎氏的存在，并曾数次来朝，至于具体方位并不清晰，生活文化也只知道是一个狩猎部落（楛矢石砮）。后世文献中提及这一时期的肃慎也都是转引或转述了上述各史书的记述。

在挹娄出现后，肃慎并没有消失，汉、三国、两晋、南北朝时均有明确记载，隋唐时期亦有提及，至女真出现后方绝于史。其间与挹娄、勿吉等并列存在的事实是清晰可考的。

肃慎再次出现在史册中是三国时期，青龙四年（236），《三国志·明帝纪》记载："（青龙）四年（236）……五月……丁巳，肃慎氏献楛矢。"①《三国志·三少帝纪》复记："（景元）三年（262）……夏四月，辽东郡言肃慎国遣使重译入贡，献其国弓三十张，长三尺五寸，楛矢长一尺八寸，石砮三百枚，皮骨铁杂铠二十领，貂皮四百枚。"② 这是史书中关于肃慎朝贡最为翔实的一次记录。复至晋代，《晋书》专门为肃慎立传，虽然说"肃慎氏一名挹娄"，但内容较之《后汉书》《三国志》之挹娄传更为详细，包括自然环境、地理位置、社会组织、衣食住行、婚丧习俗、原始信仰等诸多内容，其中亦有与挹娄传不同之处，如挹娄是"无大君长，邑落各有大人"，肃慎则是"父子世为君长"。此外，《晋书》还提到肃慎曾三次朝贡。

南北朝史籍中仍然有肃慎朝贡的记述：《宋书》卷六记载宋孝武帝大明三年（459），"十一月己巳，高丽国遣使献方物，肃慎国重译献楛矢、石砮，西域献舞马"；《北齐书》卷四记载北齐文宣帝天保五年（554），"秋七月戊子，肃慎遣使朝贡"。这也是文献中肃慎朝贡的最后记录。

在靺鞨出现后，再没有关于肃慎的单独记载，仅在提及其他部族时出现"自拂涅以东，矢皆石镞，即古之肃慎氏也"（《隋书》卷81《靺鞨传》）、"靺鞨，盖肃慎之地"（《旧唐书》卷199《靺鞨传》）、"黑水靺鞨

---

① 《三国志》卷三《明帝纪》。
② 《三国志》卷四《三少帝纪》。

居肃慎地"（《新唐书》卷219《黑水靺鞨传》）等记录。但并不能据此确认肃慎为一个部族已经解体并融入其他部族之中，还有可能是因为一时衰落而未能入史，亦有可能族称发生了变化。少数民族族称译成汉语经常会出现异译、多译现象，加之宋辽时期，北方少数民族纷纷崛起，契丹、女真先后建立政权，与宋形成鼎立之势，相互征战不断，交往频繁，族称在多民族之间转译，因音变而改族称当在情理之中。

女真作为族称，根据史料记载当为肃慎音转而来。《三朝北盟会编》载："女真，古肃慎国也，本名朱理真，番语讹为女真。"① 另据《大金国志》记载："靺鞨之先与女真同类，……其居混同江之上，初名曰女真（混同江即鸭绿水之源，盖古肃慎之源也），乃黑水遗种。"② 在清人阿桂所著《满洲源流考》中也对这一音转进行了说明："宋刘忠恕称金之姓为朱里真，夫北音读肃为须，须朱同韵，里真二字合呼之音近慎，盖即肃慎之转音，而不知者遂以为姓。国初旧称所属曰珠申，亦即肃慎转音，汉人不知原委，遂歧而二之，犹之或为稷慎，或为息慎，其实一也。"③ 对女真之名系由肃慎音转而来这一观点，学术界几乎没有异议。④

由上述梳理可以看出，自肃慎出现于先秦史书始，虽经兴衰沉浮而绵延未绝于史，直至宋辽以女真之名再次崛起而建金，贯通于肃慎女真族系始终。

（二）挹娄

挹娄是肃慎族系继肃慎称号后出现的第二个族称，自汉至晋前后有600余年。挹娄人的活动区域，与肃慎时大体相同，只是西南部因受夫余

---

① 《三朝北盟会编》卷三《政宣上帙（三）》。

② 宇文懋昭撰、李西宁点校：《大金国志》，见刘晓东等点校：《二十五别史》，齐鲁书社2000年版，第160页。

③ 阿桂等撰：《满洲源流考》，孙文良、陆玉华点校，辽宁民族出版社1988年版，第5页。

④ 金毓黻在《东北通史》中认为："此所谓女真即肃慎之异译。"孙进己认为："如此看来，似乎这一族早就以女真或其同音词为族称，只是在不同时期不同民族中译法稍有出入。过去中原人译为肃慎，契丹人最初译为虑真，宋人又译为女真。"参见孙进己、张璇如、蒋秀松等：《女真史》，吉林文史出版社1987年版，第50页。

人侵逼，稍有缩小。其四至：东至大海，西接寇漫汗国，南与北沃沮接（或说在"不咸山"北），北极弱水。即今东临日本海，西到呼兰河流域一带，南抵吉林省汪清和珲春县以北地区与北沃沮为邻，北达黑龙江入海口以东以西的广大地区。

关于挹娄的历史，史籍所记甚简，仅言为东北一部落，曾臣属夫余达400年之久，并无强盛之迹。但考虑到中原王朝对东北少数民族的认知程度，能够入史即非小部落或弱势力，说明当时的挹娄应该是东北一个强势部族，以射猎为业，出"挹娄貂"。虽然没有建立政权，但也因"善射"而"乘船寇盗，邻国患之"，"夫馀数伐之，其人众虽少，所在山险，邻国人畏其弓矢，卒不能服也"。① 复从肃慎族系而言，挹娄也代表了族系在汉晋时期的发展状态，是整个族系延续传承的重要环节。

（三）肃慎与挹娄的关系

《三国志》《后汉书》都立有挹娄传，称挹娄"古肃慎之国也"，《三国志》又多次提到肃慎朝贡，而在较晚成书的《晋书》则又立肃慎传，"肃慎氏一名挹娄"。正是因为史书记述的混乱才导致学术界对肃慎与挹娄的关系一直存有争议，主要有三种观点值得关注：其一是肃慎与挹娄为同一民族在不同时期的称谓，即为通说，中国古代史书在提及二者关系时一般都作如是陈述。近现代东北史大家金毓黻在《东北通史》中予以确认，后来的许多著述如《满族简史》等都持是说，这也是学术界目前的一种主流声音。其二是挹娄是肃慎的一部，日本参谋本部编著的《满洲地志》② 首先提出，我国清末地理史学家丁谦、《黑龙江志稿》等也支持这一观点。其三是肃慎与挹娄是同时并存的两个不同的部落（古代民族），薛虹、孙

---

① 《三国志》卷三十《乌丸鲜卑东夷传》。
② 杨保隆：《肃慎挹娄合考》，中国社会科学出版社1989年版，第18～19页。

进己等学者倡导这一论点。①

对这一问题，笔者曾专门撰文论述。② 文章通过对看似混乱的关于肃慎挹娄的历史文献进行爬梳，对肃慎与挹娄各自的社会历史进程进行分析总结，由此认识肃慎与挹娄的关系。

史料中关于肃慎挹娄的记载可以分为三个阶段：第一个阶段是先秦时期，仅有肃慎没有挹娄；第二个阶段为汉晋时期，肃慎与挹娄互见；第三个阶段为南北朝到宋辽女真的出现，肃慎与挹娄提及不多直到不见于史。通过分析可以看出，肃慎与挹娄是两个关系密切但又不同的部落，在文化上属于同一个族系，具有相同的文化类型，即以渔猎采集为主；在地理位置上相近，甚至不排除曾经有过互相在对方领域中活动过；在历史上同时并存过。但是，肃慎与挹娄各自有着不同的历史发展过程：肃慎一族自先秦见于史册始，虽经兴衰沉浮而绵延未绝于史，直至宋辽以女真之名再次崛起而建金，贯通于肃慎女真族系始终；挹娄则亦为东北少数民族之一部落，但其发展历史却不可与肃慎同日而语，于后汉、三国时代曾一度强盛，至晋便日渐式微且无再次复兴，至唐随着渤海国的强盛而部族湮灭。

从肃慎与挹娄的地理位置亦可以判断出二者非为一部。肃慎与挹娄在早期的社会组织与生活方式决定了他们并没有明确固定的"合法"的生活区域，狩猎采集等生产活动范围相互交织亦有可能。只是经过一定阶段的演变，才逐渐固定下来并被中原所认识。因而在隋唐文献中明确了二者"故地"的不同。

此外，许多人包括古代中原史官对东北少数民族社会发展进程与规律存在一个认识上的误区，即以中原王朝的更迭兴替范式来类推少数民族的演变，是一种习惯性思维作祟。自禹立夏，殷商代夏，周武王灭纣克商建

① 杨保隆在《肃慎挹娄合考》中认为薛虹所持的观点为"一部说"，即同《满洲地志》、丁谦等一样，视挹娄为肃慎境内的一部。但薛虹在《肃慎的地理位置及其同挹娄的关系》（《吉林师大学报》1980年第2期）一文中明确提出肃慎与挹娄虽属同一族系，但却是两个不同的血缘群体，只是在先秦时期，中原用"肃慎"泛指东北地区松花江上游的少数民族，从这个角度来说，挹娄当包括在其中。而这一观点明显与"一部说"有异，故在此将其析出归入另说。

② 郭孟秀：《肃慎与挹娄关系再议》，载《民族研究》2012年第5期。

立西周政权，均为一定地域范围内统一政权（或被其他部族所认可的政权）直线式的一脉相承，复至秦汉，虽有正统之争，各诸侯国亦均有唯一最高政权合法性的意识，社会组织形式已经达到了专制封建时代。而东北少数民族地区，肃慎与挹娄的社会组织情况则是"无君长，邑落各有大人"（见《三国志》与《后汉书》），或者如《晋书》所描述的"父子世为君长"的氏族部落阶段，血缘色彩十分浓重。这种社会组织不仅表明他们没有形成统一的政权组织，而且甚至连部落联盟也未能实现，只能是各部落在大致相同的广泛地域之中共同存在。而这些少数民族与中原在地理上相隔遥远，交往不多也影响了相互之间的认识与了解，《晋书》称肃慎自周公辅成王曾遣使入贺，"尔后千余年，虽秦汉之盛，莫之致也"。中原史官只能依据他们所了解的中原王朝更替范式来理解并记述这些少数民族状况了。加上肃慎、挹娄不仅生存地域相近，而且文化具有很大的相似性，来贡方物亦无区别，这些都无疑增加了中原对二者关系认识上的难度。由此，在二者共同存在的历史时期，出现了中原史书记述上的混乱也就不足为怪了。

肃慎与挹娄的这种关系在一定程度上也体现出肃慎族系的传承并非直线式的。

二、勿吉与靺鞨

勿吉与靺鞨为肃慎族系在南北朝至隋唐时期出现的部族。与之前肃慎、挹娄单部落阶段相比，在勿吉与靺鞨时期则出现了多部落，"著者"至少有七部，另有规模不等部落达十余部甚至更多。可以说，肃慎族系在这一时期经历了由各邑落向各部落拓展、裂变、扩大发展的过程，由之前的单一部落发展到多部落，由小邑落发展到大部落甚至部落联盟。以粟末靺鞨创建的"海东盛国"——渤海国标志着肃慎族系的第一次发展高峰。

（一）勿吉

勿吉最早见于《魏书》："勿吉国，在高句丽北，旧肃慎国也。邑落各自有长，不相总一。其人劲悍，于东夷最强。言语独异。常轻豆莫娄等国，诸国亦患之。"①大约在 5 世纪下半叶的南北朝时期。勿吉与肃慎有着明确的渊源关系，社会组织形态为"不相总一"的邑落，早期主要活动范围在主流松花江流域以北以东的黑龙江中下游地区。自北魏始，勿吉向中原王朝朝献纳贡，似无定制，或一年数贡，或间隔几年一贡，规模最大的一次人数五百余人。史籍中关于勿吉国的专门记载较为简略，未见其强盛之况，但以曾"西逐夫余"来看，亦有较强势力，再结合后来在其基础上发展形成的靺鞨来看，勿吉当处于由小到大、由弱至强的发展上升阶段。

因《北史》所载勿吉七部的名称、方位与《隋书》所载靺鞨七部相同，目前学者多认定勿吉－靺鞨七部在南北朝时已经出现。但根据文献记述，七部的出现当在隋唐靺鞨时期。在《魏书》中对勿吉的记述并无七部之分；在《北史》中首次出现对七部的记述，且与靺鞨并称；《隋书》亦有七部之分，但仅提及靺鞨而未言勿吉；两唐书则直接明确勿吉只是北魏时称号，至唐朝仅余靺鞨之名。后世史书对勿吉七部的记载，都是受《北史》误导。因此说南北朝时勿吉已形成七部证据并不充分。②

（二）靺鞨

靺鞨是肃慎族系在隋唐时期出现的新族称，靺鞨之名始见于《北齐书》河清二年："是岁，室韦、库莫奚、靺羯、契丹并遣使朝贡。"③ 这里的"靺羯"即是靺鞨，似为勿吉同音对译用字不同而致。④ 隋时即有七部

① 《魏书》卷一〇〇《勿吉传》。
② 杨军：《靺鞨诸部与渤海建国集团》，载《民族研究》2006 年第 2 期。
③ 《北齐书》卷七《武成》。
④ 王锺翰主编：《中国民族史》，武汉大学出版社 2012 年版，第 671 页。

之众，"凡有七种：其一号粟末部，与高丽相接，胜兵数千，多骁武，每寇高丽中。其二曰伯咄部，在粟末之北，胜兵七千。其三曰安车骨部，在伯咄东北。其四曰拂涅部，在伯咄东。其五曰号室部，在拂涅东。其六曰黑水部，在安车骨西北。其七曰白山部，在粟末东南。胜兵并不过三千，而黑水部尤为劲健"①。至唐朝时期，除上述七大部之外，尚有思慕部、郡利部、窟说部、莫曳皆、虞娄、越喜、铁利等小部落。活动范围大致为东临日本海，西以今俄国结雅河（精奇里江）及我国嫩江附近与室韦、契丹相邻，南在今松花江上游地区及图们江处与高丽接壤，北达鄂霍次克海及包括库页岛在内的广大地区。

在不断发展中，逐渐形成了黑水靺鞨与粟末靺鞨两个部落联盟，其中黑水部完强，"分十六落，以南北称，盖其居最北方者也。人劲健，善步战，常能患它部"②。黑水靺鞨在8世纪初归服唐朝，726年，唐在黑水靺鞨境设置黑水州都督府，任其酋长为都督，派长史至其地"监领之"，黑水靺鞨地区正式纳入唐王朝版图。渤海国兴起后曾兼并其南部的拂涅、虞娄、越喜、铁利等部。10世纪初，随着渤海国衰落，黑水靺鞨逐渐向南发展，转附于新崛起的契丹，契丹人称之以"女真（女直）"新号。

粟末靺鞨在隋末唐初先后分两批迁居营州（今辽宁省朝阳地区），与汉、高句丽、契丹等其他民族杂错而居，深受先进文化影响，社会不断发展。唐圣历元年（698），大祚荣乘契丹首领李尽忠叛唐之机，以粟末靺鞨一部为主体建立了盛极一时的渤海国，"祚荣即并比羽之众，恃荒远，乃建国，自号震国王"③。渤海政权逐渐强盛，"遂为海东盛国，地有五京、十五府、六十二州"④。渤海国历229年，15王，于926年被契丹所灭后，这一联盟迅速解体，所属部众或亡或入高丽，或迁至中原地区，另有相当一部分加入了女真。

---

① 《隋书》卷八十一《靺鞨传》。
② 《新唐书》卷二一九《黑水靺鞨传》。
③ 《新唐书》卷二一九《渤海传》。
④ 《新唐书》卷二一九《渤海传》。

渤海国对肃慎族系的维系起到了至关重要的作用，成功扼制了肃慎族系离散的趋势。在渤海建国之前，肃慎族系出现了新的变化，即一方面居于最北方的黑水靺鞨进一步发展壮大，另一方面，随着其他邻族如突厥、高句丽的崛起，更多部族则暂时脱离了这一族系，呈分崩离析状态：有的加入了唐朝，有的臣服于其他不同的部族，还有的被其他部族所击散，"其国凡为数十部，各有酋帅，或附于高丽，或臣于突厥"①，"白山本臣高丽，王师取平壤，其众多入唐，汩咄、安居骨等皆奔散，浸微无闻焉"②。包括后来建立渤海政权的粟末靺鞨亦有相当一部分依附了高句丽，"渤海，本粟末靺鞨附高丽者，姓大氏"③。渤海政权将"奔散微弱"的原七部中的"遗人"编户统领，"汩咄、安居骨、号室等部，亦因高丽破后奔散微弱，后无闻焉。纵有遗人，并为渤海编户"④，渤海国不仅将黑水靺鞨南部的拂涅、虞娄、越喜、铁利等部兼并，又"尽得扶馀、沃沮、弁韩、朝鲜海北诸国"⑤，这些部族均属秽貊族系，很显然，粟末靺鞨部落联盟已经超越了原有族系范围。而持续二百余年的统治与管理，通过编户等方式，强化了对所辖区域内各部族的整合，增强了向心力与认同感，使肃慎族系各部族的凝聚达到了一个高峰。

（三）勿吉与靺鞨的关系

关于勿吉与靺鞨的关系，学术界基本认同二者具有同源传承关系，但史书对此的记载仍有不确待考之处。最早记录勿吉的史料为南北朝时北齐人魏收所撰《魏书》，在《北史》中为勿吉与靺鞨共存，《隋书》仅言靺鞨而未提及勿吉，至两唐书则直接将勿吉与靺鞨视为不同时期的两个称谓。因此，厘清勿吉与靺鞨的关系当以这几部史书为主要依据。

《北齐书》所记勿吉最后朝贡时间是在北齐武平三年（572），而靺鞨

① 《旧唐书》卷一九九《靺鞨传》。
② 《新唐书》卷二一九《黑水靺鞨传》。
③ 《新唐书》卷二一九《渤海传》。
④ 《旧唐书》卷一九九《靺鞨传》。
⑤ 《新唐书》卷二一九《渤海传》。

首次朝贡则在北齐河清二年（563），似可理解为在勿吉晚期阶段靺鞨之名已经出现。因此有学者提出，"关于勿吉和靺鞨承转延续关系的认识即使按照传统的官方文献，也并非完全无懈可击"[1]。综合《魏书》《北史》《隋书》等史籍，由勿吉到靺鞨或许不能简单地用音转来概括，而是经历了一个逐渐发展演变的过程。成书较早的《魏书》更是只言勿吉而无靺鞨之名，亦无七部之说，仅是"各自有长，不相总一"的诸多邑落，是为早期勿吉的状况。其后勿吉不断发展强盛，至魏宣武帝正始年间西逐夫余。勿吉在扩张过程中，由原来的邑落逐渐发展到多部落，故《北史》《隋书》中始有七部之载，也正是在这一时期，靺鞨之名逐渐取代了勿吉之称。至于是音转而来还是相互融合的结果，尚待进一步考证。但是，从族源角度而言，靺鞨主体由勿吉发展而来当无疑义。由此确认，北魏至隋唐时期的勿吉与靺鞨存在着直接承继关系，也不排除在勿吉晚期仍有以勿吉冠名的部落与早期以靺鞨为号的部落交织共融存在的可能性。

三、女真

女真为肃慎族系最后一个古代部族称号[2]，也是整个族系发展的顶峰，宋辽时期建立了大金政权，雄居东北，后经元明，再次崛起建立大清，为中国最后一个封建王朝，奠定了中国现代疆域版图的基本格局。

（一）宋辽时期的女真

女真之名始见于辽史，元朝脱脱《辽史》卷一《太祖本纪上》，唐天复三年（903），"春，伐女直，下之，获其户三百"，又记：（唐天复三年）"十一月，遣偏师讨奚、霫诸部及东北女直之未附者，悉破降之。"也

---

[1] 乔梁：《关于靺鞨族源的考古学观察与思考》，载《吉林大学社会科学学报》2014 年第 54 卷第 2 期。

[2] 从严格意义来说，明朝末年以女真为主体形成的满洲当为肃慎族系的最后一个族称，但从广义而言则与新中国成立后确定为族称的满族为同一民族，既是古代民族也是现代民族，故称女真为肃慎族系的最后一个族称亦无不可。

有文献记载女真出现得更早，《宋会要辑稿》163 册蕃夷三："唐贞观中，靺鞨来朝，中国始闻女真之名，契丹谓之虑真。"宋人洪皓《松漠纪闻》载："女真，即古肃慎国也……五代时，始称女真。"① 综合各史料文献，女真作为一个古代部族当出现于唐代晚期或五代时期，即十世纪初。女真称号，有女贞、虑真、女直、女质、朱理真、朱里真等，一般认为由肃慎音转而来，"金国本名朱里真，番语舌音讹为女真，或曰虑真。避契丹兴宗真名，又曰女直"②。最初女真为混同江下游一带诸部的泛称，而非确指某一部落，主要活动范围为：南起鸭绿江、长白山一带，北至黑龙江中游，东抵日本海（东海）。辽兴起后，为了加强对女真诸部的统治，对女真进行分而治之，始有熟女真与生女真之分。"阿保机恐女真为患，诱豪左（右）数千家，迁之辽阳之南而著籍焉，使不得与本国通，谓之合苏隶（款）。自咸州东北分界入宫（谷）口，至束沫江，中间所居之女真，隶契丹咸州兵马司，与其国往来无禁，谓之回霸。合苏隶者，熟女真也。回霸者，非熟女真，亦非生女真也。"③

可见，在宋辽初期女真之名成为东北诸多部族的泛称，而非肃慎族系发展到这一时期的专称，冠以女真之名的各部不仅族源多元化，而且在契丹羁縻统治下，互不相领属，呈分散之势。虽然居于北部的黑水靺鞨一度臣服于突厥④，但仍然以一个整体而存在，是维系肃慎族系的重要一环。也正是黑水靺鞨之女真部的崛起，使因渤海国灭而一度断裂的肃慎族系得以重新连接。

女真崛起是以完颜部为核心，且经历了一个较为漫长的过程。辽天庆

---

① 洪皓撰、翟立伟等标注：《松漠纪闻》，见李澍田主编：《长白丛书（初集）》，吉林文史出版社 1986 年版，第 9 页。

② 陈准：《北风扬沙录》，见上海师范大学古籍整理研究所编：《全宋笔记》第十编十二，大象出版社 2018 年版，第 149 页。

③ 陈准：《北风扬沙录》，见上海师范大学古籍整理研究所编：《全宋笔记》第十编十二，大象出版社 2018 年版，第 149 页。

④ 参见《旧唐书》卷一九九《渤海靺鞨传》："黑水途经我境，始与唐家相通。旧请突厥吐屯，皆先告我同去。今不计会，即请汉官，必是与唐家通谋，腹背攻我也。"可见，黑水曾"请突厥吐屯"，受突厥领属。

三年（1113）十月，康宗卒，阿骨打以"兄终弟及"袭位为勃极烈（犹总治百官之冢宰），并于异年九月，起兵反辽。其间，先是以"女直、渤海本同一家"之名义招谕渤海部属，又遣完颜娄室招谕系辽籍女真，不断壮大自己的势力。后连克辽宾、祥、咸三州，相邻之兀惹、铁骊等部族，纷纷叛辽归附。1115 年正月，阿骨打称帝建大金国。大金国势力所及，较之渤海时期，管辖区域更广，统治部族数量更多，涵盖了东北绝大多数部族，是一次超越了肃慎族系的更大的融合。而实现这一大融合的重要手段就是猛安谋克制。贯穿有金一代的猛安谋克制，不仅迅速将归降之众编户进行有效管理，提高了战斗力，强化了集权统治，同时，对肃慎族系的发展亦发挥了不可替代的作用。编户之后的各猛安谋克均隶属女真统一管理，而且这种组织不类原有的部落或部落联盟，带有很大的自在性，即来去相对自由，并不受严格的约束。而猛安谋克组织则严格限定了各部落的管理方式，是一种强制管理。这种管理在一定程度上打破了各部落对自身的原有认同，而代之以对所隶猛安谋克身份的认可，实际是对女真的认同。

1234 年，女真完颜部所建金政权为蒙古和宋联军所灭，历 119 年。金贞元元年（1153），海陵王即位后将都城由上京会宁（今哈尔滨市阿城区）迁至燕京（今北京市），统治区域南至淮河，北达外兴安岭，东临海，西与西夏、蒙古相接，曾与南宋、西夏分掌中国统治权 100 余年。金朝灭亡后，女真人除丧生于战争外，迁居于内地的大多数被同化于汉族，约 40 万加入了蒙古族，其余则继续以女真人身份留居东北。

（二）元明时期的女真

元政权基本沿用金代之制统辖女真人，保留了原有东北各路的设置，调整为行省、诸路总管府和诸路万户府三级管理，但总体上类似于羁縻统治，这种松散的管理方式为女真的自我繁衍与发展提供了较大空间和自由度。

东北地区的女真人属辽阳行省，开元路总管府、合兰府水达达等路总管府。水达达，系元人对居住在江河湖泊地区以捕鱼为生的女真人的称呼，以今黑龙江省依兰为中心，元初设立桃温、胡里改、斡朵怜、脱斡怜、孛苦江 5 个军民万户府对其进行管理。至明代时期，胡里改部和斡朵怜部以及毛怜部构成了建州女真的主体。

除此之外，府治设在今朝鲜咸兴附近的合兰府，所辖今朝鲜咸镜南、北道地区也有水达达女真人。元皇庆元年（1312）设水达达路后，黑龙江下游地区划归水达达路管辖，所以广义的水达达区域，又包括吾者野人、乞列迷等居住的地区。

吾者野人，简称"吾者"，又写作兀者、斡者、斡拙。为"窝集"的同音异译，"深山老林"之意，用作部名，意为住在密林深处的人。名称含义表明，他们是元代主要以狩猎为生的一支女真人。活动地区主要在今黑龙江下游，因为元王朝"立吾者野人乞列迷等处诸军万户于哈儿分之地"。哈儿分地在今黑龙江下游支流阿纽依河注入黑龙江处。

乞列迷，亦作吉里迷、乞烈宾、吉烈迷、乞里迷、济勒弥等，为黑水靺鞨郡利部后裔。分布在黑龙江下游，与吾者野人杂居同一地区，均属设在阿纽依河口的同一个军民万户府管辖。元末明初有不少人南迁到三江地区，如《寰宇通志》卷一一六引《开元新志》中有"乞列迷去奴儿干三千余里"。但这支女真人没有全部南迁，仍有不少人留居故地，直到清末还有四五千称济勒弥的住在黑龙江口上溯 300 余公里的沿江地区。

骨嵬，是元人对居住骨嵬岛（今库页岛）居民的称呼，在唐代为黑水靺鞨 16 部之一的窟说部，五代时黑水靺鞨改称女真，骨嵬当也应属元代女真的一支。

从上述可以看出，元辽阳行省管辖下的女真人，以大分散、小聚居分布在东抵日本海，西至辽河及嫩江一线，南达辽东半岛、朝鲜半岛北部，北暨黑龙江下游流域及包括库页岛在内的广大地区。

对于女真各部，明朝政府继承元朝在东北的统治制度以后推行了"分而治之"的抚绥政策，分别设立卫所。洪武四年（1371），明在辽东设置定辽卫都卫，洪武八年（1375），明改定辽卫都卫为辽东都指挥使司，管辖辽东二十五卫，一百三十八所，二州，一盟。永乐元年到七年（1403—1409）陆续在松花江、嫩江、黑龙江的中下游以及以北、以东的广大地区设置了130多个卫所，以后又陆续设置，在努尔哈赤兴起之前100多年内共设立三百数十个卫所。将女真各部酋长封授为都督、都指挥、指挥、千户、百户、镇抚等官职，颁给官印和敕书，代表朝廷管辖属民，凭敕书入京朝供。明代女真经一段时期的发展，逐渐形成了建州女真、海西女真和野人女真三大部。明末时期，各部争雄称长，强凌弱，众暴寡，互相战杀，建州部努尔哈赤顺势崛起，削平诸部，统一女真，于天命元年（明万历四十四年，1616）建立后金政权，天聪九年（明崇祯八年，1635）皇太极改定族称为"满洲"，顺治元年（1644）清军入关，缔造了一统天下的大清王朝，是为肃慎族系发展之鼎盛时期。

第二章

古代东北少数民族文化要览

古代东北少数民族历史悠久，生态环境独特，在长期的生存繁衍中形成了与中原、中国南方少数民族具有明显差异的土著文化模式与原生样态。后来在各民族交往中相互影响、借鉴，东北古代少数民族文化也在不断发展变迁。具体到三大族系，既有原生文化特征，亦有接受外来文化影响后的调适与变化。按经济文化类型划分可大致分为游牧、山林狩猎（游猎）、渔猎采集、农耕等多种类型。各少数民族文化往往以一种类型为主，同时兼有其他生计方式。同时，每个民族文化也不是一成不变的，由于文化自身进化变迁以及民族间接触与交往，在不同历史时期表现出更加多样性与多元化特征。一个民族的文化认同必然立足于其原生的文化现象或文化事实，因此，研究文化认同首先要厘清文化的基本表现形式。古代东北少数民族的三大族系文化各有其文化生态环境，亦经历了不同的历史演变过程。

第一节　东胡族系文化

东胡族系是北方游牧民族的总称，包括了同族属的许多部族，也体现了其活动区域。匈奴常被称为胡，而这些游牧部族生活在匈奴的东部，故此最初得名东胡，是商周时期中原人对北方游牧民族各部族的泛称。主要包括乌桓、鲜卑，鲜卑后期又分化出宇文、乞伏、秃发、吐谷浑等各部，王朝更迭，东胡族系还包括柔然、契丹、室韦、蒙古等多个民族。东胡族系从文化类型上讲都属于典型的游牧民族，在生计方式上也基本相似。

一、生计方式

文化区的分类十分强调经济特质①，而文化核心的本质决定于一套复杂的技术与生产方法，这些技术与方法本身有一段漫长的文化史②。生产技术体现了经济特质，直接决定生计方式，而不同生产生计方式是形成不同文化模式的基础，也是文化的显著特征之一。

（一）早期东胡与乌桓主要生计方式

最初的东胡族居住在东北地区的西部，长期过着"逐水草而居"的生活，在广阔的平原地带，草质地势等自然条件，决定了早期东胡的生活方式以游牧、狩猎为主。当时东胡的畜牧业相对发达，在后来考古出土的墓葬品中，发现了马、鹿、猪、羊等动物的骨骼，这些动物骨骼的发现更加印证了早期东胡族的游牧、狩猎习性。在东胡早期墓葬中，出土了许多以马造型的青铜器，可见，马在东胡人生活中具有相当重要的地位。东胡族尤为重视养马业，正是养马业的发达，使东胡在征战中率先出现了骑兵，进而扩大了东胡人的活动领域，提升了在战场的机动性与战斗力。除此之外，东胡人也从事渔猎活动，考古过程中发现了铜鱼钩、石渔坠等较古老的渔猎工具，也恰好与东胡人逐水草而居相契合。

除了畜牧、渔猎，东胡人还从事少量农耕和手工生产。在相关的考古

① 史徒华：《文化变迁的理论》，张恭启译，远流出版事业股份有限公司 1989 年版，第 29 页。

② 史徒华：《文化变迁的理论》，张恭启译，远流出版事业股份有限公司 1989 年版，第 49 页。

发掘中，出土了石锄、石铲等工具，但早期东胡人的农业处于较为不发达的状态。

考古工作者还在东胡墓葬中发现了一些饰牌，以及刻有花纹的工具、大量青铜器、陶纺轮等，这些文物的出土，体现了东胡人手工业的存在，且出土的早期饰牌中许多都刻有双虺纠结形、人面形图案，与中原不同，具有东胡本民族的民族特色。在出土的众多文物中，发现了大量的铜器，且种类多样，制作精良，涉及生活、生产、军事等各个方面。可见当时东胡族的冶金铸铜生产已具有相当高的工艺水平，既具有相应生产力又具有极高的冶金铸造及雕刻技术。

乌桓同样主要以游牧为生产方式，兼有狩猎。《后汉书·乌桓鲜卑列传》中载："俗善骑射，弋猎禽兽为事。随水草放牧，居无常处。以穹庐为舍，东开向日。食肉饮酪，以毛毳为衣。"① "随水草放牧"是典型的游牧民族特征，这种居无定所的不稳定生活状态，也是农业发展缓慢的重要原因之一。乌桓畜牧业较为发达，乌桓人畜养的马、牛、羊甚多，这也是乌桓人重要的衣食来源。此外，乌桓人擅长骑射，狩猎也是乌桓人重要生计方式之一，他们多射猎虎、豹、貂、鹿等禽兽，这些射猎所得的物品除了日常所需还用于交易，发展贸易经济。

乌桓人在进入西拉木伦河流域后定居下来，有了发展农业的地理条件，"俗识鸟兽孕乳，时以四节，耕种常用布谷鸣为候。地宜青穄、东墙，东墙似蓬草，实如葵子，至十月熟。能作白酒，而不知作麹蘖。米常仰中国"②。此时的乌桓人已初步有了"农时"的概念，以布谷鸟的鸣叫声作为耕种活动的信号，已经可以种植一些简单农作物，农业逐步开始发展，且开始酿酒，但酿酒技术有限，农业处于初期起步阶段。至汉魏时期，乌桓人再次内迁，与中原汉族人的交往融合，使得渔阳、雁门等地的乌桓人逐渐放弃畜牧业，而演变为以农业为主的生计方式。

① 《后汉书》卷九十《乌桓鲜卑列传》。
② 《三国志》卷三十《乌丸鲜卑东夷传》。

乌桓的手工业、商业贸易等也有一定的发展。"妇人能刺韦作文绣，织氀毼。男子能作弓矢鞍勒，锻金铁为兵器。"① 可见，乌桓人已能自己锻造兵器，纺织、冶铁都发展到了一定水平。除此，乌桓还有铸铜、制陶等手工部门。乌桓还与汉地、匈奴进行贸易交流。东汉为了边塞稳定，保持正常贸易，在上古宁府复置校尉，设置互市。乌桓与中原的贸易交流主要是用牛马换取乌桓没有的生活用品及粮食等物，处于以物易物的初级贸易形态。

（二）鲜卑与柔然的生计方式

鲜卑和乌桓一样，同出东胡。在东胡被匈奴击败后，一支远逃至辽东塞外，别依鲜卑山，故称鲜卑。在西汉之前，未见史册，直至东汉初年，鲜卑才出现在古文献中。自东汉三国以降，鲜卑不断南迁西进，占据匈奴故地，遍布于辽东至陇西一带。经过不断分化，先后分为东部鲜卑、北部鲜卑和西部鲜卑几大部分。

1. 鲜卑

鲜卑与乌桓生计方式基本相同，都是以畜牧、狩猎为主。西汉时期，鲜卑迁徙至乌桓故居西拉木伦河流域。西拉木伦河及其以北地带自然环境并不相同，西部地区多草原湖泊，适合随水草而居的游牧生活，而东部地区山林茂密，适合以狩猎为主的生计方式。在南部地区，湖泊众多，有平原地带，则适宜农耕和捕鱼。鲜卑生活区域内的兽类与中原相异，禽兽种类繁多为鲜卑的狩猎活动提供条件，常用角端牛的角做弓，其珍兽皮草在当时天下闻名，也充分体现了狩猎在鲜卑人生活中的重要地位。鲜卑族的主导生计方式一直都是牧猎经济，发展至东汉、曹魏时期，仍以游牧经济为主。在曹魏时期，鲜卑人还用牛马与中原互市，来换取盐铁、布帛、粮食等鲜卑人短缺珍贵之物。鲜卑的农业、手工业发展缓慢，多是在内迁后与汉族接触、影响下，才逐渐发展起来的。鲜卑内部部族较多，各族发展

---

① 《后汉书》卷九十《乌桓鲜卑列传》。

水平不一，农业的发展也多是与汉人大规模接触后才开始的。在汉人的影响下，不仅农业得到促进，连兵器铸造等手工业也有了较大进步。

拓跋鲜卑是由北部鲜卑发展而来的，秃发鲜卑则出于拓跋鲜卑，亦称河西鲜卑，乞伏鲜卑又称陇西鲜卑，是西秦政权的建立者。这些鲜卑部族都有着相似的生计方式，最初以畜牧、狩猎为主，随着与中原汉人的文化接触逐渐扩大农业生产，甚至秃发鲜卑在利鹿孤时期，有"劝课农桑，以供军用"的说法，可见后期对农业的重视，其中乞伏鲜卑在农业方面较其他鲜卑部落发展更快。

2. 柔然

从族源角度出发柔然的生计方式自然同东胡鲜卑类似，以畜牧业为主，狩猎业次之，兼有一定手工业与农业。"所居为穹庐毡帐……马畜丁肥，种众殷盛"①，仍住穹庐毡帐没有固定房屋居所，以传统游牧民族的方式生活。柔然蓄养的牲畜中，以牛、羊、马最多，《魏书·蠕蠕传》中载："高车诸部杀大檀种类，前后归降三十余万，俘获首虏及戎马百余万匹。"②在战争中，柔然被对方截获马匹百万头，从这庞大的牲畜数量即可知柔然畜牧经济的发达。除了畜牧经济，柔然的狩猎业也很发达，在柔然进俸的贡品中，有大量的皮制品，多为貂、虎、貅等野兽的皮毛制成的，这些皮制品都由狩猎所得，可见狩猎也是当时柔然经济生活的重要组成部分。

柔然的手工业，主要有冶铁、造车、皮革加工、制造穹庐等。"东西五千里，南北三千里，凡所俘虏及获畜产车庐，弥漫山泽，盖数百万。"③此时的柔然已能自己制造车辆与穹庐且达到一定规模，柔然人也较早掌握了冶金工艺，制造铁器等战争用具。柔然由于狩猎业发达，他们还将打猎所获猎物皮毛进行加工，与中原地区交换柔然稀缺的粮食等物。

柔然的农业起步较晚，在早期是没有农业的，直至汗国后期才开始耕种，主要作物是粟。阿那瑰曾向北魏乞粟以种，粟的生存环境要求较为简

---

① 《南齐书》卷五十九《芮芮虏传》。
② 《魏书》卷一〇三《蠕蠕传》。
③ 《魏书》卷三十五《崔浩传》。

单，种植容易，表明柔然人已经开始了简单的农业种植活动。

（三）契丹生计方式

"契丹"之名最早见于《魏书》，源于东胡鲜卑，本是鲜卑族的一支，与库莫奚等族是同族异种，一起游牧，后因战争与库莫奚"分背"，单独游牧在潢水及土河一带，自号"契丹"。至916年，契丹族阿保机建立契丹国，国号"辽"。自此，形成了以契丹为统治民族，多民族共存的局面。由于与其他民族杂居，契丹族的经济、文化生活也受到了诸民族的影响，呈现出多元化的特点。

契丹族在早期是典型的游牧民族，以放牧、狩猎为生，《北史·契丹传》载："逐寒暑，随水草畜牧。"① 契丹人畜养的牲畜主要有马、牛、羊等，其中牧马业较为发达。马在契丹人的生活中充当着重要的角色，它不仅是契丹人的主要交通工具，还作为贡品加强民族之间的交流，马在契丹族的民族交往中也有着不可替代的作用。契丹畜牧业之发达，还体现在牲畜的数量上，"帝亲逾山岭，奋击大破之，虏十余万口、杂畜数十万头"②。契丹一次战败，就被掳走十万头杂畜，可见其牲畜数量之庞大。辽阔的大草原，为契丹人狩猎提供了得天独厚的自然条件，"射猎居处无常"③，射猎、游牧的生活使早期契丹人居无定所。

契丹的生计方式在阿保机建立契丹国后发生了一定的转变，原本以畜牧为主的契丹人在建国之后，吸取了汉族等民族的生产经验，逐渐开始发展农业、手工业，开始种植高粱、大豆、荞麦、粟、糜子等农作物，出现了纺织、冶铁等手工业。在辽中期，形成半农半牧的局面，而在国家规模较稳定的中晚期，农业则渐渐占据了主导地位。

① 《北史》卷九十四《契丹传》。
② 《北史》卷九十四《契丹传》。
③ 《新唐书》卷二一九《契丹传》。

（四）室韦与蒙古生计方式

室韦与契丹同源，是东胡的后裔。室韦的经济生产活动主要有畜牧业、渔猎业以及农业和手工业。室韦人畜养牛、马，过着逐水草而居的生活，食用猪肉和鱼肉，还使用角弓、长箭，捕猎貂等禽兽，种植粟麦、穄等农作物，会酿酒，北魏时期室韦主要过着游牧、渔猎生活，并已出现了原始农业。至隋朝时期，南室韦渐分为二十五部，其禽兽富饶，农业薄弱，养猪业较发达，主要还是经营狩猎与畜牧业。北室韦分为九部落，气候寒冷，以渔猎业为主要经济生计方式，"牛畜多冻死，饶麋鹿，射猎为务，食肉衣皮。凿冰，没水中而网射鱼鳖"①。至唐朝，室韦的畜牧业已具有一定规模，出现了犬、羊、良马等牲畜，还出现了养犬、良马的情形，此时的畜牧业相比之前有所发展。室韦人在农业上除了会种植粟麦、穄等农作物，还出现了犁，但农业处于较为原始的状态。室韦的手工业主要制作车辆、滑雪板、皮舟等代步工具，还有席子、犁具、皮衣等生活用具。唐朝以后，室韦还出现了冶炼业，并取得一定发展。

后期，室韦各部中蒙兀室韦逐渐壮大，发展形成蒙古部族，最终建立蒙古汗国。早期蒙古族的生计方式主要是狩猎与畜牧。由于蒙古部族活动区域广阔，也使得同为蒙古部族生活在不同自然环境中的人们生计活动的侧重点有所不同。蒙古有一部分族人生活在森林中，也称"林中的百姓"，这一部分蒙古人多以狩猎、捕鱼为生，衣兽皮、食兽肉，生活方式原始，没有牛羊，只有少量打猎需要的马匹。除此，还有一部分人生活在草原地带，广袤肥美的草原为游牧生活提供了优良的条件，这一部分人就以放牧为生，同其他游牧民族一样，住毡帐穹庐，食肉饮奶，他们放牧的牲畜主要有牛、羊、马、骆驼等。牧民的畜牧业生产在10—12世纪已相当发达了，出现了牧马人、放牛人、牧羊人等称呼，还对牲畜进行分群放牧，甚至同一牲畜的不同品种都进行了分开管理，畜牧业已成规模且十分发达。

---

① 《隋书》卷八十四《室韦传》。

还有一些地区出现了原始农业，但仅是萌芽阶段，尚未普及。

至13世纪，成吉思汗统一诸部，建立蒙古国，社会逐渐稳定，畜牧、农业、手工业等都得到了较快发展。成吉思汗时期较重视畜牧业，他发布了一系列政令保护牲畜，加强牧场管理，提高畜牧业总体发展水平。至忽必烈时期，由于统治区扩大，牧地增长，牲畜数量也随之增长，畜牧业生产达到了历史最高水平。农业在建国之前就已存在，但在建国之后才得到了较快发展。成吉思汗与元朝历代皇帝十分重视农业，鼓励人民从事农业生产，除了种植谷、豆、麦等作物外，还学会了瓜、葱、茄等栽培技术。从事耕作者中有大量汉人，为了鼓励生产，统治者还为他们发放耕具、种子、耕牛等，粮食产量大幅上升，受汉人耕种的影响，蒙古人也参与其中，还掌握了先进耕作技术，如引水灌溉等。这一时期，已有不少牧民从畜牧业中分离出来，从事农耕，蒙古的生计方式也逐渐从畜牧、狩猎向半农半牧转变。在建立蒙古政权后，统治者将战争中俘虏的手工艺人占为己用，为皇室贵族制造各种器具，主要有冶铁、皮毛加工、陶器、造纸等。在蒙古整个手工业生产中，最为发达的是兵器制造业，种类繁多，制作精良，主要有甲胄、弓箭、刀剑、弩、枪炮等物，车辆的制造在这一时期也得到了改良，出现了轿子车。

东胡族系是古老的北方游牧民族，包含众多的部落、民族，其中不乏建立统一政权活跃在中国历史的舞台上。纵观有关东胡族系中各民族的文献史籍，不难发现不论在哪一个时代，无论经历了何种分化，他们始终都作为传统游牧民族而存在，畜牧业作为第一生产方式，不断延续着，整体的生计方式变迁轨迹基本相似。早期的东胡各民族都以畜牧业为主，狩猎为辅，近海的地区会发展一定的渔猎，根据发展程度和先进水平不同会开展一定冶金和手工制造业活动，东胡人不善耕种，农业处于初期萌芽阶段。但随着各个部落的发展壮大、政权的建立、生活区域的稳定，伴随着与中原王朝的接触和汉族居民的吸纳，生计方式逐渐发生变迁。汉族是传统的农耕民族，自古以来靠地为生，东胡族系的各民族随着与汉人的深入接触，不断学习掌握了更为先进的耕种技术，逐渐扩大农业生产，甚至有些东胡民族的农业逐渐取代畜牧、狩猎原有的生产地位。虽然生计方式存在一定重心转移，但作为游牧民族，没有放弃畜牧和周边产业的发展，既是文化变迁，也是东胡民族文化进步和延续的体现。

二、日常生活习俗

东胡族系各部落由于相同的文化背景，相似的生计方式，和相近的生产方式变迁轨迹，使得在生活习惯、民族习俗等方面也体现出了一致性，尤其居所、饮食、服饰、妆发、婚丧嫁娶方面的习惯都大同小异。

（一）东胡与乌桓

由于东胡出现得较早且与中原王朝交集不多，史籍中关于东胡族的笔墨寥寥，多是通过考古和相关东胡后裔的记载来推断东胡文化的发展。东胡族多进行畜牧、狩猎活动，其服装也多源于畜养的马、牛等动物和狩猎所获虎、豹、貂等动物的皮，生计方式直接影响着早期东胡人的日常服饰。东胡族的妇女还能刺韦、作文绣等，除此之外，当时纺织业还没有明显发展的痕迹。髡头是东胡族的发式特点。在出土的人面形牌饰中，人物的形象多是髡头。北方游牧民族有一个共同特征，那就是髡头，中原则明显不同，髡头的形式也有多种，东胡人的髡头是头顶留发，其他的剃掉，把留下的头发辫成一绺，披于脑后，这种髡头发式的流行，也多是为了骑射活动时轻便。

乌桓为东胡的一支，东胡被匈奴灭后，有一支留居东胡故地乌桓山周围，后称为乌桓。"乌桓者，本东胡也。汉初，匈奴冒顿灭其国，余类保乌桓山，因以为号焉。"[1] 由于乌桓是东胡的遗族，在生产方式和日常生活习惯上与东胡都较为相似。

乌桓在服饰饮食方面与东胡基本一致，《后汉书·乌桓鲜卑列传》中

---

[1] 《后汉书》卷九十《乌桓鲜卑列传》。

载，乌桓"食肉饮酪，以毛毳为衣"①。乌桓人畜牧业发达，多食肉，饮乳制品，服装以兽皮为衣。发式上仍为髡头，髡头是为了轻便，乌桓的妇女在出嫁之时，还要养发、分髻等。在婚姻习俗方面，乌桓男子会在婚前先将心仪女子掠入家中，共同生活一段时间，这种看起来类似"抢婚"的方式是一种婚俗形式的遗留，是以结婚为目的的一种抢夺女子结合的方式。而后再派媒人向女方送聘礼，男方需要在女方家里为仆两年，有一定母系社会的遗风。在婚姻当中，还有"妻后母，报寡嫂，死则归其故夫"② 的收继婚习俗。

乌桓人的丧仪中有殉犬的习俗，传说犬可以护送死者的神灵归于赤山，具有灵魂不灭的观念。"俗贵兵死，敛尸以棺，有哭泣之哀，至葬则歌舞相送，肥养一犬，以彩绳缨牵，并取死者所乘马衣物，皆烧而送之，言以属累犬，使护死者神灵归赤山。"③ 从以犬、马来殉葬的习俗，也可看出畜牧业在乌桓人生活中的地位。

乌桓人在信仰方面，"敬鬼神，祠天地日月星辰山川及先大人有健名者。祠用牛羊，毕皆烧之"④。乌桓人在敬鬼神，祭天地的祭祀活动中使用牛、羊，祭祀毕，亦烧之，充分体现出乌桓人万物有灵的自然崇拜和原始信仰。

（二）鲜卑与柔然

鲜卑与柔然并存于史时，活动区域相邻，又有相同的民族渊源，使得他们的生活习惯、习俗十分相似。

1. 鲜卑的日常生活

鲜卑族生活习惯、习俗、语言等方面与乌桓大体相似。鲜卑的语言与乌桓相同。《后汉书·乌桓鲜卑列传》中记载："鲜卑者，亦东胡之支也

---

① 《后汉书》卷九十《乌桓鲜卑列传》。
② 《后汉书》卷九十《乌桓鲜卑列传》。
③ 《后汉书》卷九十《乌桓鲜卑列传》。
④ 《后汉书》卷九十《乌桓鲜卑列传》。

……其言语习俗与乌桓同。"① 鲜卑族早期无文字，入主中原后，开始通行鲜卑语，鲜卑族在建立北魏政权之初，仍说鲜卑语。《隋书·经籍一》中载："又后魏初定中原，军容号令，皆以夷语。"② 对于中原来说，鲜卑语即夷语。由于北魏政权建立在中原地区，统治对象多是汉人，鲜卑语不通行，到孝文帝时期，便积极改革，禁止鲜卑人说鲜卑语，逐渐地鲜卑语便被人遗忘。除南下的鲜卑人，还有留居塞外的鲜卑人，留居塞外的这支在语言、文化习俗上仍保留着旧俗。随着孝文帝改革，鲜卑与中原接触密切，鲜卑语逐渐被汉化，汉语、汉字在鲜卑族中流行开来，而在北齐、北周时期，鲜卑语又得以盛行。

拓跋鲜卑建立北魏政权后，平民仍有穿胡服的习俗。《南齐书·魏虏传》中载："亦谓鲜卑。披发左衽，故呼为索头。"③ 这种"披发左衽"的服饰，正是典型的胡服穿着。鲜卑的发式特点为传统髡头，尤其是女子婚嫁、出席重大宴席活动则更强调发饰，最初鲜卑与乌桓的婚俗大体相同。随着社会的发展，婚姻形式也从对偶婚发展为一夫一妻、一夫多妻制，男性在婚姻中的地位逐渐得到提高，要求婚姻中的女性能够对配偶忠贞不贰。鲜卑祭祀天地日月山川等原始自然崇拜都与乌桓相似。鲜卑在进入中原后，受到汉文化的影响熏陶，则开始信奉佛教、儒学及道教，思想开放，在各种文艺作品中都有所体现。

2. 柔然的日常生活

柔然服饰还是保有鲜卑的传统风格的，"辫发，衣锦，小袖袍，小口裤，深雍靴"④。柔然这样的穿着打扮离不开其生活环境，"辫发"与鲜卑、匈奴类似，"深雍靴"是游牧民族的传统穿着，方便活动且保暖，利于行走和骑马。柔然本习胡语，没有文字，用刻木等原始计数方式来记事，但随着社会的发展，与中原来往密切，语言上也逐渐被汉化，转为说汉语。

---

① 《后汉书》卷九十《乌桓鲜卑列传》。
② 《隋书》卷三十二《经籍一》。
③ 《南齐书》卷五十七《魏虏传》。
④ 《梁书》卷五十四《芮芮传》。

柔然为保证氏族的繁衍实行族外婚，即同族不婚。柔然与鲜卑婚俗相似，还有收继婚习俗，即子可娶母（非生母），兄可妻嫂。柔然人早期信奉萨满教，后受中原文化的影响，还信奉佛教。"巫"在柔然人萨满信仰中扮演着重要的角色，在萨满教观念中，"巫"是沟通人、神的中介，一般由女子充当。《魏书·蠕蠕传》云："（丑）奴立后，忽亡一子，字祖惠，求募不能得。有屋引副升牟妻是豆浑地万，年二十许，为医巫，假托神鬼，先常为丑奴所信，出入去来，乃言此儿今在天上，我能呼得。"① 此段为"医巫"呼唤已亡祖惠的记载，可见人们对"巫"的信任与对神灵的崇拜。"巫"不仅起到沟通人、神的作用，还可以为人治病，故"巫"也称为"巫医"。除了萨满教，柔然还深受佛教的影响，会铸造佛像以供奉，柔然人在保留原始信仰的同时信奉佛教。

（三）契丹

契丹人随部落逐渐壮大建立了与中原匹敌的辽王朝，强盛一时。政权的建立使得契丹人的服饰呈现民族化与多元化共存的特点。契丹族早期为游牧民族，游牧、打猎的生活使契丹人以兽皮为衣，多左衽、窄袖、长袍、着靴、冠帽等，具有鲜明的北方游牧民族的服饰特点。直到契丹建立政权前夕，才出现了丝织、布匹制作的服饰。在契丹建立政权后，随着与汉民族接触的加深，契丹还建立了衣冠服制，《契丹国志》中记载："国母与蕃官皆胡服，国主与汉官即汉服。"② 皇帝与汉官穿汉服，皇后和契丹官员仍穿胡服，体现了辽王朝对辽国中的汉人的平等待遇，而并非在国内实行贵契丹轻汉人的政策，这也是辽王朝能够登上历史政权舞台的民众基础。契丹人对配饰、冠帽尤为讲究，根据制作材料，可把冠帽分为不同等级，金冠是最高等级的冠式，只有皇帝和重臣可以佩戴，而平民只能戴没有装饰的毡帽。契丹人的发式是髡发，男女皆髡发，契丹髡发的习俗在出

---

① 《魏书》卷一〇三《蠕蠕传》。
② 《契丹国志》卷二十三《衣服制度》。

土的壁画中也得到了印证，在辽宁阜新发现的辽墓壁画以及河北宣化出土的辽墓壁画中，都出现了髡发的女子形象。

契丹人的饮食同其他游牧民族类似，食肉饮酒，虽有少量农业生产，如粟、麦、糜、"回纥豆"和西瓜等，但远远不能满足契丹人生活所需。在契丹建立政权后，受汉人和中原农业文化影响，在种植作物方面有了较大的进步，人们的饮食结构也在逐渐改变，出现了米和面、肉脯、水果等多样化食物，契丹的饮食逐渐多元化，由早期依靠自然逐渐转变为利用自然条件来创造，使大辽人民的生活来源也更加稳定。游牧民族的人都偏爱饮酒及奶制品，逢年过节、婚丧嫁娶、互诉情感都离不开酒。契丹人也喜爱喝茶，由于契丹本地不产茶叶，其茶叶多是由中原传入，在建立政权后，茶叶主要由宋朝传入。茶制品种类多样，茶具精美细致，茶在契丹已不仅仅是一种饮品，而是一种文化的象征。

契丹的居住形式，在前期主要是适应游牧生活的毡帐穹庐，"契丹之初，草居野次，靡有定所"①，随着社会生产的进步，契丹人由游牧向半农半牧转变，生活逐渐稳定了下来。在建立辽朝之前，契丹人形成了毡帐与定居两种居住形式，但仍以毡房穹庐为主。大概在唐朝末年，契丹人"始兴板筑，置城邑"②。逐渐地，契丹人过上了定居的生活。契丹人的出行方式主要有骑马、驾马车，马对于契丹人的生活、生产都具有重大作用，打仗、射猎都离不开马，马还作为贡品献与中原，作为物品在市场交换生活用品。

契丹人实行耶律氏和萧氏内婚制、一夫一妻、一夫多妻制、收继婚、抱嫂婚与姊亡妹续婚等。王族只能与后族通婚，耶律氏只能与萧氏通婚，没有地理限制，耶律氏和萧氏的内婚制是契丹婚俗的一个特色。契丹族还实行一夫一妻或一夫多妻制，契丹贵族多为一夫多妻，而契丹平民则盛行一夫一妻制。契丹妇女在婚姻中较为自由，据《契丹国志》中记载，女子

---

① 《辽史》卷三十二《营卫志》。
② 《辽史》卷二《太祖本纪》下。

可以自由地选择自己的婚姻。收继婚、抱嫂婚与东胡、鲜卑等北方游牧民族的习俗一样，是盛行于东胡族系的婚俗，而姊亡妹续这一婚俗盛行于辽朝，虽有许多弊端，但在有辽一代经久不衰。

契丹的丧葬习俗在契丹发展的不同阶段有着不同的特点，在契丹建国前，契丹族初期葬俗与靺鞨相似，契丹人先对死者进行树葬，在三年之后，还要对其尸骨进行火葬，北朝时期的契丹民族有二次葬习俗。火葬这一习俗一直延续到了辽末，到后期，其丧葬形式、程序也更为复杂。后受汉文化影响和熏陶，丧葬习俗也逐渐发生变化，渗入了大量汉元素。辽朝的葬俗由初期的树葬、火葬、风葬形式转化为土葬与火葬相结合的形式。依据墓葬主人的等级建制墓葬规模，契丹皇帝墓葬规模最大，其次是契丹贵族，墓葬中陈设着精美丰富的随葬品，多陶瓷、金、银、铁器、马具、丝织品等，以显示墓主人的身份。除了土葬，契丹贵族中还流行着另一种葬俗，即通过种种手段把死者的尸体做成干尸，用金属丝罩笼身体，并给死者脸上戴上金属面具。这种习俗的形成，很可能与契丹原始、古老的葬俗有关。

契丹人早期信仰萨满教，同其他北方游牧民族一样，相信万物有灵、崇拜鬼神与祖先。他们在遇到重大事件时都会进行祭祀，祭拜天地、日月、山川等。祭祀牲畜多用青牛、白羊。除了天地，契丹人还特别崇拜太阳，他们建造房屋要向着太阳所在的东方，火葬死者后还多祝祷，契丹人每年都有两次祭拜太阳的日子，由于太阳自东方升起，契丹人还十分崇尚东方。契丹人还对木叶山十分崇拜，他们认为木叶山是其祖先发祥地。在契丹建国后，多民族之间的文化交流，使得契丹的信仰逐渐多元化，除了信奉萨满、神灵，佛教也逐渐融入了人们的生活。契丹统治者十分重视佛教的教化作用，支持佛教的发展，建立寺庙，讲经论法，佛教在辽代影响深远，成为人们的精神信仰。除此，还有一部分契丹人信奉道教，但道教传入时间较晚，影响不如佛教与萨满教深远。

（四）室韦与蒙古

室韦的活动范围主要集中在中原王朝东北部，与肃慎族系生活区域相近。关于室韦的语言史籍记载不一，《魏书·失韦传》等史籍记载室韦"语与库莫奚、契丹、豆莫娄国同"①，而《新唐书·室韦传》等史籍记载："其语言，靺鞨也。"② 由于文献记载有异，室韦的语言使用情况无法确认一直存在较大分歧，主要有其属于突厥语族、蒙古语族、通古斯语族等观点。室韦的服饰总体上以皮制品为主。北魏时期男子索发，女子束发，即辫发。男女皆穿鹿皮制作的襦袴，襦是长袍，而袴是无裆套裤。女子通过装饰彰显身份的尊贵。"俗爱赤珠，为妇人饰，穿挂于颈，以多为贵。"③ 北室韦、钵室韦等地多产禽兽，捕渔业发达，所以多以兽皮、鱼皮为衣。到唐，还有以猪、犬皮为衣的习俗，在隋唐以前，室韦人的服饰都是以皮服为主。在隋唐以后，室韦人的服饰中还出现了纺织品、布等。

由于室韦内部有众多部落，饮食结构不尽相同，但均以肉类为主，北室韦、钵室韦等多产鹿、鱼、鳖，大室韦多产貂及青鼠，南室韦多产猪、牛，所以他们内部所食肉的种类也不完全一致。到唐代初期，室韦人还畜养了犬，故又增食了犬肉，唐末至辽时期，室韦从"无羊"变成了"多羊"，羊肉逐渐成了室韦人的主要食物。他们也食用粟、麦等农作物，但产量甚微只能作为补充食物，用来酿酒等。室韦人的住行方式较为原始，主要有巢居、穴居和毡帐居这三种类型。不同地区的室韦人居住方式还有不同，南室韦夏季由于蚊虫较多选择巢居，其他季节则因游牧生活的流动性而在牛车中"屈木为室"。北室韦因为气候寒冷，冬季选择穴居，"冬则入山居土穴"④，钵室韦还用桦皮盖屋，其余南北室韦同。唐以前的室韦人生产力水平较低，直到唐末，部分室韦部落才出现了毡帐居。在出行方

---

① 《魏书》卷一〇〇《失韦传》。
② 《新唐书》卷二一九《室韦传》。
③ 《魏书》卷一〇〇《失韦传》。
④ 《北史》卷九十四《室韦传》。

面，室韦人畜养的牛、马可做出行工具，除此，室韦人还会制作木筏、皮舟等，作为水上交通工具，北室韦则"地多积雪，惧陷坑阱，骑木而行"①。可见，室韦人已会制作简单的出行工具，但仍处于落后阶段。

室韦人的婚姻不再实行收继婚，已从群婚、对偶婚发展到了一夫一妻制。婚姻要得到男女双方家庭的同意，不再是个人随意的结合，已发展到了一夫一妻制的形态。但仍一定程度上保留了东胡族系传统的婚俗习惯，男子在娶妻之前，要先在女方家里服三年劳役，役满，女方还要分给男方财物，并同载男家。并且夫死，女子不能再嫁，此时应已处于父权制社会。室韦在不同时期，丧葬形式不尽相同。北魏时期室韦人将死者尸体置于树上，实行树葬，且儿女要为父母哭丧三年。而至隋唐时期，人去世后每个部落共搭一个大棚，把死者尸体置于大棚之上，不再采取树葬。

蒙古族形成以来活动范围较广，因长期进行游牧活动，兼营射猎，这种生计方式奠定了蒙古族日常生活文化的基本模式。服饰多以宽松长袍为主，多束腰带，着长筒皮靴。蒙古族的长袍以兽皮制作的较多，还使用布、丝等材质。蒙古人服饰为右衽，有领，喜爱红紫绀绿等颜色，常穿裘皮，"冬服二裘，一裘毛向内，一裘毛向外"②。皮袍的样式一般有两种，一是毛向内的，一是毛向外的。男子多戴瓦楞帽，女子戴顾姑冠。随着政权的建立，全国的统一，蒙古人的服饰在发展过程中受到了汉文化的影响，从皮衣发展至皮衣、布衣并存，并喜用五彩帛、龙凤图装饰，汉族右衽服饰也被蒙古族借鉴，但在某些方面也保留着蒙古族本土服饰的特色，如戴"顾姑冠"等形式上。蒙古人的发式与契丹人相似，即盛行辫发。蒙古人的发式一般是先剃去头顶上一弯头发，把正面的头发留着剪短加工，散于额前，再把留下的左右两边的头发编成辫，自然下垂至肩，辫子的数目不等。蒙古女子梳高髻，即先把头发梳成辫，再盘于头上，与蒙古男子发髻相近。"女子有高髻，然女服近类男子，颇难辨之。"③

---

① 《北史》卷九十四《室韦传》。
② 多桑：《多桑蒙古史》，冯承钧译，上海古籍出版社2014年版，第33页。
③ 多桑：《多桑蒙古史》，冯承钧译，上海古籍出版社2014年版，第33页。

以游牧为主的蒙古族，在饮食上吃肉、饮乳，乳主要是羊乳、牛乳，还把乳做成乳制品，如奶酪、奶豆腐；也制成饮料，如奶茶、酸奶、奶酒等。由于都是奶制品，也称为"白食"，白食在蒙古人的心中具有崇高的地位，来客、过节都要吃白食，以表示美好的祝愿。蒙古人的肉食也称"红食"，他们主要吃羊肉、牛肉和骆驼肉，马肉吃得不多，肉的吃法多式多样，有烤、炖、手把肉、全羊席等。肉多在冬、春季节食用，夏季很少吃肉，主要食用一些奶制品。像马肉、整羊肉只能在重大宴会、祭典时才可食用。除了红食、白食，部分蒙古人还食用米和面食。草原上的蒙古人同其他游牧民族一样，最初住毡帐、穹庐，随着农耕生产扩大，逐渐出现了居室，定居下来，经营半农半牧的生活。蒙古人的出行工具，在早期是以马为主，战争、打猎都离不开马，除此，还有骆驼、牛，在广袤的草原地区，骆驼是走长途、搬运重物的好帮手。蒙古的车辆制造业比较发达，在建立国家后，车辆是很普遍的交通工具，人们还改良了车辆，使之可以更好地遮风挡雨。

蒙古族源出室韦，在婚俗方面，有对室韦婚俗的继承，同时也受到了突厥、汉族等周边民族的影响，形成了具有本民族特色的婚姻习俗。元朝建立后，蒙古族大部分人实行一夫一妻制，少数具有特权的贵族阶层则流行一夫多妻制。男子欲娶女子，则要给女方牛、马、羊等聘礼，在后期，除了牲畜还要予之布帛。相传成吉思汗的后妃就有五百左右，而在这么多妃子里，又有妻妾之分，成吉思汗的主妻地位最高，最受尊崇。蒙古族作为北方游牧民族，同其周边民族一样，也盛行收继婚和报嫂婚，即兄死，弟可妻其嫂，父死，子可妻其后母，这种婚俗又称转房婚。室韦的婚俗是"夫死，不再嫁"①。可见蒙古族在此习俗上并未承袭室韦，应是受到突厥等族的影响。蒙古入主中原后，受到汉族儒家伦理观念的影响，违背伦理的转房婚等习俗逐渐弱化，愈发注重妇女的贞洁，人们的婚姻观念开始发生转变。妇女在婚姻中拥有较大自由，但对忠贞度要求很高。

---

① 《新唐书》卷二一九《室韦传》。

早期蒙古丧葬习俗都极为原始，无特定的墓地，将尸体摆放于一处即可，不设墓冢，多实行"天葬""野葬"等。后来，蒙古族受到周边民族特别是汉族的影响，开始实行"土葬"，平民以生前生活用品随葬，贵族则用金银财宝随葬。在元代时期，贵族实行"秘葬"，"秘葬"即不设陵墓，下葬之处即为平地，由于秘葬没有凸起的冢，放眼望去，皆为平地，成吉思汗的墓葬即是如此。除此，蒙古人还实行火葬，但火葬并不如土葬普遍，一般只有贵族、官吏和大喇嘛才能进行火葬。

蒙古人原始信仰为萨满教。游牧、狩猎的生活方式使他们对大自然的依赖程度很高，经济生产很大程度受到大自然的支配，在面对无法解释的天灾人祸时，他们便认为这是自然的力量，从而产生"万物有灵"的观念，崇拜天地、日月、山川等自然物。而萨满即是沟通人与神灵的中介，萨满这一角色在蒙古人的生活中起着不可替代的作用，上到统治者下到平民百姓，都十分信奉萨满，由于人们对萨满教信仰程度之深，在蒙古建立政权、统治社会方面，萨满教也发挥了重大作用。除了信奉萨满教，也有一些部落信仰景教。景教是从东正教中分离出来的基督教派，蒙古称它为"也里可温"，像蒙古诸部中的克烈、汪古等部就信奉景教。元明清时期，蒙古人逐渐开始信仰藏传佛教。忽必烈为了支持藏传佛教的传播发展，还在大都、中都、上都等地建造寺庙，藏传佛教才得以在蒙古地区大范围传播。

通过以上简要梳理可以看出，东胡族系各个部族由于相同的族源背景和相似的生计方式，使得其虽然经历分化却依然在不同时代呈现出相近的文化特征和相似的生活习俗。如长袍、小袖、长尾帽、马靴等服饰，都是便于骑马、放牧而衍生出来的服饰习惯，冬季常穿裘皮也是由于东胡族系世代的活动区域在北方，冬季较为寒冷，生活在草原山林猛禽野兽居多，裘皮也都为狩猎所得。住毡帐也是传统游牧民族文化的一种体现，饮食也由于生产方式、自然环境和发展程度间接决定，多食肉和奶制品，善饮酒以御寒，但由于农业相对发展较为落后，饮食中的谷物最初较少，随着农业发展饮食也逐渐变得多样化。婚丧习俗较好地保留了原始东胡民族的习俗特色，与中原有所不同，东胡族系民族长期实行"收继婚"，婚后男就女家生活。语言为蒙古语族，属阿尔泰语系。关于宗教信仰，历史上的东胡族系民族都经历了原始信仰的天地自然崇拜阶段，信奉萨满教，相信万物有灵，在不断发展进步过程中，逐渐接触到了佛教，佛教也成了东胡族系后期的宗教信仰之一。东胡族系民风淳朴、性格剽悍，既对自身文化自信，又不排斥外民族先进文化。

第二节　秽貊族系文化

秽貊又称秽、貊、濊貊、秽貉等，是由秽民族与貊民族相融合而形成的民族，由于其独特的自然地理环境与族系演进过程，秽貊族系的文化与东胡、肃慎两个族系具有较明显差异，从文化类型上看更加多元化、综合化。

一、生计方式

秽貊族系是古代东北地区三大族系中农业水平发展最高的族系，如夫余、高句丽农业起步较早，且达到了较高水平。尽管早期仍然存在渔猎、畜牧经济，但总体上却以农耕为主导，与东胡的游牧文化模式、肃慎的渔猎文化模式相比，更为接近中原汉族农耕文化，这与其临近中原王朝和汉人接触频繁密不可分。

（一）秽貊的生计方式

秽貊出现时间较早，在中原古籍中的记载较少，大多通过后世中原史书的记载才得到了解。秽貊族活动区域靠近中原王朝，其居住地势为平原地区，东濒大海，以农业、渔猎为主。秽貊人的生活区域东边临近大海，为其提供了相应渔猎条件，渔猎经济在秽貊人的社会生活中也占有较大比重。"（濊）东穷大海，西至乐浪……又多文豹，有果下马，海出班鱼，使来皆献之。"① 海域鱼类繁多，常作为使者来访的赠礼。除此之外，秽貊人还懂养蚕、纺织，观星宿以预判庄稼收成，"知种麻，养蚕，作绵布。晓候星宿，豫知年岁丰约"②。秽貊人此时已掌握了纺织技艺与一些天文、天象知识以辅助判断农时。

（二）夫余的生计方式

夫余与秽貊族系较早的橐离部有渊源关系，也是该族系第一个建立政权的部族。夫余的农业、畜牧业发达，生计方式以耕种、畜牧为主，兼具渔猎、采集等。《后汉书》中记载，夫余国"于东夷之域，最为平敞，土宜五谷"③。夫余地理位置优越，土地开阔肥沃，为农作物生长提供了得天独厚的条件。在吉林出土的古墓群中，也发现了镰、锄、锸等农具，可见夫余人的农业已发展至一定水平。据文献记载，夫余人善于养牲，多出名马、貂狖，并用六畜名给官职命名，畜牧已融入夫余人的政治生活中。此外，夫余生活在丘陵，河泽之滨，夫余人还从事渔猎、采集活动，在山陵生活的夫余人，则打猎、放牧，多猎狐狸、黑貂、狖等动物，食其肉衣其皮。从夫余人"以金银饰帽"以及"履革鞜"④，亦可看出其生活的精细化以及制革、制器等手工制造业的发达。

（三）高句丽的生计方式

高句丽的形成与夫余有很大渊源关系，也是秽貊族系中继夫余建立政权之后第二个建立政权的民族，虽建立时间稍晚，但存在时间久，文化发展水平高，为东北地区的文化建造做出了巨大贡献。

高句丽人的生计方式较为独特，他既区别于以农业为主的中原地区，也与以农、畜为主的夫余族不同，它是一种农业、渔猎并重的复合型经

---

① 《后汉书》卷八十五《东夷列传》。
② 《后汉书》卷八十五《东夷列传》。
③ 《后汉书》卷八十五《东夷列传》。
④ 《三国志》卷三十《乌丸鲜卑东夷传》。

济。高句丽人主要生活在中国东北地区，这里山林密布，气候寒冷。早期的高句丽农业并不发达，"地方二千里，多大山深谷，人随而为居。少田业，力作不足以自资，故其俗节于饮食"①，由于多山林深谷，土地贫瘠，人们耕作所得不足以供给生活，故高句丽人有节食的习俗。虽地少贫瘠，但农作物品类多，生产工具较先进，曾考古发掘出了铁制生产工具，有铁锸、铁斧、铁镰等，而随着社会发展，至公元三世纪，还出现了雇佣式的耕作方式，可见农业生产在高句丽社会中的重要地位。早期高句丽人主要分布在浑江流域，此地鱼虾众多，野生动物资源丰富，故渔猎也成了高句丽人生计生产的重要方式之一。而随着高句丽日益强大，不断吞并融合周边民族，并加强与中原地区的互动交流，手工业、商业也逐渐成了高句丽的重要产业。

（四）沃沮的生计方式

沃沮又称夫租，是夫余的分支，有南沃沮、北沃沮和东沃沮之分，但学界一般认为，沃沮只有南北两部，东沃沮即是南沃沮。据史籍记载，沃沮语言、文化皆与高句丽相似，属于秽貊族系中的一支。

沃沮人善耕作，农业是其经济生活的主要来源，同时，捕捞业也在其经济生活中占重要地位。"土肥美，背山向海，宜五谷，善田种。"② 沃沮自然条件优越，背山向海，土地肥美，适宜农作物生存，史籍中有关沃沮农业的记载很少，但从 20 世纪 70 年代在东宁县发现的沃沮遗址——团结遗址中，可看出其农业发展水平。在团结遗址中，发现了与中原相同的铁镰农具，以及一些斧、刀、磨盘等工具，这些农具的出土，说明沃沮人的农业发展已和同时期的中原人达到了相当的水平。而又因向海的地理位置，沃沮人的海上捕捞业也成了经济来源中的重要一环，史书记载："句骊复置其中大人为使者，以相监领，责其租税，貂、布、鱼、盐、海中食

---

① 《后汉书》卷八十五《东夷列传》。
② 《后汉书》卷八十五《东夷列传》。

物，发美女为婢妾焉。"① 在沃沮予高句丽的租税中，海上产品即占了半数，可见沃沮多海产品及海盐等物。

秽貊族系各个民族一直以来的生活区域南近长城，北接肃慎族系，以农业城栅为特点，不同于游牧民族，是东北地区三大族系中最早开始农业生产，最擅长农耕的族系。在突破了部落和部落联盟组织后，一度建立了地方政权，吸纳了许多原属于东胡族系的游牧民族和属于肃慎族系的渔猎民族人民，以及生活在中原边境的汉人。秽貊各个民族都在发展农业的同时，根据其时代和地理自然条件的不同，辅以渔猎、狩猎等多种生产方式，表现为独特的复合型经济模式。

二、日常生活习俗

秽貊族系的生活习惯方面大体上还是较为相似的，但在细节内容上又呈现出了一定差异，如夫余的葬俗和"尚白"观念受北方肃慎族系传统习俗的影响较大。高句丽又极大程度吸取了汉族的礼乐文化，不同的秽貊部族在婚俗上不同程度地受到中原汉族、东胡族系文化、肃慎族系文化影响，使得各部族在文化习俗上有所差异。

（一）秽貊

由于早期史料的缺乏，关于秽貊古族的日常生活习俗多以后世各部为参照。秽貊族言语、法俗类于高句丽，"言语法俗大抵与句丽同，衣服有异"②。在服饰上"男女衣皆着曲领，男子系银花广数寸以为饰"③，曲领是秽貊服饰的特点之一，且男子喜用银花装饰服饰。秽貊人的婚俗也较为特殊，他们认为"同姓不婚"④，中原地区即从西周时期就有同姓不可结婚

① 《后汉书》卷八十五《东夷列传》。
② 《三国志》卷三十《乌丸鲜卑东夷传》。
③ 《三国志》卷三十《乌丸鲜卑东夷传》。
④ 《三国志》卷三十《乌丸鲜卑东夷传》。

的规定，秽貊的婚俗大概是受到了中原文化的影响，也是一种族外婚形式的体现。

秽貊族的人文社会风气很好，人们性情温良，"其人性愿悫，少嗜欲，有廉耻，不请匄丽"①。受到箕子八条之教的影响，其民不关门窗也无人偷盗。在祭祀方面，其仪式与秽貊族系的其他民族相似，十月祭天，喜爱歌舞，昼夜唱歌跳舞，"常用十月祭天，昼夜饮酒歌舞，名之为舞天，又祠虎以为神"②。除此，秽貊人也有一定的禁忌，"多忌讳，疾病死亡辄捐弃旧宅，更作新居"③。秽貊人认为死人居住过的房子不吉利，故搬离旧居。

（二）夫余

夫余国曾臣属中原王朝，与中原联系密切，自然受到汉文化影响较大。夫余人使用的文字为汉字，史籍载"其印文言'濊王之印'"④，印文为汉字。夫余在先秦到两汉时期发展至强盛，位置与东部肃慎相接，这也使得夫余在民俗上与肃慎民族有许多相近的地方。夫余人服饰多样，且尚白衣，"尚白"这点与中原汉族不同，而与肃慎族系相似。"在国衣尚白，白布大袂，袍、袴，履革鞜。出国则尚缯绣锦罽，大人加狐狸、狖白、黑貂之裘，以金银饰帽。"⑤夫余人在国内穿白衣，有袂、袍、袴等多种样式，出国则穿丝织品，大人还加之裘皮并以金银饰帽，由此可见夫余人对穿着和场合的匹配十分讲究，穿搭样式众多也侧面体现了夫余手工业的发达。

夫余人的建造业已发展至一定规模，"其民土著，有宫室、仓库、牢狱"⑥。宫室、仓库及牢狱的建造皆需要大量土木，而牢狱的建造，则揭示了夫余作为一个政权，已有自己的一套法律制度和维护社会稳定的方法，

① 《三国志》卷三十《乌丸鲜卑东夷传》。
② 《后汉书》卷八十五《东夷列传》。
③ 《三国志》卷三十《乌丸鲜卑东夷传》。
④ 《三国志》卷三十《乌丸鲜卑东夷传》。
⑤ 《三国志》卷三十《乌丸鲜卑东夷传》。
⑥ 《三国志》卷三十《乌丸鲜卑东夷传》。

文明程度较高。夫余人爱好唱歌跳舞，"大会连日，饮食歌舞，名曰'迎鼓'……行人无昼夜，好歌吟，音声不绝"①。从此记载中可知夫余人对音乐舞蹈的痴迷程度之深，这和他们的生活习俗和民族性格有很大关系。

夫余国建立后，其婚俗以一夫一妻制为主，对婚姻中的不忠行为有严苛的规定，"男女淫，皆杀之，尤治恶妒妇，既杀，复尸于山上"②。男女通奸，皆杀之，尤其针对妒妇，杀死之后还要抛尸山上，可见，夫余人十分注重男女贞洁。夫余还一定程度上延续了"兄死妻嫂"这一风俗，和大多数北方游牧民族一样，一定程度上保护了家族财产不外流。

夫余人实行厚葬，同中原相似，且有活人殉葬的习俗。"其死，夏月皆用冰。杀人徇葬，多者百数。厚葬，有椁无棺。魏略曰：其俗停丧五月，以久为荣。其祭亡者，有生有熟。丧主不欲速而他人强之，常净引以此为节。其居丧，男女皆纯白，妇人着布面衣，去环珮，大体与中国相仿佛也。"③ 若死者在夏季去世，则用冰保存尸体，停丧五个月，以停丧时间之久为荣；若地位高的人去世，多则杀百人殉葬，且实行厚葬。陪葬品种类多样，有金银珠宝、生活用具、生产工具，等等。居丧的人穿白衣，妇人戴面纱，去配饰，以示对死者的尊重。夫余王去世要以"玉匣"随葬，"其王葬用玉匣，汉朝常豫以玉匣付玄菟郡，王死则迎取以葬焉"④。"玉匣"经后人考证，可能为随葬的金缕玉衣，夫余国臣服于汉朝，汉王朝将"玉匣"赐予夫余王下葬，是对其身份地位的认可。从史籍中对夫余国葬俗的相关记载，可以看出其葬俗与中原葬俗相似，受汉族影响甚重。

夫余人信奉万物有灵的萨满教，对大自然心怀崇拜。史料中多次提及夫余人的"祭天"行为，"以殷正月祭天"⑤"有军事亦祭天，杀牛观蹄以占吉凶，蹄解者为凶，合者为吉"⑥。由于夫余人社会发展水平低下及认知

① 《后汉书》卷八十五《东夷列传》。
② 《后汉书》卷八十五《东夷列传》。
③ 《三国志》卷三十《乌丸鲜卑东夷传》。
④ 《后汉书》卷八十五《东夷列传》。
⑤ 《三国志》卷三十《乌丸鲜卑东夷传》。
⑥ 《三国志》卷三十《乌丸鲜卑东夷传》。

受限，他们对大自然中的种种现象迷惑不解时，只能通过祭天、占卜等方式来寻求安慰，进而发展成了对天地自然的原始崇拜。

（三）高句丽

高句丽虽然出自夫余，在日常生活文化上与夫余有许多相似之处，但其文明程度要明显高于夫余。在服饰上，高句丽人穿着讲究，配饰多样，且通过服饰体现等级贫富差异。"其公会衣服皆锦绣，金银以自饰。大加、主簿皆著帻，如冠帻而无后；其小加著折风，形如弁。"① 高句丽人在祭天时皆穿锦绣，佩戴金银，大加、主簿戴帻，小加戴折风，不同等级的人配饰有所差别。在日常生活中亦穿布衣及裘皮，在佩戴的折风旁，还插有鸟羽，以示贵贱。高句丽服饰发展至唐时期，等级观念愈加明显，对不同地位人的穿着规定更为细致，"衣裳服饰，唯王五彩，以白罗为冠，白皮小带，其冠及带，咸以金饰。官之贵者，则青罗为冠，次以绯罗，插二鸟羽，及金银为饰，衫筒袖，裤大口，白韦带，黄韦履。国人衣褐戴弁，妇人首加巾帼"②。多样的服饰材质和样式正是高句丽人从事农、渔猎等复合型生计方式的侧面体现。

高句丽人盛行一夫一妻制，在婚姻中追求自由，"其俗淫，皆洁净自熹，暮夜辄男女群聚为倡乐"③，可见，早期高句丽人有自己的男女贞洁观念。婚姻以男女情投意合为基础，男方只需送女方猪酒即可，但无聘礼或接受财物的人皆会被世人耻笑。"有婚嫁者，取男女相悦，然即为之，男家送猪酒而已，无财聘之礼。或有受财者，人共耻之。"④ 至男女确定婚事之后，男方要去女方家居住，至子女长大成人，才携妻子归夫家。"其俗作婚姻，言语已定，女家作小屋於大屋后，名婿屋，婿暮至女家户外，自名跪拜，乞得就女宿，如是者再三，女父母乃听使就小屋中宿，傍顿钱

---

① 《后汉书》卷八十五《东夷列传》。
② 《旧唐书》卷一九九《高丽传》。
③ 《后汉书》卷八十五《东夷列传》。
④ 《隋书》卷八十一《高丽传》。

帛，至生子已长大，乃将妇归家。"① 与汉人娶媳入门截然不同，高句丽男人婚后先居女家至子女成人才携妻子回男方家的行为，是对北方少数民族原始婚姻习俗的沿袭。在丧葬习俗方面，高句丽同夫余人一样，实行厚葬。"厚葬，金银财币，尽于送死，积石为封，列种松柏。"② 高句丽人早期实行石葬，以石头封墓，这种墓为地上墓，石头裸露在地面上，并在墓旁种上松柏。高句丽人的丧葬形式还有二次葬、火葬等，"死者殡于屋内，经三年，择吉日而葬"③。而火葬的形式主要存在于积石墓时期。"居父母及夫之丧，服皆三年，兄弟三月。初终哭泣，葬则鼓舞作乐以送之。"④ 在父母或丈夫去世时，女子需服丧三年，这种制度与中原类似，而兄弟则只需三月。人刚去世时，人人哭泣，而在下葬时，人们则敲鼓跳舞作乐以送之，这种习俗可能来源于"灵魂不灭"的原始信仰。

高句丽人能歌善舞，"乐有五弦、琴、筝、筚篥、横吹、箫、鼓之属，吹芦以和曲"⑤。高句丽人还喜爱跳舞，在发掘的高句丽古墓中，墓中壁画也刻画了众多高句丽人跳舞的情形，女性舞姿柔美，男性舞姿刚健，舞蹈种类也不尽相同。高句丽的娱乐活动还有下围棋、摔跤、蹴鞠等。

高句丽人信仰万物有灵，对天、社稷、鬼神、星辰、山川等皆报有敬畏之心，祭祀活动频繁，"好祠鬼神、社稷、零星，以十月祭天大会，名曰东盟"⑥。高句丽人还崇拜祖先，建神庙，供奉祖先，"又有神庙二所：一曰夫余神，刻木作妇人之象；一曰登高神，云是其始祖夫余神之子。并置官司，遣人守护。盖河伯女与朱蒙云"⑦。高句丽的宗教信仰主要有儒教、佛教，后期也有道教传入。儒教很早就兴起于中原地区，随着高句丽与中原的密切交流，其思想也逐渐受到儒学影响，学习儒家的伦理纲常，

---

① 《三国志》卷三十《乌丸鲜卑东夷传》。
② 《三国志》卷三十《乌丸鲜卑东夷传》。
③ 《隋书》卷八十一《高丽传》。
④ 《隋书》卷八十一《高丽传》。
⑤ 《隋书》卷八十一《高丽传》。
⑥ 《后汉书》卷八十五《东夷列传》。
⑦ 《周书》卷四十九《高丽传》。

并将儒学经典作为教育用书。除此，佛教也是高句丽人信仰的宗教之一，在祭祀活动中，尊崇佛法，此时的佛教教义已进入重要的祭祀体系中。关于高句丽信奉道教的记载较少，但是在考古发掘的高句丽壁画中，有不少道士形象的人物壁画，道教虽传入较晚，但也在一定程度上渗入了高句丽人的生活中。

（四）沃沮

沃沮曾臣属于高句丽，其语言、习俗与高句丽相似。"言语、食饮、居处，衣服，有似句骊。"[1] 在沃沮人住房遗址中，发现了火墙这一设施，可以说是东北地区较早开始使用取暖工具的民族。沃沮人有女子早婚习俗，"其嫁娶之法，女年十岁，已相设许。婿家迎之，长养以为妇。至成人，更还女家。女家责钱，钱毕，乃复还婿"[2]，女子十岁时即许配人家，在男方家中养至成年，再回到女方家中，而此时男子则需付予女方彩礼，女子方可再次回至男方家中。沃沮人的丧葬盛行二次葬，《三国志》中载："其葬作大木椁，长十余丈，开一头作户。新死者皆假埋之，才使覆形，皮肉尽，乃取骨置椁中。举家皆共一椁，刻木如生形，随死者为数。又有瓦鑿，置米其中，编县之于椁户边。"[3] 沃沮人葬具为木椁，先将死者假埋，待皮肉腐尽，再取其骨葬于椁中，且一家人同葬于一椁中，椁中放置木刻人，与死者数量相同，另在棺旁放置内有米粮的陶制容器，为死者之粮，这一做法可能是受到高句丽人丧葬习俗的影响。

秽貊族系长期生活在我国东北松嫩平原，与中原王朝及其他族系交往不断，使其作为一大族系并没有形成长期稳定有独特民族特征的文化体系，其文化为吸纳了东北部肃慎族系、西北部东胡族系和南部中原汉族的复合型文化，并且不同部族由于位置和政权的影响呈现出不同的文化差异，其中对秽貊族系文化影响最大的当属中原王朝。一个民族原初生产方

---

① 《后汉书》卷八十五《东夷列传》。
② 《三国志》卷三十《乌丸鲜卑东夷传》
③ 《三国志》卷三十《乌丸鲜卑东夷传》。

式在一定程度上决定了其基本文化形态，与汉民族相同的农业生产也一样会衍生出相近的文化习俗。秽貊族系民族相较于东胡族系与肃慎族系，农业经济更为发达，农业文明程度更高，在穿着、用度、丧仪等诸多方面都表现出明显的等级制度，在信仰上既有原始的万物有灵观念，自然崇拜与祖先崇拜盛行，又接受了佛教、道教、儒家的思想，属于多信仰并存。秽貊族系民族既善于学习汉人礼俗，又在许多方面保留了自己民族传统文化习俗，体现出一种多元并存多样形态的文化模式。

第三节　肃慎族系文化

从文化模式角度而言，肃慎族系文化可以用渔猎采集予以概括，或者说，作为肃慎族系各部族所共有的文化特征为渔猎采集，也可称之为文化上的"家族相似性"，主要是一种基于自然生态环境所形成的传统文化类型。以此为基础，肃慎族系的生产生计方式、日常生活习俗、原始信仰等与东胡、秽貊两个族系有明显差异。但是，在不同历史时期的各部族在文化上仍然有其独特性，而且他们不断迁徙流动，与其他民族交往融合，文化也随之日趋丰富繁荣。

一、肃慎、挹娄的文化特征

肃慎，亦称"息慎""稷慎"，为东北地区最早见于史籍的居民之一，居住在"不咸山"（长白山）以北，东濒大海及黑龙江流域的广大地区。早期文献中关于肃慎人的生活习俗与文化的记述十分有限。《竹书纪年》：（帝舜）"二十五年，息慎氏来朝，贡弓矢。"中国最早的国别史《国语》记载："昔武王克商，通道于九夷、百蛮，使各以其方贿来贡，使无忘职业。于是肃慎氏贡楛矢石砮，其长尺有咫。"[1] 楛矢石砮是指以楛木为箭

---

① 《国语》卷五《鲁语下》。

杆、以石为箭头的狩猎工具，也是肃慎乃至挹娄最为典型的文化象征。另外《逸周书》还记载了在肃慎有一种名为"麈"的动物，"西面者正北方稷慎大麈"①，麈为驯鹿的一种。从早期文献中可以看出，肃慎为居住在我国东北"深山穷谷"地区，以狩猎为主要经济生产方式的族群。成书稍晚的《晋书·肃慎传》记述较为翔实，不仅记载了肃慎与中原王朝的往来及多次贡楛矢石砮的情形，而且对其日常生活进行了较为详细的描述。"无文墨，以言语为约"②说明他们没有文字，但却有自己的语言。如果按照摩尔根对人类社会发展阶段的划分，肃慎人当处于野蛮社会，未进入文明社会。③从其日常生活习俗来看，肃慎人在文化上尚处于一种相对简单、原始的状态。在饮食方面，种类比较单一，"无牛羊，多畜猪，食其肉"④，而且饮食方式十分落后，"以足挟肉而啖之"，食品制作加工也非常简单，"无井灶，作瓦鬲，受四五升以食"，"土无盐铁，烧木作灰，灌取汁而食之"。在服饰上以猪皮为主要防寒品，"衣其（猪）皮，绩毛以为布"，虽然已经能够用猪毛织布，但数量却非常有限，只能用于遮羞，"以布作襜，径尺余，以蔽前后"。在葬俗方面也比较原始，但已经有了灵魂观念，"死者其日即葬之于野，交木作小椁，杀猪积其上，以为死者之粮"，"父母死，男子不哭泣，哭者谓之不壮"。在礼俗上则是"妇贞而女淫，贵壮而贱老"，强调生存的能力，尊重长者的伦理观念非常淡漠。只有在婚俗方面显示了比较文明的习惯，"将嫁娶，男以毛羽插女头，女和则持归，然后致礼娉之"，虽然还有原始婚俗的痕迹，但已经是一夫一妻制，且有下聘礼之俗。

　　汉至晋时期的挹娄是肃慎族系继肃慎称号后使用的第二个族称，前后有600余年，其间有时也称肃慎。挹娄人的风俗与文化亦与肃慎大体相同，

---

①　《逸周书》卷七《王会解》。

②　《晋书》卷九十七《肃慎传》。

③　摩尔根：《古代社会》全三册，杨东莼、张栗原、冯汉骥译，商务印书馆1971年版，第10~11页。

④　《晋书》卷九十七《肃慎传》。

有自己的语言，但尚无文字，《后汉书》记载其"人形似夫馀，而言语各异"①。《三国志》则记载："其人形似夫馀，言语不与夫馀、句丽同。"② 挹娄人使用的狩猎工具比肃慎人有所进步，已经知道加涂毒药于箭头："矢用楛，长一尺八寸，青石为镞，镞皆施毒，中人即死。"③ 居住为地穴式："常为穴居，以深为贵，大家至接九梯。"从中可以看出已经产生了贫富差距。挹娄人处于原始部落阶段，还没有形成部落联盟，"无大君长，邑落各有大人"④，因此，其社会组织还比较简单，邑落的"大人"成为最高权力。其服饰基本与肃慎人相同，"好养豕，食其肉，衣其皮。冬以豕膏涂身，厚数分，以御风寒。夏则裸袒，以尺布蔽其前后"⑤。可见其畜牧业相对较为发达，猪则是主要饲养动物，且与挹娄人的衣、食密切相关。农业生产在挹娄人的经济生活中占一定比重，"有五谷"。手工业生产有纺织、制陶、造船、石器与骨器的加工等。纺织还处在原始阶段，早期只会织麻布，麻线用纺轮捻成。

应该注意的是肃慎、挹娄与中原王朝的关系，他们曾多次向中原朝贡，这不仅促进了文化交流，而且奠定了一个与中原接触并对其文化景仰、向往的共同意识，这对后来的各族都具有十分重要的意义。

二、勿吉、靺鞨的文化特征

继肃慎、挹娄之后，历史文献中关于同一地区民族的记载为勿吉与靺鞨。勿吉多出现于南北朝时期，靺鞨则以隋唐文献记载最多。"勿吉与靺鞨虽出现于不同历史时期，但并非族称的改换，而是同一语词在不同时期的异译。"⑥ 因此，可以视二者为同一族群，只是根据文献记载的顺序，以

① 《后汉书》卷八十五《东夷列传》。
② 《三国志》卷三十《乌丸鲜卑东夷传》。
③ 《后汉书》卷八十五《东夷列传》。
④ 《三国志》卷三十《乌丸鲜卑东夷传》。
⑤ 《后汉书》卷八十五《东夷列传》。
⑥ 王锺翰主编：《中国民族史》，武汉大学出版社 2012 年版，第 672 页。

两个称谓分别叙述。

南北朝时期，满族的先民被称为勿吉。"勿吉"一词为满语"窝集"之音转，意为"深山老林"，表明他们散居于深山密林之中并以狩猎为生。主要生活区域为东达日本海，西至嫩江，南抵长白山，北到黑龙江下游及鄂霍次克海的广大地区。至勿吉时期，该族群不仅人数有较大增长，社会结构组成的规模也进一步扩大。勿吉初期的部落多达数十部，后经过整合而逐渐发展为七大部：粟末部，与高句丽相邻，位于今吉林市的松花江流域，拥有"胜兵数千"[1]；伯咄部，在粟末部北，位于现在的吉林省榆树、扶余和黑龙江省的双城、五常一带，有"胜兵七千"；安车骨部在伯咄部的东北，即今天的阿什河下游、阿城附近；拂涅部在伯咄部之东，在今张广才岭以东及牡丹江下游以东至密山兴凯湖一带；在拂涅部东部为号室部，位于今天的绥芬河流域；黑水部在安车骨部的西北，今黑龙江流域下游地区，兵力只有三千，但却是各部中最为"劲健"的部落；白山部在粟末东南，因靠近长白山而得名，位于今牡丹江上游及以东的延边地区。

勿吉人的生活习俗基本与挹娄相同，仍然是"凿穴以居，开口向上，以梯出入"[2]，生产则主要"以射猎为业"，但农业、手工业较前有较大发展，农业已经到了耦耕阶段，在手工业方面，除了知道用毒药涂在弓矢上外，还能加工铁器，并能够制造车、船，而且通过史料分析，造船的历史要早于造车，船作为水上交通工具在当时已经被普遍使用。就社会制度而言，勿吉人还处于氏族社会阶段，但已经不是单一的部落，而是经过分化、分解后的多部落并存。早期"邑落各自有长、不相总一"[3]，即各部落有自己的首领，但在部落之上并没有统一的领导者，还未形成部落联盟。此时的氏族社会仍存有母系社会的遗留，比如在婚俗上，"初婚之夕，男

① 《北史》卷九十四《勿吉传》。
② 《北史》卷九十四《勿吉传》。
③ 《北史》卷九十四《勿吉传》。

就女家，执女乳而罢"①。但已经到了父权制阶段，妇女成为男子的附属，丈夫甚至可以有权杀死不贞的妻子，"其妻外淫，人有告其夫，夫辄杀妻而后悔，必杀告者。由是奸淫事终不发"②。他们尊老观念依然很淡薄，如果父母在春夏时节去世，便很快入葬，并在坟墓之上"作屋，令不雨湿"③，但若是在秋冬季节去世则用他们的尸体作诱饵来捕貂。可见其"贵壮贱老"、强调生存能力而不是注重礼制的观念十分明显。勿吉人有自己的语言，但无文字。勿吉与中原王朝的联系较之肃慎、挹娄时期更加紧密，多次遣使朝贡，规模最大的一次是在北魏太和十二年（488），曾有多达五百人一同朝献。这种与中原的交往极大地促进了勿吉人的社会经济及文化的发展。

隋唐时期，勿吉改称靺鞨，但其七大部的划分与名称则与以前一致，生存地域几乎没有变化。只是在这一期，各部的发展呈明显的不平衡状态。相对而言，靠近南部的部落生产力水平更高一些，而位于北部的主要是黑水部却较为落后。经过数次兼并，至 7 世纪初逐渐形成了两个部落联盟，一个是以粟末部为中心，被称为粟末靺鞨；另一个是以黑水部为中心，被称为黑水靺鞨。

以粟末靺鞨为主体包括部分高句丽人、黑水靺鞨所构成的渤海国，其政权具有明显的二重性，"它既是粟末靺鞨联合高丽（高句丽）等遗民建立的一个边疆少数民族王国政权，同时又是唐王朝管辖下的一个羁縻州"④。同时它也是满族先世建立的第一个政权，社会经济文化均已经发展到较高程度。然而，应该注意的是，曾经兴盛一时的渤海政权与后来的满族甚至更早一些的女真族并没有严格的文化继承关系。在渤海国被契丹所灭之后，其居民被分别遣散到不同地区，只有一少部分加入到后来的女真之中。据史料记载，逃入高丽的人数最多，持续时间也最长，终辽朝一

① 《北史》卷九十四《勿吉传》。

② 《北史》卷九十四《勿吉传》。

③ 《北史》卷九十四《勿吉传》。

④ 王锺翰主编：《中国民族史》，武汉大学出版社 2012 年版，第 682 页。

代，一直有渤海人向高丽逃亡。① 另外还有相当一部分加入中原汉族并逐渐被汉化。约有两万户、十万人仍然留在渤海故地，在后来女真首领阿骨打起兵反辽时加入到女真的队伍中。因此，渤海的兴衰对其后世及满族并没有直接的影响，而与满族直系先民——女真有着直接渊源关系的是黑水靺鞨。

黑水靺鞨共有 16 部。其生活范围东至今日本海（包括库页岛），北至鄂霍次克海，西与室韦相接，约在嫩江和俄国结雅河附近为邻，南与粟末靺鞨所建的渤海国为邻。黑水靺鞨崛起于唐灭高句丽之后，"其（靺鞨）白山部，素附于高丽，因收平壤之后，部众多入中国。汨咄、安居骨、号室等部，亦因高丽破后奔散微弱，后无闻焉。纵有遗人，并为渤海编户。唯黑水部全盛，分为十六部，部又以南北为称"②。其南北二部是以黑水（当时被称为混同江的松花江下游汇入黑龙江前的流域）为界。

就总体而言，黑水靺鞨的生产力水平与社会文化发展程度都要低于其南部的粟末靺鞨，而且黑水靺鞨各部发展呈现不平衡状态，基本上为从北到南渐次提高。位于黑龙江下游以西、以东包括库页岛在内的一些群落，仍以渔猎为业，过着"夏则出随水草，冬则入处穴中"③ 的原始游猎生活；分布在黑龙江中游附近的一些部落，虽然亦是穴居，但其社会状况已经明显高于北部各部落。黑水靺鞨人的生产力水平不高，但人皆强悍凶猛，军事实力很强，尤善步战，"每恃其勇，恒为邻境之患"④。他们的居住方式为游居，即无固定住所，随季节变化而移动居住，但在冬季的穴居已经有别于早期的肃慎、挹娄，"居无室庐，负山水坎地，梁木其上，覆以土，如丘冢然"⑤，严格来说是半穴居式。在礼俗上与其先民肃慎、挹娄极为相似，"无忧戚，贵壮贱老"⑥，以人的强弱而不是长幼决定在部落中的地位。

---

① 王锺翰主编：《中国民族史》，武汉大学出版社 2012 年版，第 682 页。
② 《旧唐书》卷一九九《靺鞨传》。
③ 《旧唐书》卷一九九《靺鞨传》。
④ 《旧唐书》卷一九九《靺鞨传》。
⑤ 《新唐书》卷二一九《黑水靺鞨传》。
⑥ 《新唐书》卷二一九《黑水靺鞨传》。

在服饰上已经有了初步的审美观念，缀野猪牙和插雉尾作冠饰。其葬俗也具有明显的游猎特征，与早期的游牧风俗相类似，几乎没有固定的墓地，死者也不用棺椁，直接埋入土中，杀其生前所骑马匹以祭奠。黑水靺鞨的各部落中已经出现了部落首领，称为"大莫拂瞒咄"，且世袭相承，但还没有统一的、各部落之上的统治者。由此表明，黑水靺鞨尚未跨出原始社会门槛，但阶级社会的某些因素如私有财产已在其社会内出现，严格来说是处于由原始社会向阶级社会过渡阶段。

勿吉、靺鞨时期，是满族先世的第一个大发展、大分化阶段。在这一时期，从总体上看，无论就人口数量、活动范围还是就社会组织和生产方式都较肃慎、挹娄时期有了较大发展，并出现了盛极一时、雄霸一方的"海东盛国"——渤海政权。从文化形态而言，呈现出多样的、不平衡的状态，既有受中原及其他相邻民族文化影响而产生的较为先进的制度文化、物质文化形式，如渤海政权，也有其原有文化的保持与渐进，如以射猎为业、穴居、"无忧戚"与"贵壮贱老"等生存方式与习俗。从社会发展史来看，纵观自南北朝至隋唐时期的勿吉、靺鞨，各部落发展程度差异之大也是在中原地区难以见到的。粟末靺鞨建立政权并又走向衰落，曾达到了很高的文明程度，但之后便分别融入汉、高丽和女真（后来主要由黑水靺鞨发展而成）各族之中而不复见于史册。虽然黑水靺鞨的许多部落仍然处于原始游猎的社会状态，但是刚进入部落联盟阶段，便以女真为号又开始了新的发展与分化。

三、宋金时期女真人的文化特征

契丹灭渤海后，黑水靺鞨诸部不断南迁，进占渤海故地，并与渤海遗民中的靺鞨人杂居生活，受契丹所统治。女真，亦称为女贞、虑真、女直、女质、朱理真、朱里真、珠尔真、珠申、诸申、朱先、朱里扯特、主儿扯惕、拙儿擦歹等。

辽宋时期的女真大致分布在南起鸭绿江、长白山一带，北至黑龙江中游，东抵日本海（东海）的广大范围内。其时虽然都以女真为名，但并没有形成统一的民族共同体，而是分为不同部落或部落联盟，居住在不同的地区，包括生女真、熟女真、回跋部女真、东海女真、长白山女真、五国部女真、乌惹女真等诸多部落。其中尤以生女真、熟女真两部最强大。

辽太祖耶律阿保机战胜女真人后，因担心女真聚居可能造成不安定因素，采取了分而治之的政策，将女真划分为熟女真、生女真、回跋女真、东海女真、黄头女真等。

熟女真为当时女真各部落中社会各方面发展较为先进的部分，包括曷苏馆女真、南女真、北女真、鸭绿江女真、乙典女真部、奥衍女真部、黄龙府女真、顺化国女真等部。这部分女真人生产力水平较高，不仅掌握冶铁技术，而且"农业已相当发达，已能织布帛，但狩猎还占一定地位"①。后来，熟女真中大部分逐渐与当地汉人或其他民族相融合。契丹对未迁走的女真人实行"羁縻"统治，称其为"生女真"，不允许其与熟女真来往。生女真是社会生产发展比较缓慢的部分，主要有四大部落：完颜部、徒单部、乌（吾）古论部与蒲察部，每大部落下有数量不等的小部落。大体分布在黑龙江中下游、松花江北岸，东至大海的广大地区。这些女真人铁器的使用比以前更为广泛，但还未进入铁器时代。经济上主要以渔猎为生，也有少量农业，饲养业以养猪为主。

在这个时期，除熟女真发展较快外，其他各部落的经济生产方式与生活习俗基本是一致的，渔猎兼有农牧，操着同一种语言，但可能存在着方言差异。各部落自有首领，但并不互相统属。

生女真中完颜部在 11 世纪初迁至安出虎水畔（今黑龙江阿什河）定居，开垦荒地从事农业生产，此前一直过着"迁徙不常"的狩猎、游牧生活。他们在这里建造房屋，始"有栋宇之制"。1115 年正月，阿骨打于会宁（今黑龙江阿城区白城）建国称帝，国号大金，改元收国，由此标志着女真社会发展进入了一个崭新的历史时期。

---

① 孙进己、张璇如、蒋秀松等：《女真史》，吉林文史出版社 1987 年版，第 62 页。

金朝统治下的女真居民，南北生活状况差异还是十分明显的，留居东北北部地区的基本保留了原有的民族风俗与生活方式。进入辽宁地区的女真农业较以往有了较大发展，已经达到自给自足的程度，"女真人徙居奚地者……彼地肥美，异于他处……皆自耕，岁用亦足"①。女真人有自己共同的民族语言但没有文字。在长期与契丹人和汉人的接触中许多女真人学会了使用辽国的契丹字和汉字。金天辅三年（1119），完颜希尹奉金太祖完颜阿骨打之命创制了女真文字："金人初无文字，国势日强，与邻国交好，乃用契丹字。太祖命希尹撰本国字，备制度。希尹乃依仿汉人楷字，因契丹字制度，合本国语，制女直字。"② 后人称其为"女真大字"。天眷元年（1138），金熙宗完颜亶又颁行了"女真小字"。实际上无论是女真大字还是女真小字都是以汉字和契丹字的字形作基字再增减笔画而成，记录女真语语音。这也是到目前为止我们所知道的满族先世第一次创制的文字形式。只是这种文字并没有传承至满族共同体。金天兴三年（1234），金为蒙古所灭。但女真文并没有立即被废弃，在女真人之间仍然使用。然而，由于作为统治民族的蒙古通行使用的是蒙古文字，因此在女真人地区实际上是女真文与蒙古文并行使用。至元朝灭亡，这种状况依然存在，只是女真文的使用范围在不断缩小，而蒙古文使用范围在不断扩大，特别是在女真人上层中越来越多的人已学会并使用蒙古文，甚至有的女真部落则已完全放弃女真文而专用蒙古文。到了明朝中叶，这种情况更为普遍。据《明实录》记载，正统九年（1444），玄城卫指挥撒升哈等向明廷奏请："臣等四十卫无识女直字者，乞自后敕文之类，第用达达字。"③ "女直字"即为女真文，达达字即为蒙文。玄城卫属于海西女真，西与蒙古紧邻，受蒙古文化影响较深，许多部落逐渐废弃女真文而专用蒙古文。④

　　金代女真的服饰既保留有自己传统的形式，又融入了部分契丹、汉民

---

①　《金史》卷四十七《食货志》。

②　《金史》卷七十三《完颜希尹传》。

③　《明英宗实录》卷一一三《正统九年二月甲午条》。

④　孙进己、张璇如、蒋秀松等：《女真史》，吉林文史出版社1987年版，第290页。

族的服饰文化，并且汉化的趋势更为明显。"其衣色多白，三品以皁、窄袖、盘领、缝腋，下为襞积，而不缺袴。……取便于骑也。"① 这种便于骑射的"窄袖""襞积"风格被后来的满族所继承下来。在居住、饮食、婚俗、葬俗等方面，女真上层社会与迁入中原地区的平民不断受汉民族影响而呈现出明显的汉化趋势，在辽东地区的女真人不仅受汉文化的影响，而且还在很大程度上受契丹文化影响，而在辽阳以北的女真平民中则较完整地保持着原有的文化习俗。比如，中原的主食由麦面代替了稗饭，他们逐渐突破了"婚姻有恒族"②"后不娶庶族"③ 的限制，开始与契丹人、汉人通婚，且逐渐取消了"兄死妻嫂"的收继婚，人死后不仅有棺椁，而且地位显赫者墓室规模亦相当宏大，等等，均有明显的汉文化色彩。而女真人饮茶也是从汉人、契丹人处所学。当他们发现饮茶可有助于消化肉食之后，便开始广为流行，以至于不惜使用丝绢交换茶叶，为此，金朝一度下令禁止民间食茶、买卖与馈赠茶叶。④ 而东北地区特别是辽东以北的女真人，则多数保留有原来的风俗。比如，他们的居住虽然已经不是穴居，但还十分简陋，至献祖时，"始筑室，有栋宇之制"⑤，"其俗依山谷而居，联木为栅。屋高数尺，无瓦覆以木板。或以桦皮，或以草绸缪之。墙垣篱壁，率皆以木。门皆东向。环屋为土床，炽火其下，相与寝食起居其上，谓之炕，以其取暖"⑥。阿骨打时仍然居住在这种"冬暖夏凉"的木架土炕房屋中。这种"环屋为土床"的民居特别适宜北方的自然条件，因此被后来的居于"苦寒"之地的女真及满族所继承下来，至今还能在黑龙江部分满族聚居村落见到的传统满族民居"万字炕"（亦称圈炕）即由此而来。迁居辽东和中原地区后的女真人居室，与北方汉人的相近。女真人早期的饮食，以飞禽走兽为主要食物。农业虽早已出现，但直至金初种植品种仍

① 《金史》卷四十三《舆服志》。
② 《金史》卷一二〇《世戚传》。
③ 《金史》卷六十三《后妃传》。
④ 《金史》卷四十七《食货志》。
⑤ 《金史》卷一《世纪》。
⑥ 《三朝北盟会编》卷三《政宣上帙（三）》。

然有限，其地不种谷麦，只种稗子。普通百姓的饭菜比较单调，"以豆为酱，以半生米为饭，渍以生狗血及葱韭之属，和而食之"①。阿骨打等贵族所食，略为丰富一些，但也只是稗子饭，"列以蛮韭、野蒜、长瓜"，另外再多一些猪、羊、鸡、鹿、兔等肉类。可见他们的蔬菜种类很少，烹饪技术也比较落后，米饭为半生，且佐料短缺，使用不多。宋代女真人"无生姜，至燕方有之。每两价至千二百金，人珍甚，不肯妄设。遇大宾至，缕切数丝置碟中以为异品，不以杂之饮食中也"。当时女真人充分利用所处的自然条件，采食野生植物作为蔬菜食用，"女真多白芍药花，皆野生，绝无红者。好事之家，采其芽为菜，以而煎之，凡待宾斋素则用，其味脆美，可以久留"②。女真人先民就有饮酒之好，金代女真人"嗜酒好杀，酿米为酒，醉则缚之，俟其醒，不尔杀人"③，酒以糜酿之。饮食用具均为木制，有盆、碗、构等。随着金政权的稳定和与汉人的广泛接触，这些风俗也有汉化的趋势，但作为一种文化形式，还未完全进入东北女真人的文化体系之中，也就是说，在其文化模式的底层依然是渔猎文化占主要成分。尽管对此史料记载十分有限或语焉不详，但从明代女真的生活习俗还未达到金代中原女真的程度中却可以推断出这一结论。他们曾一度学习甚至采用了部分汉文化的习俗，包括衣、食、住等方面，但当金朝被灭他们又迁至北方后，很快便又以其传统的方式生活。至明朝末年再次崛起的女真－满族正是由这部分女真人不断南迁、发展而来。

就制度文化而言，金代女真对后世女真与满族影响最大的莫过于猛安谋克制。按女真语义，谋克为氏族单位之族族长，后引申为百夫长、百户长；猛安本意为千，初为千夫长即千户长。在辽代，各部落"自推雄豪为酋长，小者千户，大者数千户"④，每个部都是由一个姓氏的成员及家人组

① 《三朝北盟会编》卷三《政宣上帙（三）》。

② 洪皓撰、翟立伟等标注：《松漠纪闻》，见李澍田主编：《长白丛书（初集）》，吉林文史出版社1986年版，第39页。

③ 宇文懋昭撰、李西宁点校：《大金国志》，见刘晓东等点校：《二十五别史》，齐鲁书社2000年版，第289页。

④ 《三朝北盟会编》卷三《政宣上帙（三）》。

成，因此，各部都是一个血缘组织。而地域相邻的各部又组成基于血缘组织之上的部落联盟，如生女真中的完颜部、乌古论部等。随着女真社会的发展和各部落的不断变迁，血缘组织日趋松散，取而代之的是一种新型的、以地缘为主的猛安谋克组织。猛安谋克源于原始氏族制下的集体狩猎组织，后因部落间战事频仍而逐渐发展为军事组织，但其成员平时在部落内仍从事狩猎、捕鱼劳动，只在遇有战争时才应征召去打仗，且自备武器、军马和粮草。因此它在早期是一种军事与生产合一的社会组织。金世祖（1039—1092）时，谋克已成为一种常设的军事组织，但此时军事首领谋克通常都由部长或族长一人担任。1114 年，阿骨打定三百户为一谋克，十谋克为一猛安，特别是大批女真人迁居中原各地后，原有的血缘性部落彻底解体，猛安谋克便成为军事、行政、生产三位一体的社会组织。猛安谋克作为女真创建的一种社会组织和制度，在女真兴起时期曾发挥了重要作用，不仅促进了分散的女真各部结成为一个统一的女真族，而且这种以地域、血缘因素为基础的猛安谋克，形成了强大的家族兵团，大大增强了女真兵的战斗力。此外，通过对降附的汉、渤海、契丹和奚等族人按猛安谋克编制，并授予其首领猛安或谋克称号，在一定程度上削弱了他们的敌对情绪。但是在女真政权建立后，猛安谋克又变成了阻碍社会发展，束缚女真人发展的羁绊。满族创制的八旗制度与女真人的猛安谋克不仅具有继续性，而且在功能与对满族自身发展方面也有极其相似的一面，在清中期以后开始出现的"八旗生计"问题主要就是因为八旗组织的管理方式极大地束缚了旗人生活技能。

在精神信仰方面，金代的萨满教已经作为一种宗教形式发展起来。"珊蛮者，女真语巫妪也，以其变通如神。"[1] "珊蛮"即萨满的同音异译，这是关于萨满教的最早记载。作为一种民间信仰，萨满教并没有系统的教义与教规，基于一种朴素的"万物有灵"思想，因此它是一种多神教，既崇拜祖先，也崇拜自然、动物。金代萨满教是由其先民的"灵魂不死"观

---

① 《三朝北盟会编》卷三《政宣上帙（三）》。

念发展而来，认为世界存在着天界、地界与人界三个层面，萨满是沟通人与神、鬼之间的使者，穿着特定的服饰，通过一定的仪式、法器，他可以用"神语"将人的某些想法与愿望传达给神灵（不是固定的），并通过与神灵沟通而实现人们的愿望。金代的萨满活动已经成为女真人社会生活中不可或缺的一部分。阿骨打在起兵反辽时就曾举行盛大的萨满祭天仪式。除了保佑人们平安外，萨满还能为人治病，为人复仇，并有占卜未来的功能。金昭祖完颜石鲁因日久无子，"有巫者能道神语，甚验，乃往祷焉"①。巫不仅预测出其子女的出生顺序与数目，而且给出了应起的名字，后都得到验证。这里或许有神话金代诸帝的成分，但却说明了萨满在当时的社会地位与作用。随着女真进入阶级社会，并与汉、契丹的不断融合，佛教、道教相继出现在女真人的社会生活之中，特别是迁居辽东与中原的女真人，更是崇佛胜于尊萨满，一度出现"举国上下，奉佛尤谨"的局面。但在东北地区的女真人仍然以信奉萨满教者居多，这种风俗一直被元、明时期的女真人及后来的满族所继承。

此外，金初女真人的礼仪观念较弱，"旧无仪法。君民同川而浴，肩相摩于道。民虽杀鸡，亦召其君同食"②。君与民处于一种自然的近乎平等的关系。后逐渐受中原等级制度影响而开始君臣、官民有别。

纵观金代女真文化，作为一个政权而言，金文化由传统女真文化逐渐向汉文化转化，同时也在一定程度上受到契丹文化的影响。作为一个民族而言，迁至辽东地区和中原的女真汉化迅速，而留居东北的女真虽然也在一定程度上受到汉文化的影响，甚至一些生活习俗也采用了汉文化形式，但其文化内核并没有汉化，而是较完整地保存着传统文化。在金政权解体后，他们受汉文化影响的成分很快就被抛弃了，仍然固守着传统的女真文化习俗，并对元明时期的女真及满族产生了重要的影响。

---

① 《金史》卷六十五《始祖以下诸子》。

② 洪皓撰、翟立伟等标注：《松漠纪闻》，见李澍田主编：《长白丛书（初集）》，吉林文史出版社1986年版，第33页。

四、元明时期女真人的文化特征

金代女真总人数约有 480 万，其中迁居中原地区的大约 200 万人，徙住今内蒙古自治区一带的 40 余万人，留居东北地区的约有 200 万人。在这三部分女真人之中，一直较好保持并传承女真文化的是留居东北的女真人。

留住东北地区的约 200 万女真人，居上京、蒲与、速频、易懒、胡里改等路的猛安谋克民户约 100 万人，除在蒙古兵征讨东夏国时有小部分死于战乱外，其余皆成了元代开元路和合兰府水达达等路下的女真人。他们依然保持女真旧俗，并以女真语为主要交际工具。其余 100 万人分布在辽河、鸭绿江流域，1216 年蒲鲜万奴叛蒙古东迁女真故地时，带去数十万人，除战乱中少数死亡外，后也大多成了开元路、合兰府水达达等路下的女真人。辽河一带剩下的数十万女真人，在元代还以女真名称活动，其中有少数被迁移到江淮一带屯田，后因生活在汉文化环境中而逐渐汉化并成了汉人的一部分。[①] 元代女真主要集中在辽阳行省下的开元路总管府和合兰府水达达等路总管府，总管府下则为各路万户府，主要分布在西起辽东，东到恤品（今绥芬河流域）及至海滨，北至蒲峪（今乌裕尔河流域）及外兴安岭，南至合懒（今朝鲜咸镜南道）的广大地区。[②] 他们的生活习俗与文化基本与明代女真一致。

明代女真人的分布范围与元代大致相同，"东濒海，西接兀良哈，南邻朝鲜，北至奴尔干北海"[③]。只是女真中包含的族群较以往更为复杂。除金、元时期的生女真、熟女真外，还有散居在东北地区的一些被称为女真的部落，包括蒙古语族和古亚细亚语系的某些部落。而这些部落的生活方式要较女真更为原始、落后，因此，他们的名称后常缀以"野人"之号，

---

① 王锺翰主编：《中国民族史》，武汉大学出版社 2012 年版，第 773 页。

② 孙进己、张璇如、蒋秀松等：《女真史》，吉林文史出版社 1987 年版，第 145 页。

③ 《大明一统志》卷八十九《女直》。

有时称女真野人，有时在前加上地名称为某地野人，如忽刺温（或海西）等处女直野人、黑龙江等处女直野人、托温江女直野人、苦烈河女直野人。自永乐元年（1403）起，明朝在女真地区开始建置众多卫所，于是对女真的称呼前又冠以卫名，后来简化为只以卫名代指某部，如建州卫、毛怜卫、兀者卫、塔鲁木卫等。由此看出，金亡后居于东北的女真逐渐与外兴安岭、黑龙江以北的众多部落相接触、融合，并受他们的文化习俗影响，加之自然条件的限制，其文化不仅没有进步，还有倒退的趋势。

元末至明中叶，建州女真、海西女真、野人女真（东海女真）三部分的文化却存在较大差异。总体来说，建州女真、海西女真的生计方式已经转向以农耕为主，但其传统渔猎在文化中仍然占据主导位置，而野人女真的文化则保留了更多的原始渔猎采集形式。具体情况将在后面详细介绍，此不述。

文化离不开历史，或者说文化是在历史中存在和变迁的。在肃慎族系发展过程中，一个重要现象是，自靺鞨开始出现了分化，即在众多部落中，有的部落保持原有生活方式，而有的却发展为或是雄踞一方，或是占据半壁江山，而满洲则是君临天下。总体上来看，建立政权的部落几乎无一例外地同化于或融合于其他民族，历史上的渤海、女真以及东胡后裔的鲜卑、契丹等均是如此。而且，每次崛起的时间间隔周期越来越短，即粟末靺鞨建渤海、女真建金与满族建清所准备的时间越来越少，而统治地域却越来越大，统治时间越来越长。这些政权的建立绝大多数都受到中原文化的深刻影响，显示出对中原先进文化的向往，正是如此，他们才不断地南下，并迅速学习汉语言与文化，加之生计方式的根本性转变（都由原来的渔猎或游牧转向农耕）导致生活方式的变迁，他们逐渐放弃本民族的文化，这种趋势是不以人的意志为转移的，是人类发展的一种必然趋势。

纵观肃慎族系的文化模式，多游猎、渔猎、采集，少农业、定居，具有明显的"家族相似性"。从历时角度来看，一方面，肃慎族系文化在总体上呈现由原始渔猎到农耕不断发展进化的态势；另一方面，不同历史阶段各部族文化并没有明显的承接与发展，甚至呈现出周期性重复的平面化特征。因此，肃慎族系的文化积淀并不深厚，体系化、模式化等文明象征的制度都未建立，在很大程度上可以界定为自在文化阶段，或者是前文化阶段。明末满洲兴起，统一女真各部，在与其他民族特别是汉族的接触交往过程中，文化逐渐由自在到自觉，整合为具有鲜明民族与地域特征的文化模式，成为中华民族文化的重要组成部分。

第三章

满洲崛起与满洲文化的形成

文化认同是一种自觉或不自觉地对某种文化接受认可的心理倾向，通常表现为内在的而非外显的"软存在"，但又往往与民族身份、国家政权等可感知的具体机制相关联。因此，一个部落的聚合、一个部落联盟的形成乃至一个政权的创建都会对文化认同产生这样或那样的影响，甚至引导、左右了一定范围内群体的文化选择与文化认同方向。满洲的崛起不仅统一了居于东北区域不相领属的女真诸部落民众，而且通过颁行满语文、创建八旗制度、建立政权等措施强化了东北女真文化的整合，并形成了具有多元结构的满洲文化。

第一节　明末女真肇兴与满洲共同体的形成

元末至明中叶，女真人一直处于不断的变迁主要是南迁之中，至明中期以后基本稳定下来，并逐渐形成两个大的部落联盟，即"建州女真"与"海西女真"，而在这两个部落之外的女真人则被统称为"东海女真"或"野人女真"。在这三部分女真中，建州与海西女真生产相对比较发达，特别是农业经济占有重要地位。而东海女真仍然以渔猎经济为主。与此相适应，各部女真的文化也存在较大差异。明末时期，建州女真崛起并吸收其他各部族逐渐发展成一个新的民族共同体——满洲。

一、满洲始祖传说与建州三卫

（一）朱果发祥

从族源来看，满洲为肃慎族系的后裔，与肃慎、挹娄、勿吉、靺鞨、女真诸部有着渊源关系，其前身为明代女真已经确认无疑。但是关于满洲部落源头和具体始祖为何人正史并无确载，在成书于1636年的《清太祖武皇帝实录》中记述了一个关于满洲始祖的神话传说《三仙女》，也称"朱果发祥"神话，可以提供参考：

> 满洲源起于长白山之东北布库里山下一泊，名布儿湖里。初，天降三仙女浴于泊，长名恩古伦，次名正古伦，三名佛古伦。浴毕上岸，有神鹊衔一朱果置佛古伦衣上，色甚鲜妍，佛古伦爱之不忍释手，遂衔口中，甫着衣，其果入腹中，即感而成孕。告二姊曰："吾觉腹重，不能同升，奈何？"二姊曰："吾等曾服丹药，谅无死理，此乃天意，俟尔身轻上升未晚。"遂别去。佛古伦后生一男，生而能言，倏尔长成。母告子曰："天生汝，实令汝为夷国主，可往彼处。"将所生缘由一一详说，乃与一舟："顺水去即其地也。"言讫，忽不见。
>
> 其子乘舟顺流而下，至于人居之处登岸，折柳条为坐具，似椅形，独踞其上。彼时，长白山东南鳌莫惠（地名）鳌朵里（城名）内，有三姓夷酋争长，终日互相杀伤。适一人来取水，见其子举止奇异，相貌非常，回至争斗之处，告众曰："汝等无争，我于取水处遇一奇男子，非凡人也。想天不虚生此人，盍往观之。"三酋长闻言罢战，同众往观。及见，果非常人，异而诘之，答曰："我乃天女佛古伦所生，姓爱新（华言金也）觉罗（姓

也），名布库里英雄，天降我定汝等之乱。"因将母所嘱之言详告之。众皆惊异曰："此人不可使之徒行。"遂相插手为舆，拥捧而回。三酋长息争，共奉布库里英雄为主，以百里女妻，其国定号满洲，乃其始祖也（南朝误名建州）。①

三仙女传说又经润色改动而载入乾隆年间修订的《清太祖高皇帝实录》，有清一代这一传说在民间广泛流传，各地的版本略有不同。可以看出，这个传说明显受中原神话影响，始祖为天眷神授，但依然为了解满洲始祖及源流提供了一定参考信息，其中最重要的是关于满洲发源地的确认。

传说中提到布库里英雄（在修订本中作雍顺）乃三仙女之一的佛古伦在长白山东北之布库里山下的布尔湖里湖边吃仙果受孕而生，布库里山下和布尔湖里湖的具体位置尚待考证，但此处以长白山为参照当距其不远，说明满洲族源与长白山关系密切。但是，满洲作为一个部落，其最初聚合而成的地点并不在长白山，而是长白山东南鳌莫惠之鳌朵里城，具体说是三姓部落。鳌朵里城，即为元初在水达达路所置五个万户府之一，元末三个万户府之一的斡朵里（斡朵怜）位于松花江下游今依兰一带；"依兰"满语 ilan，意"三"，传说中所言"三姓夷酋争长"之地当为依兰。根据学者考证，元代斡朵怜军民万户府位于今黑龙江省依兰县马大屯。② 布库里英雄在此建国满洲。这里的国，满语为 gurun，早期通常为"部"之意，所以这一时期布库里英雄所建之满洲国实际上只能是一个部落，为满洲最初的社会组织形式，而非政权组织。由此可以作出推断，满洲族源可追溯到长白山附近，但作为一个部落的聚合则位于黑龙江省依兰县境内，部落组织是满洲共同体的雏形，从这个意义上而言，现代满族的最初起源当为

---

① 《清太祖武皇帝实录》卷一，见潘喆、李鸿彬、孙方明编：《清入关前史料选辑》第一辑，中国人民大学出版社1984年版，第298页。

② 《中国历史地图集》中央民族学院编辑组：《〈中国历史地图集〉东北地区资料汇编》，1979年印本，第211页。

黑龙江。此说与努尔哈赤崛起于辽宁赫图阿拉建立政权并不矛盾。

（二）六世祖孟特穆与建州三卫

满洲有史可考的先祖当为六世祖孟特穆（木），亦作猛哥帖木儿。据《清太祖武皇帝实录》，布库里英雄建国后历数世后，其子孙暴虐，部属遂叛。在一次冲突中几乎阖族被杀，仅有一幼儿名范嗓得以幸免，后"隐其身以终"，其孙都督孟特木，"生有智略，将杀祖仇人之子孙四十余，计诱于苏苏河虎栏哈达（山名）下黑秃阿喇（黑秃华言横也，阿喇岗也），距鳌朵里两千五百余里，杀其半以雪仇，执其半以索眷族，既得，遂释之。于是孟特木居于黑秃阿喇"①。

孟特木为清太祖努尔哈赤的六世祖，斡朵怜部落首领，先袭万户，后明朝授建州左卫指挥、都督，被追尊肇祖。猛哥帖木儿育有二子，长名充善（又作董山、童仓，袭建州左卫指挥），次名除烟（褚宴）；充善生三子，长名拖落，次名脱一莫，三名石报奇（亦作石豹奇、失保，受都督指挥）；石报奇生一子，福满（受都督，追尊兴祖）；福满生六子，长名德石库，次名刘诣，三名曹常刚，四名觉常刚（亦作觉昌安、叫场，努尔哈赤祖父，追尊景祖），五名豹郎刚，六名豹石；觉常刚生五子，长名李敦把土鲁，次名厄里衮，三名界坎，四名塔石（亦作他失、塔克世，努尔哈赤之父，追尊显祖），五名塔义。② 太祖努尔哈赤为塔石长子。

明朝初年，女真内部动荡混乱，松花江下游依兰一带的这三个万户府中，胡里改、斡朵怜南迁。猛哥帖木儿率领斡朵怜部众迁到图们江流域会宁地区，胡里改部迁到珲发河奉州地区。从松花江下游南迁，逐渐汇集到鸭绿江以北地区，明朝后来在这一地区设立建州三卫。

永乐元年（1403），明朝设立建州卫，以胡里改部长阿哈出作为指挥

---

① 《清太祖武皇帝实录》卷一，见潘喆、李鸿彬、孙方明编：《清入关前史料选辑》第一辑，中国人民大学出版社1984年版，第299页。

② 《清太祖武皇帝实录》卷一，见潘喆、李鸿彬、孙方明编：《清入关前史料选辑》第一辑，中国人民大学出版社1984年版，第299页；孟森：《清史讲义》，岳麓书社2009年版，第10页。

使，这是明朝对女真上层人的第一个卫所。"十一月辛丑，女直野人头目阿哈出等来朝，设建州卫军民指挥使司，以阿哈出为指挥使，余为千百户所镇抚，赐诰印、冠带、袭衣及钞币有差。"[①] 建州卫统辖区西到今吉林市东南，东到今珲春，北到现黑龙江穆棱市南部，建州卫在明朝地位十分重要。

明朝设立建州卫的一个重要目的就是招抚女真各部。永乐三年（1405），阿哈出第二次到南京朝见，向明朝推荐猛哥帖木儿。当年明朝派人招抚猛哥帖木儿，1406 年猛哥帖木儿被明成祖朱棣任命为建州卫指挥使，与阿哈出一样，分别统领各自原有部众。阿哈出死后，其子释家奴做了建州卫首领，同明关系甚密，赐释家奴汉名李显忠。猛哥帖木儿因与朝鲜冲突，为避朝鲜侵扰，于永乐九年（1411）四月率部迁到方州（今吉林省梅河口市山城镇），与释家奴部会合，并申请同胡里改部分别设卫。1412 年，明朝正式设立建州左卫，猛哥帖木儿为第一任指挥使。

明宣德八年（1433），猛哥帖木儿被杨木答兀率七姓野人袭杀，猛哥帖木儿同父异母弟范察袭任建州左卫都指挥使，不断聚集离散部众，稳定人心。正统五年（1440）四月，范察率部迁徙至三土河及婆猪江以西冬古河两界间，与李满柱汇合。建州卫和建州左卫重新集结到浑河上游的苏子河流域（辽宁新宾县），标志着满洲主体部分建州女真的初步形成，大致在 1438 年。

建州右卫的设立则是由范察与董山叔侄间的"卫印之争"所致。杨木答兀袭击猛哥帖木儿时，其子董山被七姓野人掳去，持有左卫旧印；猛哥父子被杀后，范察接受了明廷颁发的新卫印，董山被赎回后，出现一卫二印现象。正统七年（1442），明朝分建州左卫为左卫、右卫，由董山统建州左卫，范察领建州右卫，形成建州三卫：建州卫、建州左卫、建州右卫。三卫互通婚姻，通过血缘关系紧密结合在一起，部族势力不断壮大。

---

① 《中国历史地图集》中央民族学院编辑组：《中国历史地图集》东北地区资料汇篇，1979。第 244 页。

在李满柱率领下，建州三卫的驻地以灶突山为中心，逐渐扩展到浑河和鸭绿江流域，增强了抵御朝鲜的力量，奠定了后来满族发展的基础。[①] 努尔哈赤正是以建州女真为基础开启了统一大业。

二、努尔哈赤统一女真各部

满洲作为一个民族共同体的族称正式出现是在后金天聪九年（1635），但其形成当肇始于16世纪下半叶努尔哈赤起兵统一女真。明末时期的东北女真不相统属，"各部蜂起，皆称王争长，互相战杀，甚且骨肉相残，强凌弱，众暴寡。太祖能恩威并行，顺者以德服，逆者以兵临，于是削平诸部，后攻克大明辽东诸城"[②]。

（一）统一女真

万历三年（1575），努尔哈赤外祖父、建州右卫都督王杲起兵反对明王朝，兵败遇害。明万历十一年（1583）正月，王杲之子阿台（努尔哈赤的舅父），欲为其父报仇，在古埒城起兵反明。二月，明军在苏克苏浒部图伦城主尼堪外兰（尼康外郎）的引导之下，攻占古埒城，阿台被杀，可是随明军前往的努尔哈赤祖父觉昌安和父亲塔石在城中遭误杀。明朝为了补偿，授努尔哈赤为建州左卫指挥使，而努尔哈赤把祖父二人遇害归罪于尼堪外兰。同年五月，努尔哈赤为报父祖之仇，以"遗甲十三副"，克秃隆而回，开始了统一女真的大业。

努尔哈赤用五年多的时间，或灭或降哲陈部、完颜部、东果等建州诸部，至1588年统一了建州女真本部，于是"环满洲而居者，皆为削平，国势日盛"[③]。其间，努尔哈赤于万历十四年（1586）七月，率军征讨尼堪

① 张杰：《满族要论》，中国社会科学出版社2007年版，第47页。
② 《清太祖武皇帝实录》卷一，见潘喆、李鸿彬、孙方明编：《清入关前史料选辑》第一辑，中国人民大学出版社1984年版，第301页。
③ 《清太祖武皇帝实录》卷一，见潘喆、李鸿彬、孙方明编：《清入关前史料选辑》第一辑，中国人民大学出版社1984年版，第312页。

外兰盘踞的鹅尔浑城，后得明朝相助袭杀尼堪外兰，报了杀害祖、父之仇。接着，努尔哈赤又于万历十九年（1591）正月，兼并长白山的鸭绿江部。至1593年，努尔哈赤用了11年时间基本统一建州女真，统辖区域扩大到西起抚顺，东至鸭绿江，北接开原，南连清河。

努尔哈赤的崛起也引起海西女真的敌视。1593年9月，海西女真四部（哈达、乌拉、辉发、叶赫）联合蒙古科尔沁三部、长白山两部，共"九国兵马"围剿努尔哈赤，努尔哈赤大败联军，"是战也，杀其兵四千，获马三千匹，盔甲千副，满洲自此威名大震"[①]。此役为进一步统一女真各部奠定了基础。在武力战胜的同时，努尔哈赤也审时度势，与明朝保持通好朝贡，并与叶赫、乌拉结盟联姻，积蓄力量，伺机而动。1600年灭哈达部，1607年灭辉发部，1612—1613年，两次出兵灭乌拉部。1613年，努尔哈赤率众四万攻叶赫，沿途破十九城寨，其后又多次发兵叶赫，但在明朝庇护下叶赫得以维持延续。在征讨海西女真的同时，努尔哈赤还出兵野人女真，征伐瓦尔喀部、窝集部、呼尔哈（虎尔哈）部、萨哈连部以及黑龙江下游和库页岛诸部女真，控制了野人女真的大部分区域。

自1583年起兵至1618年向明朝宣战前，努尔哈赤历经三十余年征战，基本统一了女真各部，结束了长期以来女真社会以部落为单位各自独立、相互征战的混乱格局，为满洲共同体的形成奠定了基础。

（二）创建后金政权与明朝对垒

作为一名杰出的军事家和政治家，努尔哈赤在战胜诸部女真的过程中能够顺应女真社会发展的历史潮流，在加强军事实力的同时，不断推动社会政治制度与文化进步，其奋斗目标也由最初的报父祖之仇逐步向统一女真建立政权升华。

虽然金代女真曾经创立女真大小字，但通行范围很小。元代逐渐受蒙

---

① 《清太祖武皇帝实录》卷一，见潘喆、李鸿彬、孙方明编：《清入关前史料选辑》第一辑，中国人民大学出版社1984年版，第317页。

古文化影响，女真各部使用女真口语交流，在文字上则借用蒙古文字，"满洲未有文字，文移往来，必须习蒙古书，译蒙声语通之"①，严重阻碍了女真之间的交流与社会发展。万历二十七年（1599），努尔哈赤命额尔德尼和噶盖以蒙古文字母与女真语音创制了满文（老满文），并在女真社会推行使用。满文的创制和推行，不仅极大方便了女真内部书文交流，也为新建政权记录政事、传达政令提供了本民族自己的工具。

万历三十五年（1607），努尔哈赤在原女真人行围狩猎组织牛录基础上，创建军政合一的牛录制度，是为八旗制度的最初形态，始设四旗：正黄旗、正蓝旗、正白旗、正红旗。明万历四十三年（1615），增设四旗：镶黄旗、镶蓝旗、镶红旗、镶白旗，八旗制度正式确立。其后又陆续建立了蒙古八旗和汉军八旗。这些蒙古族和汉族旗人的后裔也有相当一部分逐渐融进了满洲共同体之中。八旗制度为集行政、军事、生产于一体的组织形式，以传统的狩猎组织为基础，将原本归各部酋长所领的部众纳入旗籍统一管理，不仅便于战时统一调配提高战斗力，而且在短时期内为满洲共同体的凝聚奠定了组织基础。

早在万历十五年（1587）斩杀尼堪外兰后，努尔哈赤就于佛阿拉"筑城三层，启建楼台"，初步建立女真政权，"定国政，凡作乱窃盗欺诈悉行严禁"②，并设置职官，理国政听诉讼。

万历四十四年（1616）正月元旦，努尔哈赤在赫图阿拉城（今辽宁省新宾满族自治县）即汗位，定国号 aisin gurun（金国），史称"后金"，改元天命（1616—1626）。作为明末女真崛起创建的政权，后金政权与1636年皇太极改建的"大清"政权为一脉相承，直至1911年辛亥革命结束，历296年而终。

天命三年（1618），努尔哈赤发布"七大恨"，正式起兵反明，并连战

---

① 《清太祖武皇帝实录》卷二，见潘喆、李鸿彬、孙方明编：《清入关前史料选辑》第一辑，中国人民大学出版社1984年版，第319页。

② 《清太祖武皇帝实录》卷一，见潘喆、李鸿彬、孙方明编：《清入关前史料选辑》第一辑，中国人民大学出版社1984年版，第311页。

连捷，先后攻占明边重镇抚顺和清河二城，以及屯堡五六百处，俘获人口三十余万。天命四年（1619），努尔哈赤采取"凭尔几路来，我只一路去"集中兵力、各个击破的战术原则，击败明朝三路大军约47万人的围剿，取得"萨尔浒之战"的胜利。萨尔浒一役是明朝与后金之间的战略转折点，此后明朝由战略进攻转为战略防御，后金则信心倍增，开始了全面对明的军事进攻。天命六年（1621），努尔哈赤连克明朝沈阳、辽阳两大辽东重镇，第二年再破辽西广宁。天命十一年（1626），进攻宁远未克，为明袁崇焕所败。同年八月十一日，努尔哈赤在返回沈阳途中病逝于沈阳东四十里的瑷鸡堡，终年68岁。

满洲有佛满洲与伊彻满洲之分。佛，满语 fe，汉译"旧"之意；伊彻，满语 ice，汉译"新"之意。故佛满洲又称"老满洲""陈满洲"，为努尔哈赤时期编入旗籍的人员，在皇太极时期入旗的则称为新满洲。参照费孝通先生中华民族多元一体理论，如果说汉族为中华民族共同体凝聚的核心，那么佛满洲就应该是满洲共同体凝聚的最初核心。正是清太祖努尔哈赤历经三十余年统一女真、建立后金才促使了这一凝聚核心的形成。"自二十五岁只身崛起，带甲仅十三人，不侵无罪者，中正合宜，天故佑之，削平诸部，及征大明，得辽阳广宁地，又征蒙古，威名大震，有光于祖考，兴国开疆，以创王基。"[1] 努尔哈赤顺应社会发展潮流创立了一个新政权——后金，缔造了一个新的民族共同体满洲雏形，虽然也有诸多过失，但是，"他仍然不愧是满族的英雄，是少数民族中少有的政治家、军事家，是大清王朝创基立业的开山祖，也是中国历史上有名的开国君主之一"[2]。

---

[1]　《清太祖武皇帝实录》卷四，见潘喆、李鸿彬、孙方明编：《清入关前史料选辑》第一辑，中国人民大学出版社1984年版，第393页。

[2]　滕绍箴：《努尔哈赤评传》，辽宁人民出版社1985年版，第381页。

三、皇太极定族称建大清

1626年，努尔哈赤去世，其子皇太极即位，定年号"天聪"，称天聪汗，史称清太宗。皇太极首先采取措施排除异己，取消"凡国人朝见，上与三大贝勒俱坐受"的仪式，改由皇太极一人"南面独坐"，巩固自己的皇权地位。同时，积极笼络汉族贵族，任用汉官，学习汉制，加速后金政权与女真社会的建设与发展。

在军事上皇太极则调整了征讨方略，为了稳定后方，战略重点放在了东部的朝鲜和西部的蒙古，对明朝则缓和关系，积蓄力量，寻机南掠。

天聪元年（明天启七年，1627），皇太极命大贝勒阿敏、贝勒济尔哈朗等人，率领三万大军攻朝鲜，朝鲜国王战败求和，"双方约为兄弟之国"，贡物由献明朝转而献后金。崇德二年（明崇祯十年，1637），皇太极亲自率领十二万大军二次伐朝鲜，朝鲜国王被迫投降，签订了"城下之盟"，同意与明朝断绝往来，向后金称臣，确立君臣关系并送质子二人到盛京，岁时贡献、表贺。此前朝鲜一直臣服于明朝，对后金时有掣肘，战胜朝鲜从根本上消除了在与明朝对抗时来自朝鲜的干扰。

明末时期，北方蒙古以沙漠瀚海为界，分为漠北、漠南、漠西三大部分。察哈尔蒙古在漠南蒙古各部中势力为最强，其领袖林丹汗自称蒙古大汗，称雄于漠南，经常欺凌各部。明朝为了牵制后金，拉拢并支持察哈尔部控制漠南蒙古各部。努尔哈赤则与相邻的嫩江流域以南的科尔沁等部、以北的内喀尔喀等部交好。后金天聪二年（明崇祯元年，1628），皇太极调遣蒙古土默特、鄂尔多斯、喀尔喀等部，大破察哈尔部。后金天聪六年（明崇祯五年，1632），皇太极再次亲征察哈尔部主营地归化城（今呼和浩特市），大败林丹汗，部众溃散，或俘或降者甚众。后金天聪九年（明崇祯八年，1635），皇太极派多尔衮西征，俘获林丹汗之子额哲，彻底战胜察哈尔部，原属喀喇沁、土默特诸部尽数归附。在此基础上，皇太极乘势联络漠北、漠西两部蒙古，崇德元年（明崇祯九年，1636），喀尔喀与清朝建立臣属关系，1638 年，漠北喀尔喀蒙古土谢图汗、车臣汗、札萨克图汗遣使入贡。至此，皇太极完全控制了后金政权西邻蒙古各部，去除了南征明朝的后顾之忧。

皇太极在积极筹划进攻明朝的同时，也特别重视满洲民族共同体的发展，根据女真社会的变化，适时更改族称。后金天聪九年十月十三日（1635 年 11 月 22 日），皇太极正式宣布废除女真旧族称，定族名为"满洲"："我国原有满洲、哈达、乌喇、叶赫、辉发等名，向者无知之人，往往称为诸申。夫诸申之号，乃席北超墨尔根之裔，实与我国无涉。我国建号满洲，统绪绵远，相传奕世，自今以后，一切人等，止称我国满洲原名，不得仍前妄称。"① 由此，满洲作为一个新的族称正式出现于史册。

皇太极确定满洲族称主要是为了纠正当时社会对女真人称呼的混乱。"诸申"是由女真音转而来，最初为泛指自由的女真人。后随着女真社会的分化，诸申逐渐成为贱民、奴仆的专称。原本同源的两个词汇女真与诸申变成了女真内部两个对立的阶层。至皇太极时期，这种分化更趋明显，少数上升为贵族主子，多数沦为奴隶或农奴，再用诸申指代女真人既有贬低的含义也无法区分两个阶层，加之为了避免明朝汉人因宋代时期汉与女真的矛盾而引起对女真人的反感，皇太极于是决定革除诸申旧称而改用满洲称号。② 定满洲族称在满洲发展中无疑具有里程碑意义，新族称的确认标志着民族身份的认同有了明确目标，也使得进而形成的文化认同有了可能和方向，对满洲的进一步凝聚发展提供了可感知到的精神家园。但是，民族是历史发展的产物，是多方面因素长期积淀而促成的部分群体的融合，很难在某一个时间点瞬间形成，满洲（族）也是如此。皇太极颁定满洲新族称的时间是后金天聪九年十月十三日（1635 年 11 月 22 日），固然可以作为满洲（族）诞生的一个标志，但认为满洲（族）形成于这一天则

---

① 《太宗文皇帝实录》卷二十五，见《清实录》第二册，中华书局 1986 年版，第 330 ~ 331 页。

② 王锺翰：《关于满族形成中的几个问题》，见王锺翰主编：《满族史研究集》，中国社会科学出版社 1988 年版，第 6 页。

过于简单了，也不符合历史事实。

后金天聪十年（1636）四月十一日，皇太极即皇帝位，改元崇德，改国号为大清。孟森先生认为："太祖时已定国号为金，或称大金，亦称后金。是犹以女真先世帝号为荣，欲为绍述而已。至是乃辟而去之，直以金之半壁天下为未足，易一号以自标帜焉，顾其金之改为清，意义何在，余向者持论，谓清即金之谐音，盖女真语未变，特改书音近之汉字耳。"① 从表面看，由金到清仅是同一个政权、同一个帝王对国号的更改，但表明了与此前宋辽时期的金政权的区别，强调了新政权的主体性，更表明了作为新政权统治者满洲的特殊身份。可见，满洲共同体的凝结形成经历了一个较为漫长而复杂的历史过程。正是清朝关外二帝勠力经营，武功文治，聚众拓土，才在明末女真更具体说是建州女真的基础上，通过八旗制度、统一政权等统治手段，由小到大、由弱到强、由自在到自觉逐渐缔造了一个新民族共同体。

四、满洲共同体形成初期的多元构成

1583—1619 年，经过三十余年的征战，努尔哈赤基本完成了对女真各部的统一。在明代女真各部中，除了有辽、宋、金、元时期的女真人以外还有一部分原本属于非女真的部落成员。如元代的水达达部，其名称在《元史》中经常与女真并列使用，有学者考证，从他们的分布范围与字义上来看都应当属于蒙古语族的室韦——蒙古后裔，是居住在水边的蒙古人（达达通常用来指称蒙古族人）。② 后来因长期与女真杂居而逐渐习女真语，融进女真族了。元代的兀者野人、吉里迷人（居住在黑龙江下游直到入海口处）不但经济生产方式与生活方式与原女真有较明显区别，而且他们的语言也与女真不同，只是到了元末明初时才分化出一部分南迁，并成为明

---

① 孟森：《清史讲义》，岳麓书社 2009 年版，第 112 页。

② 孙进己、张璇如、蒋秀松等：《女真史》，吉林文史出版社 1987 年版，第 151～153 页。

代女真主要是东海女真的一部分。而作为满洲主体的建州女真的前身为元代胡里改万户府，在辽代时曾与女真并列，只是在金国建立后才逐渐融入女真之中。可见，构成明代女真各部的并非是由辽、金时期的女真一脉相承而来，而是在不同时期逐渐加入到女真之中的。

在满洲的形成、发展过程中，除了不同女真部落的统一与融合构成了满洲的主体外，还有汉、蒙古、朝鲜及东北地区其他少数民族部落的不断加入。具体可分为两种：其一为自明中期开始，随着女真的崛起，他们不断剽掠相邻的明、朝鲜等百姓为奴隶，这部分人在长时期与女真（满洲）共同生活与生产后逐渐满化并彻底失去了原来的民族身份而成为满洲的一部分；其二为在八旗制度管理下的非满洲人，有的成为满洲八旗的一员，有的则单独编旗，为满洲的发展及后金政权的建立与巩固发挥了重要作用，他们虽然在一定程度上还保留着原有民族称号，但实际上已经成为满洲的一部分。

早在努尔哈赤之前，明代女真人就经常掠获与其相邻的明人与朝鲜人作为奴隶耕作田地，因为当时明朝与朝鲜的农业技术更为先进。明正统八年（1443），锦衣卫指挥佥事吴良奉命出使海西女真，"见女直野人家多中国人，驱使耕作，询之有为掠去者，有避差操罪犯逃窜者"[1]。而且掠汉人为奴已经成为女真人的一种习惯，"野人剽掠上国（指明朝）边氓，做奴使唤，乃其俗也"[2]。女真人将掠来的奴隶用于农业生产或者互相买卖，视他们为私有财产。这些奴隶都分属于不同的家庭，并且与主人同室而居，"四壁之下皆设长坑，绝无遮隔，主仆男女混处其中"[3]。由于长期生活在女真人之中，这些汉人逐渐染习女真风俗，已经到了"不解汉语"的程度。这些奴隶被称为包衣阿哈（booi aha），即家奴。他们作为少数群体受到女真人的长期统治，并与之同吃同住，共同生活，逐渐学会并开始使用

---

① 《明实录》卷一〇三。

② 王锺翰辑录：《朝鲜〈李朝实录〉中的女真史料选编》，辽宁大学历史系 1979 年版，第 127 页。

③ 李民寏：《建州闻见录》，见潘喆、李鸿彬、孙方明编：《清入关前史料选辑》第三辑，中国人民大学出版社 1991 年版，第 471～472 页。

满语。他们的子女被称为"家生子",一出生便生活在满文化环境之中,尽管还保留着汉人的身份,但实际上已经与女真(满洲)融为一体了。所以就出现了"开国之初,综满洲、蒙古、汉军,皆通国语"①的局面。这部分外来人员经过日常生活的女真到满洲化过程,以一种自在的方式完成了与满洲的融合,他们对自己原有民族的放弃也并非自觉完成的,而是随着时间的流逝自然形成的。但在明中期以前,这种剽掠来的奴隶数量还比较有限。自天命三年(1618)努尔哈赤提出"七大恨"向明朝开战以来,直到入关前,努尔哈赤与皇太极多次南略,采取俘者为奴、降者为民的政策,在扩大了自己的统治地域的同时获得了大批汉人兵奴。为了加强对汉人的管理,除了一少部分仍然作为家奴外,绝大部分都被编入八旗统之,成为女真 – 满洲发展壮大的军事力量。

八旗制度为满洲所特有的一种集兵民于一体、合军政于一系的社会组织形式,对满洲共同体的形成起到了不可或缺的作用。1615 年,八旗共设有 400 牛录,其中满蒙牛录 308,蒙古牛录 76,汉军牛录 16。虽然是按民族分设牛录,但实际上在满洲八旗中,在以女真人为主体外,还包括归顺投充、买卖、战争俘虏或掠夺而来的蒙古族、汉族、朝鲜族、鄂伦春族、鄂温克族、锡伯族等其他民族的成员,在满蒙牛录和蒙古牛录都有少量汉人,而在汉军牛录中也有部分满洲和蒙古人。八旗制度创立之初就不仅是为了统治满洲各部,"肇建八旗,以统满洲、蒙古、汉军之众"②,凡加入八旗的官兵,无论满汉,虽各有旗属,亦有旗主,但均为努尔哈赤管辖之下的臣民。随着八旗兵员的增加,汉军与蒙古八旗也随之扩充。

天聪五年(1631)设汉军 1 旗,满语称"乌真超哈"(ujen cooha),为重兵之意,源于汉军擅长使用火炮,主要是辽东来投的明军官兵。崇德二年(1637)增为 2 旗,称为左右两翼。崇德四年(1639)复扩至 4 旗,

---

① 盛昱、杨钟羲撰:《八旗文经》(影印本),马甫生等标校,辽沈书社 1988 年版,第 478 页。

② 鄂尔泰等修:《八旗通志初集》,李洵、赵德贵点校,东北师范大学出版社 1985 年版,第 1 页。

有佐领 72 个，崇德七年（1642）建立了完整的八旗汉军，旗的颜色与官制均与满洲、八旗蒙古相同。这也标志着满洲八旗制度的最终完善。至1644 年清入关时，八旗汉军已达 157 佐领，又半分佐领 5 个，如果按每佐领满额 300 人计，约 5 万人，如果按平均 200 人计也有 3 万余人，约占清入关时八旗总人数的四分之一。而且八旗汉军官兵的数量增长非常迅速，在入关后仍不断有新的明朝降军加入到八旗汉军之中。

　　蒙古与明代女真的关系素来十分密切，不但地域上毗邻而居，而且同样作为中国北方的少数民族而与明朝相对，因此，两族在长期的交往中虽然总体上表现为时战时和，但和平共处的时间要长于兵戈相见。另外，从文化渊源上看，蒙古与女真 – 满洲同属于阿尔泰语系的两个不同语族，在语言上具有一定的亲缘关系。努尔哈赤下令创制满文之前就一直使用蒙古文字，所草创的老满文也是依蒙古文字的字形拼读女真语而成。再加之世代的联姻，满蒙关系可谓牢不可破。"满蒙一家"的说法也成为两族人的共识。从八旗编制看，在 1615 年时就有单独蒙古牛录 76 个，另有满洲、蒙古牛录 308 个。1628—1635 年，清太宗皇太极曾三次用兵征讨察哈尔，基本将内蒙古置于自己统治之下。1633 年，编设蒙古二旗，称为"左营"和"右营"，1635 年，皇太极在战胜察哈尔之后，将原有的蒙古牛录加上内外喀喇沁蒙古部众，重新改编为蒙古八旗。当时的蒙古壮丁总人数为 16 953 人，分编为十一旗，[①] 另有一部分汉人也被编入了蒙古八旗，除了单独建有蒙古八旗外，在满洲八旗和汉军八旗中也有蒙古兵丁存在。

　　除了蒙古、汉单独设有八旗外，在努尔哈赤、皇太极时期的八旗中还有一定数量的朝鲜族成分。自古中国东北居民就与朝鲜半岛的居民关系十分密切，民族交融不断发生。明清之际，两地的居民往来依然频繁。特别是随着努尔哈赤的崛起，一些朝鲜人为躲避天灾人祸渡江进入东北境内，加入到女真部落之中。其中有一部分作为女真人的阿哈（奴隶），另有一部分则成为满洲八旗的兵丁。其来源途径主要有三：一是努尔哈赤、皇太

---

① 傅克东、陈佳华：《八旗制度中的满蒙汉关系》，载《民族研究》1980 年第 6 期。

极时期主动归顺而来。二是在大小战争及两国边境冲突中被俘而来。三是明末清初进入东北境内，被当地民族融合即被后金（清政府）征服。① 天命四年（1619），努尔哈赤与明军在萨尔浒激战，有援明的朝鲜军 5000 人（元帅姜弘立）投降后金，除一少部分逃跑、被杀以及被遣返回国外，大部分留在了后金。为了解除对明征战的后顾之忧，皇太极曾于天聪元年（1627）、崇德元年（1636）两度对朝鲜用兵，所俘获并带至后金地域的朝鲜兵员数以万计，其中就有一部分加入到满洲八旗之中，其余多数则沦为女真的家奴。除了战争所俘外，还有一部分朝鲜人早在后金出兵之前就迁居于中国东北地区，后被努尔哈赤统一女真时一并收服，"我国人，则潼关男女及征件可吐、老土部落时被掳者，居在奴城外三十余家，称之以高丽村"②。尽管在后金时期融入女真－满洲的朝鲜人具体数目无法考证，但有一定数量的朝鲜人以八旗兵员或奴隶的身份加入到满洲共同体之中当是确定无疑。这一点从《八旗满洲氏族通谱》所附记的 44 个朝鲜族姓氏也可以得到证明。③

此外，东北其他少数民族如鄂温克族、鄂伦春族、赫哲族、锡伯族等也在不同时期融入并编入八旗牛录之中。可见，这一共同体的成分并非单一女真，而是包括了不同时期融入的汉族、朝鲜族、蒙古族及其他少数民族成员，正如王锺翰先生所言："具有血缘关系的建州、海西女真人，在新的情况下，更加密切地结合起来，形成为满族的主体，同时又有一些不具有血缘关系的外族成员由于种种客观条件起作用的结果，如大量被俘的汉族人加入进来，形成了新共同体——满族。"④

在此还需要说明的是，皇太极定族称时期的满洲共同体的构成还存在

———————————

① 李贤淑：《浅谈清初八旗中的朝鲜族成分》，见支运亭主编：《八旗制度与满族文化》，辽宁民族出版社 2002 年版，第 258～259 页。

② 李民寏：《建州闻见录》，见潘喆、李鸿彬、孙方明编：《清入关前史料选辑》第三辑，中国人民大学出版社 1991 年版，第 474 页。

③ 弘昼等：《八旗满洲氏族通谱》，辽海出版社 2002 年版。

④ 王锺翰：《关于满族形成中的几个问题》，见王锺翰主编：《满族史研究集》，中国社会科学出版社 1988 年版，第 7 页。

一定的不稳定性，在后来的发展中，八旗满洲当无疑义，但八旗蒙古与八旗汉军并非尽数融入满洲。在经过一定时期的文化整合基础上，形成了满洲文化，这一共同体转化为文化民族才日趋稳定。

第二节　满洲文化的形成

如同文化概念的多义性一样，满洲文化可以在多方面加以界定。这里所说的满洲文化主要是指总体上的满洲的生存方式或生活样态，即满洲"趋于整合的文化"——文化模式，"所有导向谋生、婚配、战争、崇拜神灵等五花八门的行为，根据文化内部发展起来的无意识选择原则，转化为一致的模式"①，从这个意义上而言，民族就等同于文化。"民族既非语言的单位，也非政治的单位，也非动物学上的单位，而是精神的单位。这就立刻引起了文化前、文化中和文化后的民族之间的进一步的区分。这是一件在一切时代中深刻地被感到了的事实，就是，文化民族较之它种民族具有更显明的特征。"② 民族这种文化特征使其与"居民"相分别。民族之所以成为民族就在于他们拥有着反映民族"心灵"的特有文化。尽管这一观点存在一定局限，但将民族与文化的整合却对研究民族文化很有启示意义。文化只有成为一个有机体才构成了真正意义上的民族文化，或者说，只有当一种文化发展成有机的文化模式才能成为成熟的民族文化，否则只能称其为原始文化或未成的文化。

在明末时期，女真各部虽然同以"女真"为称号，但各部的生计方式存在一定差异，在文化上已经出现了分野，其中海西女真与建州女真较为先进，经济方式已经向农业转化，文明程度更高一些，而散布于黑龙江流域的东海女真各部则仍以渔猎采集为主要生产方式，在日常习俗上较为原始、落后。他们总体上在文化上虽然仍具有"家族相似性"，但并不是具

---

① 本尼迪克特：《文化模式》，何锡章、黄欢译，华夏出版社 1987 年版，第 37 页。
② 斯宾格勒：《西方的没落》，齐世荣、田农、林传鼎等译，商务印书馆 1963 年版，第 304~305 页。

有统一的、共同的"文化心灵"，因此，这一时期的女真各部只能称为"居民"而非民族。满洲在形成初期的多样形态为满洲文化提供了丰富的资源与动力，满洲文化正是在继承了女真文化主体的同时又在一定程度上吸收、整合了蒙古与汉文化的部分因素，逐渐形成了既有别于女真文化又不同于蒙古文化、汉文化的新型的、独具特色的满洲文化模式。

后金－清政权的创建为满洲文化的生成奠定了坚实的基础，或者说为形成统一的文化提供了可能性，而八旗制度则作为一种管理制度进一步强化了旗内各民族文化的整合，发挥着内部凝聚力的共同语言也为满洲文化的形成贡献了巨大作用。

一、后金－清政权的建立为满洲文化的形成提供了平台与空间

1583 年努尔哈赤起兵开始统一建州女真，仅有"遗甲十三副"，兵不过百人，是为满洲形成的起点，也是满洲文化凝结的初始阶段。到 1593 年统一建州女真，努尔哈赤的统治地域不断扩大，统治下的部民数量也迅速增长，并建立了割据一方的军事集团。这个集团的核心成员中除了宗室家族外还有一个稳定的"古出"群体。"古出"为汉语"朋友"的满语音译，成员为努尔哈赤血缘关系之外的亲密朋友或族中相敬重者。① 他们形成了一个相对稳定的统一的共同体，从历史发展结果看，可以称其为满洲的雏形。而这个共同体的文化几乎是完全等同于明末女真文化，但在性质上已经发生了变化，它是一种新文化的雏形，一种开放的待发展的文化模式。

随后，努尔哈赤采取"顺者以德服，逆者以兵临"恩威并用的策略，统一了海西女真的大部分（除叶赫外），并多次对东海女真用兵。1616 年，

---

① 刘小萌：《满族从部落到国家的发展》，辽宁民族出版社 2001 年版，第 128～132 页；袁闾琨等：《清代前史》（上下卷），沈阳出版社 2004 年版，第 205～214 页。

努尔哈赤在赫图阿拉（今辽宁新宾境内）自称"英明汗"，国号"金"，史称"后金"。后金政权的建立，进一步增强了满洲各部人民的凝聚力与向心力，促使当时处于分散的各部落在心理上、文化上的总体认同感的生成。天命六年（1621）四月，努尔哈赤将都城由赫图阿拉老城迁至东京辽阳，天命十年（1625）复迁至盛京沈阳。满洲进入了以汉农耕文化为主的辽沈地区，其生计方式由原来的渔猎转为农耕，标志着满洲文化最终从女真文化母体中脱胎而形成了自己的特色，既不同于纯粹的渔猎、采集文化，也有别于汉族的农耕文化，以一个独立的文化类型走上自我发展的轨道。可见，满洲文化内核的文化模式是在辽东地区形成的，进入辽沈地区后，满洲文化步入一个独具特色的整体发展最完善阶段。正是后金政权的巩固与发展，才使得满洲不断迁徙壮大，为满洲文化的生成奠定了基础。如果说，进入辽沈地区之前的满洲，还是一个凭借武力收服而聚集在一起的"居民"共同体，那么，在进入辽沈地区之后的满洲则开始发展成为一个文化的民族。

1626 年皇太极继位，次年改元天聪。1636 年改国号为"大清"。虽然后金与清在称号上有所不同，但实际上它们是一个政权的帝王更替与年号和名称的更改。统一政权的建立与发展，为满洲的壮大和满洲文化的发展提供了一个相对稳定的平台。同时，对一些相关习俗的约定以政令、法律的形式予以强制实行，如服饰制度、婚丧礼仪、祭祀形式等，也加速了满洲文化由原来单一的传统渔猎文化向新文化的转变。

在这里要强调领导者对满洲文化生成的引导作用。每一个文化民族在历史上都曾被少数人所代表。在青春期开始时，代表它的是贵族，贵族的意识变成了民族意识，其他人只是民族的容受者，民族意识的容受者。[①]自努尔哈赤至皇太极，都多次制定相关全民族共同遵守的制度，对民族文化的形成起到了引领与促进的作用。

---

① 斯宾格勒：《西方的没落》，齐世荣、田农、林传鼎等译，商务印书馆 1963 年版，第 309 页。

一般而言，政权形式与民族文化并不具有必然的因果关系，但对满洲这样一个由多个在文化上具有一定差异的部落而组成的民族而言，后金政权的建立及清政权的继续，在客观上为满洲文化的生成提供了外部环境。

二、八旗制度为满洲文化的形成提供了体制保障

从功能上看，后金政权的建立与八旗制度的确立对满洲文化形成的影响具有一致性，都是以行政干预的方式发挥着作用，但二者的区别在于，前者更宏观因而只是提供了可能性，而后者更具体因而作为一种内在的机制产生了实际效用。如果说后金－清政权的建立为满洲文化的形成提供了制度保障或外在可能性的话，那么八旗制度的建立不仅使满洲由一个自在的民族转化为一个自觉的民族，而且从根本上促成了满洲文化的最终形成。

1601 年，初设牛录－八旗组织，1615 年增设为八旗。八旗制度创立之初就是为了加强对不断增加的满洲、蒙古、汉军部众的管理，实际上是"以旗统人""以旗统族"的一种社会组织形式。凡加入八旗的官兵，无论满汉，虽各有旗属，亦有旗主，但均为努尔哈赤管辖之下的臣民。八旗制度的创建对满洲早期的崛起产生了巨大的积极作用，在宏观上促进了满洲的整合与凝聚力，加强了集权制管理，原本由各部落酋长管理的兵丁改为统一造册，编旗管理，加速了满洲由部落到国家的进程，从微观上则增强了满洲的战斗力。驻防八旗的设置又加强了满洲对全国的控制与管理。这种集军事、生产与行政于一体的社会组织自成立之日起终有清一代，一直以一个完整的形式拥有特殊的社会地位，形成了一个特殊的社会群体——"旗人"。

八旗组织对满洲文化的整合首先体现在对旗内所属各民族、各部族的满洲认同感的强化，使旗人意识超出原来的基于血缘或地缘的部族意识。如前文所述，在牛录－八旗组织建立之前，明代女真的社会组织是以血缘组织或基于血缘的地缘组织为主，在这种制度下，人们在谈论身份时往往

会以哈拉、穆昆、噶栅为单位。牛录－八旗组织虽然在一定程度上也是以原来的社会组织为基础，但其户籍管理方式和军事、生产组织方式更强调他们所属的旗和牛录，因而再论及身份时就改为以旗属为标志，淡化了以往的原始组织观念，强化了所隶属的旗籍观念。对八旗蒙古和八旗汉军而言，虽为单独编旗，却仍以八旗组织为管理单位。清代对旗人与民人的一些“优惠”待遇，不仅使他们可以享受国家的官饷，衣食无忧，而且还拥有较高的社会地位。这些都强化了他们对这一组织的认同感，正如民间所流传的一样，“但问旗民，不分满汉”。

在日常生活习俗上，八旗组织对此前各部落杂乱无章各有特色的风俗进行了统一与规范。比如，在服饰上最早为“上下同服”，没有等级差别，后受汉臣的建议“正衣冠，以辨等威”。皇太极于天聪六年首先制定了八旗首领的服制，皇太极后来又多次颁布谕令，对上至王公大臣，下到一般臣工，以及满洲贵族妇女的衣帽顶戴、发式都一一厘定，逐步完善了满洲的服饰制度。虽然这些规定都是针对八旗官员的，但对于以往没有定制的八旗兵丁及家人而言必然产生连带效果。八旗组织这种集兵民为一体的结构，实际上是日常生活领域与非日常生活领域交织在一起的状态，因此，日常习俗的养成与八旗组织的行政干预有着密切的关系。正是在八旗组织的整合下，才形成了旗人的特殊的日常生活方式，比如，在平时见面礼仪上，旗人的规矩就比民人要多，在服饰、饮食、礼尚往来、婚葬礼仪等方面也有着与平民庶人不同的行为规范。这也是后来满洲人“规矩大”习俗产生的一个重要原因。

在严格意义上，满洲并不等同于“旗人”，因为在八旗组织中，除了八旗满洲外还有八旗汉军和八旗蒙古，还有多个其他民族，如锡伯族、鄂伦春族、鄂温克族、俄罗斯族等组建的八旗基层组织——牛录，但从文化角度而言，八旗文化即为满洲文化。一是因为加入八旗的所有成员都对“旗人”具有很强的认同感，出现了“但问旗民，不分满汉”的局面，旗人已经淡化了他们原来民族意识；二是在八旗组织中满洲不仅在社会地位上是最为核心的领导者，而且在文化上也是引领者，他们所倡导的生活方式都是以自身的理解与认同为标准，当然，这其中包括汉文化、蒙古文化的一些元素，所以，经过八旗整合的也就是满洲文化，也可以称之为旗人文化。

三、满文的创制与推广对满洲文化的形成发挥了内在约束作用

斯大林在给民族下定义时提出民族的四个特征："民族是人们在历史上形成的一个有共同语言、共同地域、共同经济生活以及表现于共同文化上的共同心理素质的稳定的共同体。"[①] 其中第一个就是共同语言。共同语言不仅是一定时期内一个民族的文化标识，而且是人们相互认同族属的重要凭据。因此，语言对民族共同体的凝聚作用不同于外在的行政干预，而是如同血缘关系一样自然地发挥着制约整合作用。这里的语言是广义的既包括语言又包括文字在内的大语言。

明代女真尽管居处分散，但所操语言均为女真语。毫无疑问，这种共同的语言为满洲共同体的形成奠定了良好的民族认同基础。但是，我们还可以看出，即便同为以女真语为交际工具的各部落却没有因为语言上的一致而凝结成一个统一的群体，相反，他们却各自"称雄争长"并相互掠杀。因此，语言对民族共同体的形成只能是必要条件而不是充分条件，换言之，在一定条件下，语言与其他因素相结合则可能为一个民族共同体的生成发挥重要作用。

除了语言外，满文的创制和推广使用也对满洲文化的生成功不可没。金代女真曾创有女真文字，但却没有得到很好推广，至明代中期基本被废除，在女真中主要使用蒙古文字交流。努尔哈赤在统一建州女真后，与明朝、蒙古往来增多，没有文字造成的不便已经影响到满洲的进一步发展。为此，努尔哈赤下决心要创制自己的文字。明万历二十七年（1599），"时

---

① 《斯大林全集》第二卷，人民出版社 1953 年版，第 294 页。

满洲未有文字，文移往来，必须习蒙古书，译蒙声语通之。二月，太祖欲以蒙古字编成国语。榜识厄尔得溺、刚盖对曰：'我等习蒙古字，始知蒙古语，若以我国语编创译书，我等实不能。'太祖曰：'汉人念汉字，学与不学者皆知，蒙古之人念蒙古字，学与不学者亦知，我国之言写蒙古之字，则不习蒙古语者不能知矣。何汝等以本国言语编字为难，以习他国之言为易耶？'刚盖、厄尔得溺对曰：'以我国之言编成文字最善，但因翻编成句，吾不能，故难耳。'太祖曰：'写阿字下合一妈字，此非阿妈乎（阿妈父也）？厄字下合一脉字，此非厄脉乎（厄脉母也）？吾意决矣，尔等试写可也。'于是自将蒙古字编成国语颁行。创制满洲文字，自太祖始"①。这种草创的满文因没有圈点被称为"无圈点满文"或"老满文"。后因老满文存在一定缺陷而于天聪六年（1632）由达海等人加以改革，经改革的满文被称为"有圈点满文"或"新满文"。新满文较之老满文更加完善、成熟。经改革后的满文作为一种较为成熟的文字，在全民族内推广使用。

满文对满洲文化形成的作用主要体现在两个方面：

其一，满文作为满洲记述档案、发布政令、传递信息的主要工具，在广大满洲人民之间得以广泛使用，大大提高了满洲人的民族意识和凝聚力，对民族共同体的形成和政权的建立都发挥了不可低估的作用；而满文作为一种后金政权的官方文字被用来与明朝、朝鲜和蒙古之间交往，进一步增强了满洲独立的自我意识和他人对其作为一个整体的认可。尤其要说明的是，满洲一直以"国语骑射"为其根本传统，为历届帝王所不断倡导保持，而这里的"国语"就是满文而不是满语。除了上面所引部分明确说编创"国语"外，在清代教育中所立的"国语"学习亦多指代满文或包括满文在内的语言文字整体。

其二，满文自创立以后，被用来翻译大量的汉文典籍，为满洲吸纳汉文化提供了极大便利。在天聪三年（1629），后金设立文馆，令达海等人

① 《清太祖武皇帝实录》卷二，见潘喆、李鸿彬、孙方明：《清入关前史料选辑》第一辑，中国人民大学出版社1984年版，第319~320页。

翻译汉文书籍，当时完成的有《刑部会典》《素书》《三略》《万宝全书》，达海未完成的有《通鉴》、《六韬》、《孟子》、《三国志》（《三国演义》）、《大乘经》等。达海去世后，皇太极又组织文馆其他人员完成上述文献的翻译，并又翻译了《四书》《辽史》《宋史》《金史》《元史》等。其中不仅有关于军事、历史、政治方面可供执政者参考的文献，同时亦有反映汉族传统礼制的典籍。而在满洲文化体系中，就有相当一部分来源汉文化的元素，所以，翻译汉文文献为吸收汉文化提供了很好的途径。正如《太宗文皇帝实录》在评价达海时所言："初我国未深谙典故，诸事皆以意创行，达海始用满文译历代史书，颁行国中，人尽通晓。"① 可以看出，"以意创行"明显不是一个成熟文化的表现，正是不断从汉文典籍中吸取大量汉文化精华，才促使满洲文化日渐成熟。

四、日常生活世界的"家族相似性"为满洲文化的生成奠定了文化基础

在这里，我们借用了文化哲学的一个概念，即"日常生活"。"日常生活是以个人的家庭、天然共同体等直接环境为基本寓所，旨在维持个体生存和再生产的日常消费活动、日常交往活动和日常观念活动的总称，它是一个以重复性思维和重复性实践为基本存在方式，凭借传统、习惯、经验以及血缘和天然情感等文化因素而加以维系的自在的类本质对象化领域。"② 自在的类本质对象化领域的日常生活世界是民族文化的根基与存在寓所。我们通过对肃慎族系文化特征的梳理可以看出，满洲与其先民或许并不一定具有严格的文化承继关系，但不可否认，他们在日常生活世界的"家族相似性"却是显而易见的，体现在日常生计方式、居住、服饰、婚葬习俗、信仰与观念等诸方面。这种"家族相似性"说明满洲形成之前的

---

① 《太宗文皇帝实录》卷十二，见《清实录》第二册，中华书局 1986 年版，第 168 页。
② 衣俊卿：《现代化与日常生活批判》，人民出版社 2005 年版，第 31 页。

明末女真各部落，或者说构成满洲共同体的那些族群部落，在日常生活世界体现出来的一致性明显要强于异质性。如，在日常消费领域中，生计方式上均以渔猎采集为主，尽管较先进的建州女真和海西女真农业生产发展迅速，但从文化内涵来看渔猎文化特征更重，服饰以崇尚皮裘、袍服为主要特征，民居以院落与"万字炕"为标志，出行以马及适宜冰雪环境的"威呼""木马"和水路所用的桦木舟为主；在日常交往领域均以女真语作为公共交际工具，并体现出热情好客、质朴豪爽的共同性格特征；在日常观念领域都以原始宗教——萨满教为基本信仰，具有"万物有灵"和多神崇拜的共同特征。可以断言，这些族群日常生活世界内在积淀的，体现在日常消费活动、日常交往活动和日常观念活动中的自在的文化特质或文化要素，构成了满洲文化的基本内核或规定性，或者说构成了满洲文化模式的基础或内在图式。在特定的地理环境中，从肃慎开始的满洲先民代代积淀而形成的各种自在的文化要素和文化特质，虽然分散、多样，并具有某些异质的特点，但是，它们已经具备了整合成一种"首尾一致"的文化模式的可能性。也正是以这种可能性为基础，上述政权、组织及统一的语言和文字才能在制度层面和内在约束机制上促使满洲文化从自在自发走向自觉。

实际上，一种民族文化的形成或者说成熟不可能是孤立的某一个因素所致，而是多种机制与多种因素综合作用的结果，其中既有天然的如共同生存地域等外在的因素，也有文化内在的必然性条件。如果说后金－清政权的建立、八旗组织的创建、满文的创制与推广使用为满洲文化的生成提供了制度性保障和约束机制，那么，满洲日常生活世界自在的文化要素则为上述各项功能的实现提供了前提和可能性，或者说为满洲文化的生成奠定了内在的文化基础。

第三节　满洲文化的结构与特征

满洲文化既有来自女真的原生文化成分，也有其在形成过程中吸收的外来元素，经过整合而形成了独具特色的文化模式，呈现多元结构特征。

一、满洲文化的原生层核心：渔猎文化

满洲的先世自肃慎到明代女真，除了金代女真兴起后南迁，文化转型为汉文化外，生计方式均以渔猎采集为主。即便是他们之间在文化上并不存在严格的承继关系（详细论述见第一章），但却具有明显的"家族相似性"。包括明末女真（努尔哈赤兴起之前）在内的满洲先民几乎都处于原始氏族部落阶段，生计方式就成为塑造他们生活习俗的根基，他们的生活就是以生计方式为中心展开的。渔猎采集文化成为女真文化的主导性文化模式，他们的衣食住行、婚丧嫁娶无不留有这种文化模式的深刻烙印。正如满学专家刘小萌先生所言："如果将满族文化比作一幅绚烂多彩的油画，渔猎时代的文化正是它浑厚的底色。"①

到努尔哈赤时期，虽然在较为先进的海西女真、建州女真部落已经有了农业生产，甚至可以说是主要的生产方式②，但并没有改变仍以渔猎采集文化为主导性文化模式的格局。私有制的出现导致了各部落为了扩大势力，或联合或对抗，形成了基于一定血缘的地域组织；同时，单纯的渔猎活动已经不再是生活保障的唯一方式，贸易交换、战争掠夺等都成为获取生活资料的重要途径，生计方式的多元化淡化了主要生产方式在文化中的主导地位。而狩猎采集经济在当时仍占有重要地位，虽然已经不是主要生产方式，但所获取的资料除了用于日常消费之外，还作为产品与外界交换其他生活必需品，因而，在整个生活中仍不可或缺。相对于积淀已久的渔猎文化，农耕文化是后加入的"新人"，尚未融入总体文化体系之中，仅仅是作为一种孤立的形式出现。虽然满洲在经济形式上已经以农业为主，但真正从事农业生产的并非满洲人，多为通过战争所俘获的朝鲜人和汉

---

① 刘小萌：《满族萨满教信仰中的多重文化成分》，见刘小萌：《满族的社会与生活》，北京图书馆出版社 1998 年版，第 363 页。

② 王锺翰：《清史杂考》，人民出版社 1957 年版，第 1～39 页。

人。满洲人不但不善于耕作，而且也没有形成从事农耕的习惯，更不可能产生基于农业生产的文化模式。因此，在满洲共同体形成初期，从其先民承继下来的渔猎文化是其日常生活文化的主导模式，并在满洲日后的发展中作为核心的文化基因而积淀下来。

渔猎文化在满洲日常生活中体现得十分明显。在服饰方面，以打猎所获的野兽毛皮作为御寒服装、喜尚皮裘就成为满洲服饰最为鲜明的特色，为便于森林骑射狩猎的袍服、箭袖和前剃后蓄的发式，把取材于江河的东珠与森林的野鸡、孔雀等飞禽的羽毛结合而形成的独特"顶戴花翎"均有浓重的渔猎采集文化特征；在饮食方面，满洲人的肉食以猪肉为主，兼食牛、羊以及捕获的野物，为长时间在野外狩猎而形成了食用抗饥饿不易消化的黏食的习惯，因抵御严寒与蚊虫而喜嗜烟酒等；在居住方面，满洲传统所用的房屋建筑材料多为便于得到的木材、泥土和草，房屋格局简单实用，"口袋房"与"万字炕"均源于其先民女真人为抵御严寒而创制的形式；在出行方面，以"善骑射"而闻名的满洲人对马格外青睐，马不仅为生产、作战不可或缺的必备之物，同时也是日常出行的工具，因而满洲有"马背上的民族"之称，即使在入关之后，"骑射"也作为国之根本被历代帝王所重视。这种根深蒂固的渔猎文化模式对满洲的民族性格形成产生了巨大影响，比如，满洲人逞强好胜、尚武好斗、勇于进取、开放包容、团队合作、热情好客等，这些性格特征都在很大程度上与他们的主导性文化模式有关联。正如有的学者所分析的，不同的经济形态导致了不同的文化形态，"在畜牧和农业社会里，未来食物最可靠的保证是坚持既定的放牧和耕作常规，因为一旦失误就会影响一年的食物来源。但是在大多数渔猎社会中，一时失误只会影响一天的食物来源，因此墨守成规就不是那么必要了，就有可能鼓励人们的创造活动。跨文化研究也表明，农业社会培养的儿童往往强调顺从与责任，而渔猎社会往往强调独立与自力更生"[①]。在此不可能罗列出满洲所有的民族性格，仅选择来自狩猎传统的较具代表性

---

① 张世富主编：《民族心理学》，山东教育出版社 1996 年版，第 40 页。

的特征略加分析。

（一）淳厚质朴的性格特征

渔猎采集属于攫取型经济，民族的交往对象是外在于人类的自然界，而与自然界交往显然要和与人交往不同，毕竟自然界是一种非文化的、非社会的存在，是实践的客体，在对象化活动中不必过多考虑对方的感受和相互间的礼俗约定，而这些在与经过社会化、人文化的人交往时是必不可少的。因而，在这种实践活动中，个人的价值实现几乎完全取决于个体的能力和所付出的辛苦，在采集、狩猎过程中收获多少仅仅受这个过程本身的限制，由此而形成的思维框架就是简单而实用。此外，他们普遍信仰以“万物有灵”为价值核心的萨满教，认为自然界的所有存在都在“天界”有相应的神与之对应，自然物与自然现象并不是真正外在于人类的无生命、任人主宰的客体，恰恰相反，他们拥有着超乎人类想象的能量与威力，不仅能左右人类的生存，而且能洞察人类的思想与观念，甚至可以说是人的主宰者。因而，在与之交往中必须要真诚、善良、厚道，否则就会受到神灵的惩罚。这种思维虽然源于原始蒙昧的观念，但却深深地影响着他们的日常生活，并形成了满洲纯朴的民族性格。清代流放黑龙江的方拱乾对满洲质朴的性格有着亲身感受：“八旗之居宁古者，多良而醇，率不轻与汉人交，见士大夫出，骑必下，行必让道，老不荷戈者，则拜而伏，过始起。道不拾遗物，物遗则拾之置于公，俟失者往认焉。马牛羊逸，三日不归，则牒之公，或五六月（日）之久，尚能归，唯躏人田则责牧者罚其直，虽章京家不免焉。”① 这种民族性格应该说是根深蒂固的，即便到清代灭亡后，八旗满洲虽生活窘迫但质朴之风却没有改变。著名满学家金启孮先生曾介绍了民国初年北京郊区的满洲的情况，“营兵没钱时可以向商店赊东西，记上账。领饷后一次还清。将来接不上时，再赊。赊欠，还

① 方拱乾：《绝域纪略》，见徐宗亮等撰：《黑龙江述略》（外六种），李兴盛、张杰点校，黑龙江人民出版社1985年版，第111页。

账，彼此都有信用……挑挑子或挎筐进营房卖各种食物的小贩也赊账。营兵好吃，没钱了就赊，等关饷再还。最奇怪的是这种小贩记账的方法，不是记在纸上或本子上（那时也没有，原文注释），而是用白灰或黄色砖瓦写在欠账人家的墙上。等清了账，他替擦得干干净净，再欠再记。收账时，欠账者和小贩双方即按墙上一笔一笔加起来，归总，还清"。金启孮先生认为这种日常的赊还行为反映了满族的民风淳朴："现在人一定要问：欠账者要偷偷把账擦下去几笔，怎么办？那时决（绝）对没有这种事，双方都守信用。可见淳朴古风尚存。"① 老舍在《正红旗下》用其标志性的语言对此作了生动的描述："赊欠已成了一种制度。卖烧饼的、卖炭的、倒水的都在我们的和许多人家的门垛子上画白道道，五道儿一组，颇像鸡爪子。我们先吃先用，钱粮到手，按照鸡爪子多少还钱。"②

（二）重视和谐的性格特征

渔猎采集民族由于在生活上的依赖而产生的对大自然崇拜，既是原始蒙昧的、前科学的，也是发自内心地对大自然的感激。正是大自然的恩赐，使他们能获得衣食所需要的东西，使个体生命与种族得以繁衍生息。因此，他们同大自然的关系是和谐的，他们不会采用毁灭式的方式利用、攫取资源。比如，关于外出行猎就有一些不成文的约定，像有孕的雌性动物与幼小的动物不能捕获，如果有人打了，会受到其他人的耻笑；在动物的繁殖期亦不能出猎，以保证动物的繁衍。这是一种经过长期积累而形成的有效的动物保护措施。他们也许不具备现代环保意识——这种意识多源于盲目过度攫取自然资源导致受到惩罚而产生的深刻教训——但却深知，如果不顾一切地、穷尽式地采集、捕猎，不但其后辈会面临生存危机，而且很有可能在当代就会受到大自然的"报复"。因而他们将外在的自然界当作"衣食父母"而格外尊重。

---

① 金启孮：《北京郊区的满族》，内蒙古大学出版社 1989 年版，第 43 页。
② 老舍：《我这一辈子 正红旗下》，古吴轩出版社 2018 年版，第 110 页。

这种重视和谐的思维方式不仅体现在满洲在日常生活中与邻里和睦相处、热情好客等方面，而且体现在政治制度、军事组织等非日常生活领域之中，最为典型的就是清代的民族政策。可以说，有清一代是中国封建社会中民族关系较为和谐的时期。这不仅体现在满洲在创建八旗时就设有八旗蒙古与八旗汉军，在一定程度上显示了这三个民族的平等，更为体现了满洲统治者对各少数民族文化的尊重，采取"修其教不易其俗，齐其政不易其宜"的因俗而治的方式，充分尊重并保持各少数民族的传统社会习俗和宗教信仰，如在藏族和蒙古族中大力提倡喇嘛教。在管理上则根据不同地区的情况，设置不同的管理机构，并合理利用原有部族的统治阶层，加强了中央政权对少数民族地区的管理，使各民族和谐相处，并奠定了中华民族多元一体格局的基本结构。①

（三）热情好客与团队合作的性格特征

狩猎民族性格的一大特点是与人为善，通常表现为民风淳朴、热情好客、豪爽大方。形成这种性格的一个原因是狩猎往往不是一个人的活动——这一点明显与自给自足的小农经济存在质的差别，后者是在一个相对封闭的范围内完全依靠自己家族就可以生存，而且在生产过程中亦是个体即可完成——而是需要团队合作完成的，在狩猎过程中要进行合理分工，团结协作，有统一指挥和约定，这样收获才能更大。比如满洲的打围，有围底（fere）、围肩（meiren）、围两头（uturi），自愿结合而成的牛录组织设一牛录额真即首领，各牛录由围底处分向两翼行进，而且要"各照方向，不准错乱"，统一下令后，围两头的牛录开始合拢，称为合围（uturi acambi）。他们在潜意识中形成一种合作的观念，合作成为一种理所应该的事情，是不需要考虑原因的。早期的狩猎民族所接触的同类——人都是合作者或具有血缘关系的家人，因此，造就了一种特殊的竞争观念，即竞争的对手不是人类本身，而是大自然的气候、环境等外在恶劣的条件

---

① 戴逸主编：《简明清史》第二册，人民出版社1984年版，第209~213页。

和虎、熊等狩猎对象；人类，无论是哪个民族的都是朋友、合作者与亲人，人与人之间的竞争就如同游戏中的对手一样，是友好的、善意的而不是敌对的。同时，狩猎过程中所面对的凶猛的野兽则是必须要与之拼死相抗的，这种竞争是十分残酷的，是要全力以赴的。这种善恶分明的竞争观念经过数代人积淀内化为一种民族的思维方式。

与人为善的另一个原因则是类的认同感。渔猎民族通常居住在地广人稀的深山密林中，可谓人烟罕至。除了自己的家人、族胞，而且是生活在一起的血亲集团外，见到外人的机会很少，女真时期人的类概念已经形成，人人相亲就成了一种本能，就像小孩见到小孩很快就会建立一种友好的伙伴关系一样，外来的人即使是不认识的陌生者，只要不是前来抢夺财产、侵犯族人的类同凶残的野兽的人，就都会被视为朋友。

这种性格特征在满洲日常生活中体现得比较明显，如在满洲世居的宁古塔，对外来客人无论是否熟识均热情款待，不仅解决客人的食宿问题，连其所乘的马匹都负责饲喂，客人则不必付费。"凡各村庄，满洲居者多，汉人居者少。凡出门不赍路费，经过之处，随意止宿，人马俱供给。少陵所谓'马有青刍客有粟'也。"[1] 而且客人也不必为此有任何不安，就如同回到自己家一样，主人也没有施恩于人的感觉，"百里往还，不裹粮，牛马不携粟草，随所投，如旧主人焉。主人随所供，不责报，亦无德色"[2]，真正做到了宾至如归。热情好客的风俗在北方其他少数民族中如蒙古、鄂伦春等族也较为盛行，原因大体相同。

（四）逞强好胜与崇尚武力的性格特征

满洲素有尚武习俗，与他们早期以"射猎为业"直接相关联。作为一个渔猎采集民族，他们在日常生产活动中所面对的是作为客体的恶劣自然

---

[1]　方登峰、方式济、方观承等：《述本堂诗集·宁古塔纪略》，黑龙江大学出版社 2014 年版，第 567 页。

[2]　方拱乾：《绝域纪略》，见徐宗亮等撰：《黑龙江述略》（外六种），李兴盛、张杰点校，黑龙江人民出版社 1985 年版，第 112 页。

条件与各种野兽，其中亦不乏凶残的猛兽。在万历初年，女真"本地所产，有明珠、人参、黑狐、玄狐、红狐、貂鼠、猞狸狲、虎、豹、海獭、水獭、青鼠、黄鼠等皮，以备国用"①。在面对极具侵害性与危险性的猛兽时，猎人必须要制服对方，否则就有可能被野兽消灭，是一种你死我活的对抗性活动，同时还要面对恶劣的自然环境。他们既要有强壮的体魄与高超的搏击技术和娴熟的射艺，也需要顽强的斗志与勇敢的精神。他们在捕猎活动中可以实现一种"日常满足"，既有物质上的，解决生存衣食问题，甚至是生活必需的，猎取的动物越多，就会越受到族人赞赏，同时也会获取精神上的正向刺激，有一种征服感，有时在狩猎甚丰时回来还要举行欢庆宴会，载歌载舞，因而平日习武就成为他们的一种习惯。在努尔哈赤时期，凭借武力出兵抢掠成为获取财物的一条重要途径，"出兵之时，无不欢跃，其妻子亦皆喜乐，唯以多得财物为愿。如军卒家有奴四五人，皆争偕赴，专为抢掠财物故也"②。在这种情况下满洲人崇尚武力已经不是单纯为了狩猎，更是一种扩大化的、直接的以武力为生存的手段。满洲的尚武好斗的性格在入关后甚至在民国初年仍然存在，这种性格甚至上升到一种精神理念，即以为国家征战献身而感到自豪和光荣。金启孮先生曾记述了在民国初年北京郊区满族的这种观念："我听到过的他们聊天的内容，多半是某家某人在什么时候战死的。又是某旗某官在什么地方阵亡的。某家在什么地方做外任官时合家殉难的。在谈这些事情的时候，他们面上绝没有畏惧或抱怨的神色和感情，而是觉得这是很光荣的事。这是直到那时营房中满族从上到下同样的思想。现在回想起来，我总觉得他们这种品质不但可贵而且是很少见的。"③

受狩猎习俗影响所形成的满洲性格还有许多，比如开放进取。狩猎的一种特点就是流动，所以有时也称游猎，而不是像农耕文化那种固守家

① 《清太祖武皇帝实录》卷一，见潘喆、李鸿彬、孙方明编：《清入关前史料选辑》第一辑，中国人民大学出版社1984年版，第312页。

② 李民寏：《建州闻见录》，见潘喆、李鸿彬、孙方明编：《清入关前史料选辑》第三辑，中国人民大学出版社1991年版，第473页。

③ 金启孮：《北京郊区的满族》，内蒙古大学出版社1989年版，第8页。

园，族群迁徙是一项经常性的活动，只要狩猎需要。他们对新环境、新事物并不惧怕，而是很快适应。满洲由偏居一隅的赫图阿拉不断扩展直至最后挺进中原，君临天下，似与这种民族性格有一定关系。再比如自信，亦与他们在狩猎时所建立的对外界动物的操控、主宰意识有关。

总之，渔猎文化在满洲文化模式中占有重要地位，而且对满洲文化的变迁也产生了巨大影响。正是他们那种开放包容的民族性格才导致对外来文化的吸收，从而不断促使着满洲文化的发展与变迁。

二、满洲文化的表层内涵：农耕文化

这里的农耕文化，是按经济文化类型划分出来的，与女真的狩猎文化相对应，主要指以农耕文化为特征的汉文化。在中国历史中，任何一个少数民族都与汉族保持程度不同的接触与交流，任何一个少数民族的文化也或多或少地受到汉文化的影响。对女真－满洲而言更是如此。汉文化对满洲文化的影响体现在方方面面，并实质参与了满洲文化的建构。满洲在入关前的服饰制度就是受汉臣的建议"正衣冠，以辨等威"后开始确定的，"自古冠服之区别，贵贱尊卑系之，乃古帝王治世之权也。帝王之冠服，不同公侯，公侯之冠服，不同散官，若是庶民，即家赀巨万，不过庶民之冠服已耳，唯有功于国者，衣冠不等平人，所以礼不容毫发僭越"①。这种重视等级制度的观念在汉文化中由来已久，而在女真文化中"上下同服"无等级差别的现象比较普遍。在饮食、婚俗方面，受汉文化影响最大的则体现在程序日趋复杂烦琐，场面越来越奢华。这些归纳起来就是作为汉文化传统日常生活自发调控系统的家庭伦理与道德观念，或称为礼制。

受这种文化的影响，满洲文化体现出强烈的更为"讲究"的章法礼俗。比如在服饰上，不同等级的官员袍式、颜色、顶戴花翎都有明确规定

---

① 《天聪朝臣工奏议》，见潘喆、孙方明、李鸿彬编：《清入关前史料选辑》第二辑，中国人民大学出版社 1989 年版，第 30 页。

而不能僭越。在日常交往中更是如此，在家庭里晚辈向长辈的早晚请安习俗是每日必做的，明显要重于汉族的日常礼节。这里存在一个特别奇怪的现象，女真在早期礼制观念很淡，这与他们的社会发展阶段是相符合的；但至满洲共同体形成后，却逐渐发展成为最讲规矩、最重礼俗的民族。因此说，人类从蒙昧到野蛮再到文明的发展是文化进步的必然，人类是趋向文明的。满洲之前的女真没有或者缺乏严格的礼制观念，日常生活中依据的是朴实的天然的礼俗，一旦与有着千年文化积淀的汉民族接触后，很快接受了对方的礼制形式。所不同的是礼俗之于汉族已经是一种习惯的、自在的生活方式，而满洲却是有意识地、自觉地模仿和学习这种方式，因而就做得更完整、更彻底，甚至可以说是将汉族的礼节仪式发展到了极致，其中也包括了汉文化中的讲排场习俗，"江省向以本籍人员，当官治事，衣饰礼节，均从俭简。前十余年（本书撰写时间为清光绪十三年至十五年即1889—1891年作者赴黑龙江时），各司印君，日将赴将军府衙，或乘牛车，或乘耙犁，内省绫缎皆未之见，近则四季衣服，悉依时制，而呢帏骡车，一司辄有数乘，即市上往来，坐车亦极光耀，皆当道文武家所素畜……由俭入奢，固属风气之薄，而官兵转战内省，习染日深，加以两起练军部饷，岁至百万，络绎委输，官商因之麇集，一切悦目娱心之事，不招自至，势使然也"①。当然，这种借鉴并非完全承袭，而是在其传统礼俗基础上，在形式上更注重礼仪，如在交往中的打千儿礼、拜见礼、万福礼、抱见礼等都为女真的传统礼仪。此外，满洲的特殊社会地位也强化了他们的礼制观念，他们认为作为统治民族，社会的贵族阶层，旗人理应成为全社会日常行为的楷模，先前礼俗的落后反而刺激他们成了最重礼俗的民族。

除了渔猎文化与农耕文化外，还存在着一个中间过渡层，其中以蒙古文化为主要代表。在历史上女真与蒙古的关系就十分密切，不仅是因为两

---

① 徐宗亮等撰：《黑龙江述略》（外六种），李兴盛、张杰点校，黑龙江人民出版社1985年版，第80～81页。

种文化在地缘上相接，交流十分便利，在明代女真部落中就有许多蒙古成员，甚至有的部落族属是蒙古还是女真都难以确定；而且渔猎文化与游牧文化在文化类型上具有一定的相似性，许多风俗是一致的，比如妻母报嫂的收继婚（转房婚）都在两个民族中长期存在，因而亲缘关系较近，女真与蒙古两个民族之间交往也非常密切。满洲与蒙古之间的族际通婚比较普遍，特别是在上层之间，努尔哈赤就曾娶了蒙古国贝勒明安之女，而且他的四个儿子即次子代善、五子莽古尔泰、八子皇太极、十子德格类都娶了蒙古王公贝勒之女或妹，而努尔哈赤亦将其弟舒尔哈齐的女儿嫁给蒙古巴岳特部台吉恩格德尔为妻。皇太极时期满蒙联姻更为频繁，仅同科尔沁部联姻就有 18 次之多。① 当然这种联姻带有明显的政治目的，满洲正是得到了蒙古的大力支持才得以肇兴并不断发展壮大。但同时，这也表明他们对对方文化的认同。蒙古文化对满洲文化影响最明显地表现为满文的创制就是以蒙古文字为基础，满语与蒙古语同属于阿尔泰语系，详细情况前文已经说明，此不赘述。此外，努尔哈赤在创建后金政权的过程中也借鉴了蒙古族政治制度，一些官员和机构的称呼都是源于蒙古语。

通过对满洲文化的结构分析可以看出，满洲文化的主要构成为女真的狩猎文化与汉民族的农耕文化。② 虽然这两种文化在结构上处于不同的方位，但实际上在满洲文化总体层面上二者却是交织在一起融合共存的，是嵌入式的整合，而不是分成两个部分。因此，既不能简单地将满洲文化等同于其先民女真的渔猎文化，认为满洲文化的典型特征就是“骑射”，也不能将满洲文化中有大量汉文化元素解释为满洲的“汉化”。

入关前满洲文化整体上处于一个快速发展与变迁的阶段。其生产方式前期以传统的畜牧经济为主，以狩猎、农业、采集、贸易、手工业为辅，后以农业经济为主，以畜牧、狩猎、采集等为辅，劳动力水平提高很快。在衣、食、住、行诸方面，不同部落的差异较大，有的甚至处于较为原始

---

① 张杰：《满族要论》，中国社会科学出版社 2007 年版，第 71 页。
② 李自然：《试论满族早期二元文化特质》，载《满族研究》1997 年第 3 期。

的状态，而有的则"居处饮食，颇有华风"，已处于文明阶段。构成满洲共同体的各部落、各族群虽然在文化形态上有差异，但总体来说，文化模式还是以原生的渔猎采集文化为主，这也构成了满洲文化最为底层的核心内涵。在清入关后，满洲主体逐渐脱离了原有的生存环境，生活方式也发生了较大改变，特别是经过大范围、多层面与汉民族的接触与交往，文化变迁也就不可避免。但这种变迁并不是断裂式的文化转型，而是文化的发展。除生计方式由传统渔猎采集转为农耕是类型上的完全转化外，在衣、食、住、行诸方面，都是在原有的基础上吸纳了部分汉文化的合理元素，所以，入关后满洲日常生活文化样态依然不同于汉文化，只是在局部上或者形式上接近于汉文化，但在内容上却留有明显的传统文化痕迹。因而，不能简单地说满洲入关后就被汉化了，实际上是满洲文化以其强大的生命力，在吸收汉文化的新鲜血液之后，以一种自在的方式得以继续发展。

从中也可以看出，在满洲日常生活文化中，生计方式对饮食文化、服饰文化、居住文化以及出行方式都起了决定作用。毫无疑问，这种渔猎采集的谋生方式应该属于人类社会在生产技术发展早期阶段的生计方式，特点是直接攫取野生的动植物。按照摩尔根的观点，在人类文明发展序列中这属于高级蒙昧阶段。诚然，在满洲共同体形成之初的明代末年，其社会形态为原始的部落联盟阶段，社会组织具有明显的血缘组织特征，社会生产力低下。但是，满洲的日常生活并不同于我们经常在理论上所界定的原始文化模式，因为这个族群并非孤立地生存在一个相对封闭的环境之中，而是在其以一个独立的共同体出现开始，就面临着以农耕文化为主要模式的汉文化的强势影响，在衣、食、住、行诸方面都吸纳了一定的汉文化元素。因此，满洲的日常生活虽然最初具有原始文化模式的一些特征，但它并不是以一种自在的方式自然地逐渐进化发展的，而是以汉文化为参照迅速变迁的，因而不能简单地将其看作是一种原始的文化状态。

第四章

清代满洲文化认同变迁

正如文化变迁是恒常的一样，文化认同也不是一成不变的。导致文化认同变迁或转向的原因是多方面的，比如文化自身的发展与变迁，文化主体的社会地位改变，所属民族或国家的兴衰荣辱，文化接触与文化交流的扩展，等等。其中民族或国家的兴衰则对文化认同的影响尤为重要。在民族或国家处于兴盛时，其文化认同不仅十分强烈，而且也易于认同异文化，从异文化中吸收有益于本民族或国家发展有益的东西。这时期人们的文化认同呈现一种宽容、开放的姿态，能在维持自己的认同的同时广纳异文化，其结果，也使这一民族或国家获得了新的发展；同时这也会增强人们的民族自信心与自豪感，文化认同也就得到进一步的巩固。①我们在这里所说的满洲文化是指作为一种类型的满洲群体的生活样态，或可称为文化模式，是满洲民族灵魂或"心灵"，而不是片面的、局部的文化形态。这种生生不息的文化在很大程度上保存在该民族的最深处，为外在的文化形态所遮蔽，不易察觉，不易触动。也正因如此，才能得以长久保存。作为一个文化有机体，任何文化都有其生命的周期，正如斯宾格勒所言，"每一种文化都以原始的力量从它的土生土壤中勃兴起来，有如橡树与石松、

---

　　① 郑晓云：《文化认同论》，中国社会科学出版社 1992 年版，第 167 页。

花朵、枝条与树叶，从盛开又到衰老"①。

满洲自明末时期兴起至入关初期建立统一的大清王朝，无论是民族还是政权都处于上升发展态势，满洲文化在大量吸收汉文化基础上得到迅速发展，满洲的民族认同与文化认同都达到了空前的高度统一。入关一段时间后，随着文化原始生态环境的改变，满洲群体的分化以及与汉文化大范围、深层次地接触，满洲传统文化发生了较大变迁，文化认同也由原初的单一对本民族的认同扩展至对汉文化及其他民族文化的认同，呈现双重甚至多重认同并存格局。同时，作为清政权的主要统治者，满洲国家意识不断增强，文化认同亦由民族文化认同向国家层面的中华民族文化认同升华，形成多层次认同并存的新格局。及至清末时期，随着八旗生计问题日趋严重，大多数满人生活窘迫，加之晚清政府腐败现象丛生，外部列强入侵，大清政权摇摇欲坠，满洲的民族认同开始动摇，文化认同也发生了较大变化。

第一节　清代满洲文化的变迁

一个民族的文化与其文化认同的关系密切而又复杂，既存的文化模式是文化认同的基础，甚至是文化选择的标准与参照；而文化认同反过来又会影响传统文化模式的变迁与调整。在自在文化阶段或者文化发生初期，人们往往生活于单一文化模式之中，生于斯长于斯，是一种以代际传承为基础的不加辨别而习得并接受的习以为常的生活方式，通常可称为传统文化，对这一文化的认同成为自然而然的文化态度；在文化发展到一定程度，特别是在多文化接触交流之后，文化的存在方式由自在转变为不同程度的自觉，在没有极特别的其他因素作用（如民族政权更迭）前提下，一般而言，人们会在坚守对传统文化认同的同时，开始有选择地学习接受外

---

① 斯宾格勒：《西方的没落》，齐世荣、田农、林传鼎等译，商务印书馆1963年版，第39页。

来文化，并努力将新文化元素植入原文化体系之中，由此导致传统文化的发展与变迁。因此，要分析一个民族的文化认同及其变化当首先关注其传统文化模式及变迁情况。

清代满洲文化的变迁受满洲的发展壮大与兴衰荣辱影响较大。有清一代，满洲文化经历了发展、兴盛、分化与转型的变迁过程。其鼎盛时期亦即"轴心期"时代为自努尔哈赤迁都盛京沈阳（1625），到1644年清军入关之前。在清入关后，生计方式的转变与满洲群体的分化直接促使了满洲文化的分化，八旗生计问题与辛亥革命则导致了满洲文化的危机与转型。

每一种文化都处于一种恒常的变迁之中，但是不同的文化变迁的原因、条件、方式、方向、过程各有不同。根据文化变迁理论，当两个行前独立的文化传统经过二者或其中之一发生了全面的变迁，此即为文化的涵化。这种文化变迁"可能是在群体中完成一种稳定的重新调整，可能是一个群体的消亡，可能是发生同化，也可能是群体的文化沦为亚文化而并入其他文化"①。在满洲文化结构中，传统的渔猎文化与汉农耕文化都是重要组成部分，甚至可以说构成了满洲文化的一体两面。在满洲文化的发展变迁过程中，这两面的发展势头并不均衡，而是呈现了此消彼长的态势，即传统的渔猎文化日趋萎缩，农耕文化日渐发达，满洲文化主导性文化模式的转型也就在所难免。

一、满洲文化的"轴心期"

德国存在主义哲学家卡尔·雅斯贝斯在《历史的起源与目标》中提出了著名的轴心期理论，将人类发展划分为史前、古代文明、轴心期与科学技术时代四个阶段，其中轴心期代表着人类文化发展的突破期，在中国、印度和西方同时产生了整体意识，"这个时代的特点是，世界上所有三个

---

① 伍兹：《文化变迁》，施惟达、胡华生译，云南教育出版社1989年版，第49页。

地区的人们全都开始意识到整体的存在、自身和自身的限度"①。在一定意义上而言，作者以人类文明为背景所提出的轴心期也代表了人类文化发展的一个高峰期。为了说明满洲文化在不同时期的发展历程与状态，在此借用"轴心期"这一概念指代满洲文化发展的鼎盛时期，表现为具有旺盛的生命力和开放的、充满生机与活力、处于"方成"而非"已成"的状态。满洲文化轴心期的时间大约为自努尔哈赤迁都盛京沈阳（1625），到1644年清军入关之前。

　　自努尔哈赤于1583年起兵开始，至1616年建立后金政权，包括国语满文的创制与推广使用和八旗制度的建立，使满洲文化以一个独立的形态脱离了其原始的、自在的渔猎文化，但此时满洲文化毕竟只是处于初成时期，文化架构尚在调整适应阶段，特别是汉文化元素的加入，二元文化的整合仍需时日，满汉文化之间仍然存在一定的对抗性。比如在语言使用上，满洲人均以满语为单一交际工具，会汉语者很少，在明万历二十三年（1595）十一月，朝鲜人申忠一出使建州时就发现，"歪乃本上国人，来于奴酋处，掌文书云，而文理不通。此人之外，更无解文者，且无学习者"②。对"通文理"之人，努尔哈赤极为厚待并予以重用，足见通晓汉语人才之匮乏。天命六年（1621）十一月，努尔哈赤曾明确表示："得辽东后，本欲设诸申官员们管理，但恐尔等因与新附之民语言不通而受劳苦，故令汉官管理之。"③此外，努尔哈赤为了巩固在辽沈地区的统治，对汉人采取了强硬的民族压迫政策，对归顺者严加管理，天命十年（1625）下令分丁编庄，将汉丁编庄分配给女真贵族管理，改变了过去分屯别居的办法，使汉民的负担明显加重。而对反抗者则进行大肆屠杀，由此造成了汉人的逃亡与反抗。在天命年间，多次发生汉人弃田不耕而逃、弃家而走，

　　① 卡尔·雅斯贝斯：《历史的起源与目标》，魏楚雄、俞新天译，华夏出版社1989年版，第8页。

　　② 申忠一：《建州纪程图记》，见潘喆、孙方明、李鸿彬编：《清入关前史料选辑》第二辑，中国人民大学出版社1989年版，第437页。

　　③ 中国第一历史档案馆、中国社会科学院历史研究所译注：《满文老档》上，中华书局1990年版，第264页。

甚至或武力或下毒杀害女真人的事件。所以，虽然在努尔哈赤时期已经出现满人与汉人的接触，有大批的汉人或为奴或为民受到满洲的统治与管理，但满汉之间矛盾很深，且相互隔离，基本上是女真（满洲）人管理女真人，汉人管理汉人，满汉文化并没有真正地交流与融合。因此，在这个阶段中，虽然汉文化已经与满洲文化有了近距离接触，但与女真文化是相互分离的，还没有达到相互整合为一体的融合状态。

满洲文化的轴心期主要是在皇太极继位执政时期，他为女真与汉文化的整合发挥了重要作用。首先，皇太极继位后改变努尔哈赤对汉人统治政策，开始采取笼络汉人的策略，缓和与汉人的矛盾。天命十一年（1626）九月下令改革分丁编庄办法："先是，汉人每十三壮丁，编为一庄，按满官品级，分给为奴。于是同处一屯，汉人每被侵扰，多致逃亡。上洞悉民隐，务俾安辑，乃按品级，每备御止给壮丁8、牛2，以备使令。其余汉人，分屯别居，编为民户。择汉官之清正者辖之。又凡有告讦，所告实，则按律治罪，诬者反坐。又禁止诸贝勒大臣属下人等，私至汉官家需索马匹、鹰犬或勒买器用等物，及恣意行游，违者罪之。由是汉人安堵，咸颂乐土云。"① 此外，皇太极还不断笼络汉人，发给汉官敕书，对归顺的汉人给予保护，对所俘汉官委以官职，从而缓和了满汉之间的民族矛盾，促进了两个民族的交流，同时也为女真文化与汉文化的深度接触奠定了基础。

其次，皇太极设立汉军旗提高了汉官的参政机会，进一步扩大了满汉的接触。皇太极即位后，通过战争俘获的或前来投降的汉人数量大增，根据战争的需要开始组建汉人军队，实行自我管理。天聪五年（1631），为了提高战斗力，皇太极下令制造火器，在佟养性的监督下，制成红衣大将军炮40门。同年敕谕由佟养性总理汉人军民一切事务，类同于满洲八旗的管理模式，并诏告汉官："凡汉人军民一切事务，悉命额驸佟养性总理，尔众官不得违其节制，如有势豪嫉妒，藐视不遵者，非仅藐视养性，是轻

---

① 《太宗文皇帝实录》卷一，见《清实录》第二册，中华书局1986年版，第26~27页。

国体，而违法令也。"① 是为新组建的汉军一旗。在《满文老档》中称汉兵为"乌真超哈"（ujen cooha），意为"重兵"，亦源于其配有火器。佟养性的汉军旗在天聪五年（1631）的大凌河战役中发挥了巨大威力，深受皇太极欣赏。此后又不断扩充汉兵。崇德二年（1637）分汉军为二旗，崇德四年（1639）扩汉军为四旗，崇德七年（1642）复扩为八旗。汉军旗的设立，提高了汉人的社会地位，增加了他们参政的机会。更为重要的是使汉人真正加入到满洲的社会体系之中，改变了以往按民族划分社会结构的状态，形成了"但问旗民，不分满汉"的一种新格局。

满洲文化轴心期的最显著特征就是满洲文化以一种崭新的、充满活力的态势表现出强劲的发展势头。女真文化是一种相对原始的渔猎采集文化，而汉文化则是一种相对先进的农耕文明，由这两种在基因上差异很大的文化整合而成的满洲文化无疑具有强盛的生命力。进入辽沈地区的满洲面对业已成熟的汉文化充满了好奇与赞赏，迅速吸纳了汉文化的精华，使其原本质朴、简约的文化迅速丰富起来。而这时期传统的渔猎文化仍为主导性文化模式，因此吸收外来文化绝不是文化转型，而是对母体文化的发展完善。满洲人学汉语、习汉俗的现象已经出现。这是一种文化选择的结果，更是文化有机体生命力强势的展示。特别要说明的是，从文化结构来看，作为核心的渔猎文化与次核心的农耕文化既存在一种亲和的相互融合的状态——或许前者是主动的，而后者是被动的——又表现为各自有独立特征的文化张力，是文化二元结构的最佳状态。这种状态为满洲文化的发展提供了广阔的空间和愿景，此时所表现出来的是一种未特定化和未确定性，充满无限可能的"方成"而非"已成"状态，是为满洲文化轴心期的重要标志。这一时期的满洲犹如"鹰中最俊者"之猎鹰海东青一般，"身小而健捷异常，见鹰隼以翼博击，大者力能制鹿"②，虽然弱小，却能以小搏大所向无敌。

---

① 《太宗文皇帝实录》卷八，见《清实录》第二册，中华书局 1986 年版，第 109 页。

② 西清撰：《黑龙江外记》，梁信义、周诚望注释，黑龙江人民出版社 1984 年版，第 87 页。

二、满洲文化的分化

在文化变迁中往往会出现这样一种情况：一个族群的文化变迁与这个族群建立的政权变化并不具有同步性。在中国历史上，曾有多个少数民族政权出现，如果不考虑帝王个体的族属和一些规模较小的政权外，至少有北魏、辽、金、元、清都为少数民族所建立的或拥有半壁江山或一统中华的封建王朝。除了元朝建立者蒙古族在政权被明所灭后部分退回大草原并保留了传统文化外，其他几个或主动或被动最终都放弃了传统文化。如果单纯从民族文化发展的角度，有时民族政权的建立未必就会一定起到促进作用。清军入关开启了中国历史的一个新纪元，但对满洲文化而言，却是分化并走向大幅度变迁的开始。

顺治元年（1644）四月，摄政王多尔衮在吴三桂的帮助下率清军攻入山海关，与农民起义军激战获胜，五月进入北京城，十月顺治帝从盛京迁都北京，从此开启了满洲崭新的历史时期。在随后的几年中，清军东征西讨，逐渐结束了自明末开始的纷乱局面，社会日趋稳定。但是，入关后满洲的群体发生了分化，直接导致作为文化载体的满洲群体的结构性变化，即在全国范围内形成了满洲群体与汉族"大杂居小聚居"的格局。据赵展先生研究，满洲群体分化为四个部分，"若以进关与未进关作为界限的话，则未进关的少部分人为留守群体；进关的大部分人为驻防群体；从北京调回到辽宁的满洲八旗兵与少数留守人员混住在一起，经过长期共同生活，形成留守与驻防相结合的群体；为解决北京闲散旗人的生计问题，动员他们携眷到拉林、五常、双城和阿城等地屯垦，从而出现了屯垦群体"①。这四个部分分别表现出不同的文化特征。受其启发，从文化变迁的角度，笔者更倾向于将清入关后满洲群体划分为三部分：一部分为在京畿地区的京

---

① 赵展：《论清代满族的四种社会群体的形成》，载《中央民族大学学报（人文社会科学版）》2001 年第 1 期。

旗满洲，一部分为在京畿以外的各直省驻防满洲，另一部分为居住于东北地区的满洲。

1644 年清军入关后，为进一步加强对全国的统治，在全国各重要城市实行八旗驻防。据光绪朝《会典》记载，至清中期以后，全国驻防共有 94 处。在驻防八旗设立之初，有的地方采取构筑满营或满城而居，有的地方则分成若干地段相邻而居。其主要目的是单独居住以区别于当地汉民。比如，设立于雍正三年（1725）的宁夏满城驻在距宁夏府城东五里的地方，称"宁夏满营"，因乾隆三年（1738）强烈地震致使城池和房屋倒塌，另于宁夏府城西十里处筑一满营，将原宁夏满营的官兵迁入，被称为"新满营"。① 为了加强驻防八旗对地方的控制，清政府对八旗兵丁的行动进行了严格的限制，对违例出逃者予以严惩。同时也不允许汉人随便出入满营。驻防八旗的生活所需均由政府提供，根据兵额数量确定粮饷数额，位置高低不同而领的粮饷数量也有所不同，但基本不需要八旗官兵从事生产劳动。居住的房屋也由政府拨给，另配有一定的土地。如，"成都驻防的旗兵每人每月有粮饷，其中以马兵待遇最高，每月收入可养五口之家，养育兵的待遇最低，每月收入仅可养一口人。除此之外，每家拨给房屋三间，地一亩三分"② 。但随着八旗兵丁及家眷的增加，额定的粮饷数量却鲜有增加，造成八旗生计面临严重困难。为了生存，驻防八旗逐渐突破了政府的限定，开始另谋生活出路，从而扩大了与当地的各族人民主要是汉民族的交往，并逐渐受之影响而放弃了自己的传统文化。

清军进入北京后，为安置旗民开始大量圈占地亩房屋。为保证满洲的群体独立，实行"旗民分治"的政策，将原居住在北京内城的汉族官员、商人及百姓（投充八旗者除外）强行迁出，从而形成旗民分城而居的格局：旗人居内城，汉人居外城。至清中期，由于八旗生计问题的出现，

① 《民族问题五种丛书》辽宁省编辑委员会编：《宁夏回族自治区银川市满族人民历史概况》，见《满族社会历史调查》，辽宁人民出版社 1985 年版。

② 《民族问题五种丛书》辽宁省编辑委员会编：《四川省成都市满族社会历史调查报告》，见《满族社会历史调查》，辽宁人民出版社 1985 年版。

旗、民分居政策有所松动。此外，旗、民交产逐渐由不合法至合法化，旗、民通婚者日渐增多，这些都加剧了满汉的融合。北京满洲虽然在人数上不如汉族，但其特有的地位使他们能够继续引导满洲文化发展。在与汉文化的融合过程中，满文化一直都占有较重要的地位，这一点与驻防八旗明显不同。

东北地区不仅是满洲先民久居和满洲肇兴的区域，而且也是在清军入关后仍有部分满洲的世居之地。虽然陆续有流人、移民迁入，但都是零散的个体或小群体，最大的群体则是满洲，因而满洲文化一直为区域内的主体文化。

这三部分群体无论在日常生活习俗上，还是在语言的使用上都存在明显差异。就整体类型而言，驻防八旗由于生活于广大的汉民族之中，其文化向汉文化变迁最明显也是最迅速的，表现为这部分群体的生活习俗日趋与当地的文化相一致，传统的女真文化已经逐渐消失殆尽；京旗满洲在文化整体上表现为传统的女真文化与汉文化的融合，在北京的日常生活习俗中就有很浓重的满洲传统文化印迹，其中也包括了汉民族的群体，已经形成了一种地方文化特色；① 而东北地区的满洲保留传统文化的内容更多一些，应该说在女真文化与汉文化的调适中，前者略占上风，主导性文化模式仍为渔猎文化。

可以看出，由于满洲群体的分化而导致了满洲文化的发展呈现出三种不同的态势，即偏于汉文化、二者整合和偏于女真文化，显示出满洲文化变迁在结构上表现为渔猎文化与农耕文化二元势力的消长变化，这也是满洲文化变迁的内在机制。

三、入关后满洲文化的变迁

入关后的满洲身份发生了巨大变化，由最初偏居一隅的少数民族转变

---

① 阎崇年：《满洲文化对京师文化的影响》，载《北京联合大学学报》1999年第13卷第2期；赵杰：《京味文化中的满族风俗》，载《北京社会科学》1997年第1期。

为全国的统治民族。与此同时，从民族关系角度而言，满洲开始了大范围、多层面与占全国人口绝大多数的汉民族的深度接触。满洲社会地位的上升、传统生计方式的改变以及生存环境的变化导致了满洲文化的迅速变迁。以满洲物质文化为例可以看出，无论是反映其日常生活的衣、食、住、行，还是代表其经济生活的生产方式与技术文化都呈现新的特征。

在生产方式方面，入关前女真（满洲）为多种经济形式并存，既有游牧经济、渔猎经济，也有农业经济和部分手工业。在迅速变迁过程中，"其社会经济由牧、猎、采为主，兼资农业的发展阶段，过渡到以农业经济为主，兼资牧、猎、采经济的发展阶段"①。清军入关后，特别是在满洲基本统一全国、社会日趋稳定以后，满洲经济生产方式发生了进一步变化。主要表现在农业经济成为满洲最为稳定与核心的经济成分；牧业在初期仍有所发展，但至乾隆后始呈下降趋势，并逐渐退出其经济体系；狩猎已不作为经济形式而存在；捕鱼与采集仍然在一定范围内存在与发展；手工业与商业有所发展，但并没有成为主要的经济形式。生产方式整体上进一步趋同于汉民族的以农业经济为主的形式。

根据文化变迁理论，"变迁孕育变迁"（change breeds change），即"系统中的某一部分的变迁一般会促成另一部分的相应变迁。甚至一个单独的技术创新也可能引起反应，结果形成一系列连续的变迁（linked changes）"②。生产方式的变迁必然会引起满洲日常生活方式的变迁。

比如在服饰方面，满洲最为典型的就是旗袍。旗袍满语称"衣介"（ijie），因其为旗人特有的服装而得名。早期满洲居住高寒地区，且以射猎为业，为了便于行猎与生活，无论男女均着袍服，只是后来女式袍与男式袍经过演变而逐渐区别开来。男式袍至清末已成为大众穿着的宽松式的长衫大袍。后来的马褂、坎肩均源于男式旗袍。妇女旗袍由最初的瘦长紧身变成宽肥而不显露形体，清中期后又变为多种不同的袍服，如正式场合穿

① 滕绍箴、滕瑶：《满族游牧经济》，经济管理出版社 2001 年版，第 104 页。
② 伍兹：《文化变迁》，施惟达、胡华生译，云南教育出版社 1989 年版，第 40 页。

用的礼服袍、日常穿着的便服袍等。旗袍也受到汉民族服饰的影响，其缝制越来越复杂，"甚至大大超过汉女的袄裙，镶、滚、嵌、绣、荡、帖、盘、钉样样俱全，而且在许多正式礼服上均有接袖和箭袖"①，面料、色彩以及图案风格也日趋多样化。至清中后期，旗袍因其独特的审美魅力而在全国妇女中广泛流行起来，至今未衰。

再比如在饮食方面，入关后，在京畿及中原地区的满洲将传统饮食风俗与其他民族主要是汉民族风俗进一步结合，出现了集两种民族风格的宴席。"烧烤席，俗称满汉大席，筵席中之无上上品也。烤，以火干之也。于燕窝、鱼翅诸珍馐外，必用烧猪、烧方，皆以全体烧之。酒三巡，则进烧猪，膳夫、仆人皆衣礼服而入。膳夫奉以待，仆人解所佩之小刀脔割之，盛于器，屈一膝，献首座之专客。专客起箸，筵座者始从而尝之，典至隆也。次者用烧方。方者，豚肉一方，非全体，然较之仅有烧鸭者，犹贵重也。"② 这里烧烤的烹饪方法为满洲的传统，而烹饪的原料已不仅限于猪肉、羊肉，还有在汉族菜系里极为高档的燕窝、鱼翅和豚肉。还有的宴席仍然采用满洲传统的原料，但烹饪方法、形式、口味及食器却大量取用于汉族。出现于清中期至今仍享有盛誉的"满汉全席"则是满汉饮食文化的最典型代表。

在清入关后，满洲主体逐渐脱离了原有的生存环境，生活方式也发生了较大改变，特别是经过大范围、多层面与汉民族的接触与交往，其日常生活方式的变迁也就不可避免。但是，在清中期以前这种变迁并不是断裂式的文化转型，而是文化的发展。除生计方式由传统渔猎采集转为农耕是类型上的完全转化外，在衣、食、住、行诸方面，都是在原有的基础上吸纳了部分汉文化的合理元素，所以，入关后满洲日常文化样态依然不同于汉文化，只是在局部上或者形式上接近于汉文化，但在内容上却留有明显的传统文化内涵。因而，不能简单地说，满洲入关后就被汉化了，实际上

①　徐海燕编著：《满族服饰》，沈阳出版社2004年版，第17页。
②　徐珂：《清稗类钞》第十三册，中华书局，1984年。

是满洲文化以其强大的生命力，在吸收汉文化的新鲜血液之后，以一种自在的方式得以继续发展。

满洲文化变迁存在明显的地域性差异。在入关后，作为一个民族整体开始分散于不同地区，形成了不同的亚文化群体，造成了满洲文化变迁的地域性差异，使满洲文化在一个共时的维度中展现了历时的文化变迁中的不同截面图式，即驻防满洲传统文化丧失，最早完成了由满文化到汉文化的转型。而京畿地区的满洲则将传统文化与汉文化完美结合，形成了以满洲文化为核心兼容汉文化的"京旗文化"，为满洲文化吸收外来文化自我发展的典型。由于有清一代居住在东北地区的满洲生活环境与生计方式都没有大的变化，加之清政府近二百年的"封禁"政策，使得原本就生活在比较偏僻闭塞地区的居民更难以与其他民族文化进行接触、交流，从而得以较完整地保留了本民族的传统文化风俗。

第二节　满洲对自身文化的认同

作为一种心理意识，文化认同可以是自在的，也可以是自觉的。自在的文化认同往往与习以为常的传统文化为认同目标，而自觉的文化认同则要建立在文化自觉前提下，是对某一文化识别之后选择的结果。满洲文化是基于传统女真文化而又吸收了部分汉文化及其他少数民族文化元素凝结而成，因而满洲民族共同体对其有着天然本能的认同，或者说是他们自己建构了这种文化，并逐渐成为族众共享且长期坚守的一种稳定的生存方式。在满洲民族共同体形成初期尤其如此。无论是在部族起源与庚续传承上还是作为身份重要标识的"国语骑射"，以及传统萨满信仰，都具有明确的认同目标。但在入关后，特别是与汉族及其他民族大量接触后，在比较与甄别的过程中，对满洲文化的认同则由自在方式上升为自觉行为。入关后满洲群体的分化直接导致了满洲文化变迁的不同步性与差异性，进而各部群体的文化认同也表现出多样复杂的形态。

一、始祖与族源认同

对一个民族而言，始祖与族源认同是民族认同与文化认同的重要组成部分，代表着共同体的源头与传承体系，是区别"我们"与"他者"身份的显著标志，同时也是文化区别与是否具有正统性、合法性的特殊意义。满洲的祖先与族源认同发端于清入关前，有史可考具体时间当在皇太极崇德年间，确定族称之后。入关后各代帝王也十分重视对满洲族源的梳理与确认，体现于历朝官修《实录》之中，至乾隆朝上谕纂修的《满洲源流考》可谓集成定论之作，意欲对"至若我国家诞膺天眷，朱果发祥"、"建州之沿革，满洲之始基，与夫古今地名同异"、满洲及先民肃慎族系诸部关系与疆域、清朝与金代关系、满语文源流等"详加稽考，勒为一书，垂示天下万世"。①

（一）始祖认同

许多民族包括汉族对始祖的认知一般都会追溯至无文字的久远时期，通常以神话传说为载体，后经世代传颂并逐渐记录于文本之中，如《诗经》关于"天生玄鸟，降而生商"的神话，夫余的金蛙始祖传说等。满洲的始祖神话即为在民间流传甚广、版本各异的三仙女传说。而体现官方刻意建构满洲始祖认同则为多部官修文献，如《天聪九年档》《太祖武皇帝实录》《满洲实录》《满洲源流考》《太祖高皇帝实录》等，时间从清入关前直至清中期乾隆年间。不同文献中的神话传说内容也不尽相同，通过历时考察可以看到后金－清统治者由借用东海女真始祖传说开始，不断修改增删逐渐完善的完整过程与良苦用心。

在文献中最早记录这一传说的为清入关前官方编修《旧满洲档》之《天聪九年档》，讲述人则是东海女真呼尔哈（虎尔哈）部被招降者穆克西

---

① 阿桂等撰：《满洲源流考》，孙文良、陆玉华点校，辽宁民族出版社 1988 年版，第 29 页。

科（有的文献译作"穆克希克""穆克什克"），文本原文为满文，兹将关嘉录等人的汉译转录如下：

> 此次军中招服之名为穆克西科者告曰："吾之父祖世代生活于布库里山下布勒霍里湖。吾之地方未有档册，古时生活情形全赖世代传说流传至今。彼布勒霍里湖有天女三人——恩库伦、哲库伦、佛库伦前来沐浴，时有一鹊衔来朱果一，为三女中最幼者佛库伦得之，含于口中吞下，遂有身孕，乃生布库里雍顺。其同族即满洲部也。布勒霍里湖周百里，距黑龙江一百二三十里。吾生育二子后即迁离布勒霍里湖，前往黑龙江名为那尔珲地方居住。"①

相比于后来文献的记述，这一文本十分简略，或者说只是一个故事梗概，但却是三仙女传说的最早版本。传说明确了满洲始祖布库里雍顺为仙女吞神鹊衔来的朱果所生，披上神化外衣的身份立时得到升华，并易于被族人所崇拜接受和认同。但是，细考文本不免会产生一点疑问，即"其同族即满洲部也"似有附凿之嫌，当为编修时后加上的。

首先，明末建州女真崛起建立后金政权，在相当长一个时期内都不包括东海女真，先是战胜建州女真诸部，继而是海西女真扈伦四部，对东海女真只是偶尔用兵招讨。据《清太祖武皇帝实录》（以下简称《武录》）记载，明末时期"时各部环满洲国扰乱者，有苏苏河部、浑河部、王家部、东果部、折陈部，长白山内阴部、鸭绿江部、东海兀吉部、斡儿哈部、虎儿哈（呼尔哈）部，胡笼国中兀喇部、哈达部、夜黑部、辉发部"②。而努尔哈赤于明万历十一年（1583）以十三副遗甲起兵后，先是统一苏苏河部、东果部、王家部等建州女真诸部，复克长白山鸭绿江、朱舍里、内阴

① 关嘉录、佟永功、关照宏：《天聪九年档》，天津古籍出版社1987年版，第55～56页。
② 《清太祖武皇帝实录》卷一，见潘喆、李鸿彬、孙方明编：《清入关前史料选辑》第一辑，中国人民大学出版社1984年版，第301页。

等部，后又灭哈达、辉发与乌拉（兀喇）等海西（胡笼国）三部，仅叶赫（夜黑）因受大明庇荫而未能完全收服。《武录》中首次记载与呼尔哈部的联系是在卷二开篇："己亥年正月，东海兀吉部内虎儿哈二酋长王格、张格，率百人来贡土产，黑白红三色狐皮，黑白二色貂皮。自此，兀吉虎儿哈部内所居之人，每岁入贡，其中酋长箔吉里等六人乞婚，太祖以六臣之女配之，以抚其心。"①呼尔哈部由此开始向努尔哈赤每年入贡，但还未被纳入满洲共同体。1607 年，东海斡儿哈部蜚敖城主策穆德黑谒太祖曰："吾地与汗相距路遥，故顺兀喇国主布占太贝勒，彼甚苦虐吾辈，望往接吾等眷属，以便来归。"太祖令弟舒尔哈齐与长子烘把土鲁贝勒，次子代善贝勒与大将军非英冻、虎儿憨等，率兵三千，往蜚敖城搬接。"至蜚敖城，收四周屯寨约五百户"，虽然受到"兀喇国布占太发兵一万截于路"，②但最后还是大胜而还。同年五月，"太祖令幼弟着里革兔贝勒、大将厄一都、非英冻、虎儿憨虾等，率兵一千，往征东海兀吉部，取黑十黑、敖莫和、所罗佛内黑三处，获人畜二千而回"③。此后，《武录》中还记载了1609 年、1611 年、1616 年、1617 年、1618 年努尔哈赤多次派兵征讨招服东海女真各部，亦有主动前来降服的部众。其中1617 年"遣兵四百，沿东海地界收取离散不服之国。至日，遂将东海岸散居之民尽取之。其负岛险不服者，乘小舟尽取之而回"④。特别值得关注的是1618 年的一条记录：

十二日，闻东海胡儿胯部长纳哈答，率民百户来降，命二百人迎之，二十日至。上升殿，降众见毕，设宴。举家来归者，列一处，有遗业而来欲还家者，另立一处。其为首八人各赐男妇二

① 《清太祖武皇帝实录》卷二，见潘喆、李鸿彬、孙方明编：《清入关前史料选辑》第一辑，中国人民大学出版社 1984 年版，第 319 页。
② 《清太祖武皇帝实录》卷二，见潘喆、李鸿彬、孙方明编：《清入关前史料选辑》第一辑，中国人民大学出版社 1984 年版，第 323 页。
③ 《清太祖武皇帝实录》卷二，见潘喆、李鸿彬、孙方明编：《清入关前史料选辑》第一辑，中国人民大学出版社 1984 年版，第 324 页。
④ 《清太祖武皇帝实录》卷二，见潘喆、李鸿彬、孙方明编：《清入关前史料选辑》第一辑，中国人民大学出版社 1984 年版，第 337 页。

十口，马十四，牛十只，冬衣蟒缎、皮裘、大围，秋衣蟒袍、小褂，四季衣服俱备，及房田等物。其欲还者见之，留而不去者甚多，乃附信与还家者曰："满洲兵欲杀吾等，图我人畜财物，汗以抚聚人民为念，收为羽翼，不意施恩至此，吾土所居弟兄眷属，可皆率之来。"①

这里的东海胡儿胯部即呼尔哈部，降服者在给亲属附信中明确表示"满洲兵"与"吾等"本非一部，有感于汗王施恩赐予衣服房田而劝"吾土所居弟兄眷属"前来归服。说明至后金天命年间，东海女真分散陆续投奔而来，而此前则并未归属满洲，因此呼尔哈部并非为后金政权与当时满洲的主要组成部分。穆克西科所讲述的神话当为东海女真呼尔哈部的始祖传说，而非满洲始祖。

其次，从地理位置来看，穆克西科当生活于黑龙江附近，"布勒霍里湖周百里，距黑龙江一百二三十里"，其后迁至那尔珲也距黑龙江不会太远，均远离满洲主体建州女真，所以这一神话传说亦当流行于黑龙江附近，而非满洲主要活动区域，受神果所诞生的布库里雍顺同族不可能是满洲部而应是东海女真一部，当为呼尔哈部。

第三，讲述人穆克西科原属东海女真呼尔哈部，讲述时间则为后金征讨回来，皇太极举行的庆功宴上。天聪九年五月"初六日，率兵往征黑龙江方向虎尔哈部之诸大臣，携招服之诸头人及优秀者谒见汗，依礼杀羊一百零八，牛十二宴之。……宴毕，汗还宫。此次军中招服之名为穆克西科者告曰：……"②。他此时的身份为刚刚被招服的降将，讲述自己祖先神话理应指呼尔哈部，而非刚加入的满洲部。更何况是在皇太极的宴会上由一个外来归顺之人讲满洲始祖神话，明显有僭越之嫌，也不合乎情理，让满洲宗室如何接受？

---

① 《清太祖武皇帝实录》卷二，见潘喆、李鸿彬、孙方明编：《清入关前史料选辑》第一辑，中国人民大学出版社 1984 年版，第 344 页。

② 关嘉录、佟永功、关照宏：《天聪九年档》，天津古籍出版社 1987 年版，第 55 页。

由此可以确认，后金统治者在编纂档册时，将东海女真呼尔哈部的始祖神话传说嫁接到满洲部，神圣的布库里雍顺就成了满洲始祖。这种有意之举无疑对正在形成的满洲共同体和刚刚建立的后金政权具有重要的意义，既凸显了本族始祖的神圣身份，又强化了族众的认同意识。当然，在《天聪九年档》中仅仅是完成了始祖神话的初步建构，在其后的文献中陆续细化了这一传说，包括地理位置修改到长白山附近，不断增强合理性与可信度。

最早较完整详细记述三仙女传说的文献为现存于中国第一历史档案馆用旧满文书写的《国史院档》。孙建冰、宋黎黎对其进行了汉译，现转录如下：

> 诸申国三姓地方的人，为了国主的位子，每天争来斗去，天帝看到这种情况，想派一位天神到那里去制止混乱，当那里的国主。于是让一个天神变成了喜鹊的模样，让他带上红果，去布库里山下的布尔瑚里湖，我们三位仙女洗澡的地方，放在那位最小的仙女的衣服上回来。那位神仙变成了喜鹊，口里叼着那枚红果，放在了小仙女的衣服上。三位仙女从湖中出来，正要穿衣服，小仙女看到了衣服上的红果，说道："这是什么东西？多好看啊！"在穿衣服时，想把红果放在别处，因心中喜欢，就放在口中，就在要穿衣服的时候，口中的红果一下子掉进了喉咙里，于是她就有了身孕，不能回到天上去了。她对两位姐姐说："姐姐，我有了身孕，不能回到天上了。没办法，只得留下来了。"两位姐姐说："我们都服过丹药，没有死的道理，你不要担心。你有福分，有了身孕，等身子轻了后再回来。"两位姐姐先回到了天上。那位天神把自己的魂灵变成了诸申人的身体，到了日子后出生了。因为是应天而生的孩子，没几年就长大了。孩子长大后，母亲告诉他说："你是上天为了让你去诸申国而生的，孩子你到诸申国去吧。诸申国的人要是问你是什么人，父母是谁，姓

什么叫什么的话，你就告诉他们说生在布库里山下的布尔瑚里湖边，名字叫布库里雍顺，姓天生的爱新觉罗，没有父亲，母亲是三位仙女之一。三仙女中老大的名字叫恩古伦，老二叫正古伦，老三是佛库伦。是佛库伦生的我。我也是天神，天帝将我的魂灵变成了一枚红果，把另外一位天神变成了喜鹊，把红果送来，于是就有了我。你就这样告诉他们。"小仙女找来了一只小船交给他，说："你坐上这只小船，到了有人的地方，在取水的渡口有路，看到渡口的路时，你就上岸，那里有人。"上天之子布库里雍顺坐船前行，到了那个地方，看到了渡口的路，于是上了岸，折柳枝蒿草做成一个小凳子坐在上面。这时有个人前来取水，看到了这情景，惊奇地打量着孩子，然后回到人们争斗国主的地方，说："你们不要再争斗了，在我们取水的地方来了一个非常俊俏的男孩，折柳枝蒿草做成一个小凳子坐在那里。那个孩子不是我们诸申国的人，好像是个天神吧！"聚在一起争斗的人们都前去一看，果真是俊俏无比。前去观看的人们问道："你是什么人？谁的孩子，姓什么叫什么？"布库里雍顺把母亲教给他的话都告诉给了他们。众人道："这孩子不是应该步行的人啊！"两个人双手交叉而握，让孩子坐在上面，把他带回家。三姓的人一同商议道："我们不要再争国主的位子了，就推举他当我们的贝勒吧。把我们的妹妹伯利格格嫁给他当妻子。"于是就把伯利给他当了妻子，拥立他为众人之主。①

这一版本较之《天聪九年档》要详细得多，整个故事非常完整，而且语言更加口语化，更加生动形象，就像一个人在现实中的讲述，而不同于第一个版本书面语味道更浓厚。但是，从三个方面可以看出为了强调始祖传说的满洲属性而进行的刻意修改：一是在开篇即明确了故事发生的范围

---

① 孙建冰、宋黎黎：《从满文文献看三仙女传说的演变》，载《满语研究》2012 年第 1 期。

是诸申国。诸申是由肃慎（朱里真）音转而来，原本用来指代女真族的一般称呼，后随着女真－满洲的发展，社会阶层进一步分化，诸申逐渐变成下层群体的称号，而非女真民族的泛称。也正因如此，清太宗皇太极认为如果继续使用诸申作为族称似有贬低之意，于天聪九年（1635）十月十三日谕令："我国建号满洲，统绪绵远，相传奕世，自今以后，一切人等，止称我国满洲原名，不得仍前妄称。"① 现今许多满族同胞每年于农历十月十三举办"颁金节"即依据于此，"颁金"满语诞生之意，是为纪念满洲确定族称亦即相当于满族生日。《国史院档》完成于崇德年间（1636—1643 年），此时用诸申而不是用满洲指代族称更有历史感，表示时间久远，是在诸申泛指女真的时代。很显然，这做法远比《天聪九年档》中直接说布库里雍顺"其同族即满洲部也"更为高明，也能令人愈发相信这一神话为满洲始祖传说。

二是明确表述始祖姓氏为爱新觉罗，直接指向了努尔哈赤家族。在之前版本中仅有三仙女佛古伦所生的布库里雍顺，似以山名布库里作为姓氏，但并未与现实中某一姓氏或家族相关联。明代女真早期社会组织为以血缘为主的哈拉穆昆，"哈拉"满语罗马字转写为 hala，意为姓，穆昆（mukūn），为"族"或"氏"。后来这一血缘组织逐渐发展为血缘与地缘相结合的社会组织。清代满洲有称名不举姓之俗，盖因以同一宗姓共同居住生活无须标识。努尔哈赤为爱新觉罗氏，"觉罗"满语姓之意，即金姓，与金代女真皇族同宗。在此将应天而生的布库里雍顺明确为姓爱新觉罗，与太祖努尔哈赤直接关联对应，意在强调满洲皇室族源的尊贵与神圣，突出爱新觉罗氏作为帝王家族的合法性。

三是删除了关于黑龙江作为地域标识的相关内容。在第一个版本中明确表述故事发生地为黑龙江附近，具体当为黑龙江、乌苏里江与松花江三江口东濒大海的区域内，与努尔哈赤起兵之辽宁新宾相距甚远，而与先秦

① 《太宗文皇帝实录》卷二十五，见《清实录》第二册，中华书局 1986 年版，第 330 ~ 331 页。

肃慎故地"不咸山"（长白山）更是遥不可及。在此虽然是完整地讲述了整个神话故事，但却对发生地点布库里山下的布尔瑚里湖并未给出明确位置，只是"不经意"地略去了与黑龙江的关联。这一"不经意"之举则实现了将故事发生地从黑龙江迁出的重要目的，并为其后将位置锁定在满洲先民肃慎活动区域奠定了基础。

可见，在第一部完整记述三仙女传说的官修档册中，满洲统治者充分利用具有广泛社会基础的神话故事，通过对神话产生的部族源流、始祖姓氏与发生的地域加以改造修正，用心良苦但却很成功地完成了满洲皇室与神话的紧密关联。

与《国史院档》几乎是同一时期的另一部官修文献，修于天聪年间，成书于崇德元年（1636）的《清太祖武皇帝实录》，在此基础上又有所增修。原文如下：

> 满洲源流。
>
> 满洲原起于长白山之东北布库里山下一泊，名布儿湖里。初，天降三仙女浴于泊，长名恩古伦，次名正古伦，三名佛古伦。浴毕上岸，有神鹊衔一朱果置佛古伦衣上，色甚鲜妍，佛古伦爱之不忍释手，遂衔口中，甫着衣，其果入腹中，即感而成孕。告二姊曰："吾觉腹重，不能同升，奈何？"二姊曰："吾等曾服丹药，谅无死理，此乃天意，俟尔身轻上升未晚。"遂别去。佛古伦后生一男，生而能言，俟尔长成。母告子曰："天生汝，实令汝为夷国主，可往彼处。"将所生缘由一一详说，乃与一舟："顺水去即其地也。"言讫，忽不见。
>
> 其子乘舟顺流而下，至于人居之处登岸，折柳条为坐具，似椅形，独踞其上。彼时，长白山东南鳌莫惠（地名）鳌朵里（城名）内，有三姓夷酋争长，终日互相杀伤。适一人来取水，见其子举止奇异，相貌非常，回至争斗之处，告众曰："汝等无争，我于取水处遇一奇男子，非凡人也。想天不虚生此人，盍往观

之。"三酋长闻言罢战，同众往观。及见，果非常人，异而诘之，答曰："我乃天女佛古伦所生，姓爱新（华言金也）觉罗（姓也），名布库里英雄，天降我定汝等之乱。"因将母所嘱之言详告之。众皆惊异曰："此人不可使之徒行。"遂相插手为舆，拥捧而回。三酋长息争，共奉布库里英雄为主，以百里女妻，其国定号满洲，乃其始祖也（南朝误名建州）。①

这一文本的语言风格为书面语，故事内容与上一版本大同小异，有的地名、人名译写不同，比如，布尔瑚里改为布儿湖里，布库里雍顺改为布库里英雄，最小的仙女佛库伦改为佛古伦，等等。改动较大之处在于明确了满洲发源地布库里山与布儿湖里湖的大致方位在长白山东北。虽然没有说明距离长白山究竟有多远，但却表明长白山是一个确认布库里山地理位置可资参考的重要标识。神话传说固然不能等同于真实的历史，有其明显的想象成分，但这种想象也非毫无依据的信马由缰，必然会与一定的社会历史真实有某种程度的关联，或者蕴涵了特定民族在一定历史时期的社会文化场景，具有相当的真实性基础，否则不可能被世代传颂流传久远。这里以长白山而不是努尔哈赤肇兴之地某一山川河流为参照并非出于偶然，而是编纂者希冀用长白山这一多次出现于记述满洲最初先民肃慎的历史文献的"名山"来增强三仙女传说的历史真实性基础，进而体现由肃慎至满洲的历史演变过程。长白山曾以"不咸山""徒太山"等不同名称出现于史料文献之中，且均与肃慎族系各部族关系十分密切。最早描述肃慎方位的先秦古籍《山海经·大荒北经》就有"大荒之中，有山曰不咸，有肃慎氏之国"的记载；南北朝时肃慎后裔勿吉"国南有徒太山"②，徒太山即长白山；隋唐时期的靺鞨出现了作为七大部之一的白山部；宋辽时期生女真完颜部崛起建立大金政权，生女真"地有混同江、长白山，混同江亦号黑

---

① 《清太祖武皇帝实录》卷一，见潘喆、李鸿彬、孙方明编：《清入关前史料选辑》第一辑，中国人民大学出版社1984年版，第298页。

② 《魏书》卷一〇〇《勿吉传》。

龙江，所谓'白山黑水'是也"①。将三仙女传说确定为发源于长白山既增强了历史真实性，又能与满洲先民诸部建立起稳定合理的传承体系。至此，经过不断补充修正，布库里雍顺的神话传说基本实现了由源于黑龙江东海女真先祖至发祥于长白山的满洲始祖的转换。

其后，经顺治、康熙、雍正等朝多次修订，定稿于乾隆四年（1739）的《清太祖高皇帝实录》对这一传说又进行了修改和补充。张杰曾将其与《清太祖武皇帝实录》版本的内容进行对比，发现共有九处差异，其中以地名及方位、人名等细节为主，如布库里山的方位由"长白山之东北"改为"长白山之东"，"佛古伦"改为"佛库伦"，等等。但有两点较为重要，一个是布库里出生的原因由《武录》"天生汝，实令汝为夷国主"改为"天生汝，以定乱国"；一个是"共奉布库里英雄为主，以百里女妻之"改为"推此人为国主，以女百里妻之"。张杰认为，这些改动的原因如同其他学者所言，"目的是为了隐晦努尔哈赤先世与明朝政权的隶属关系"②，从人名的修改可以看出是参考了更早的版本，在《天聪九年档》《国史院档》中均为"布库里雍顺"和"佛库伦"，因此这一版本可谓集前存版本之综合修订而成。但仍有一点值得注意，就是在开篇将"满洲源流"直接表述为努尔哈赤"先世发祥于长白山，是山高二百余里……"③，将满洲部族的始祖更具体化为努尔哈赤家族的先祖。

乾隆四十二年（1777）敕纂专述满洲起源的《满洲源流考》亦在开篇卷一记述了这一传说。除了地名有个别同音异字翻译差别外，整个故事内容并无较大改动。只是强调了满洲为部族名而非地名："恭考发祥世纪，长白山之东，有布库哩山，其下有池，曰布勒瑚哩。……三姓者议推为主，遂妻以女，奉为贝勒，居长白山东鄂多理城，建号满洲，是为国家开基之始。……今汉字作满洲，盖因洲字义近地名，假借用之，遂相沿耳，

① 《金史》卷一《世纪》。

② 张杰：《满族要论》，中国社会科学出版社2007年版，第3~4页。

③ 《清太祖高皇帝实录》卷一，见潘喆、李鸿彬、孙方明编：《清入关前史料选辑》第一辑，中国人民大学出版社1984年版，第297页。

实则部族，而非地名，固章章可考也。"① 此处提出"建号满洲，是为国家开基之始"进一步突出了国家概念，满洲作为部族开基建国大清，大清是天下一统的政权，已经超越了部族范畴。

通过对满洲统治者（后金－清政权）编修文献中关于三仙女传说的考察分析，我们可以清晰地梳理出这一神话由民间流传故事逐步发展为官方厘定的满洲始祖发祥乃至清朝肇基的文本。在这几部文本中，三仙女传说主体内容基本一致，但每个版本都有所增修调整，其中的差异恰恰反映出满洲对始祖源流认识的变化，体现了清朝统治者为了加强本族思想文化的统一和认同而刻意对始祖神话的建构过程。首先是将东海女真呼尔哈部降将关于自己先祖神话借用过来，并进行初步改造和丰富（《国史院档》），将神话所属部族与姓氏确定为诸申国与爱新觉罗，直接与满洲及努尔哈赤相对应，删除了原传说中远离满洲统治中心的黑龙江这一地理标识，并细化了故事内容与情境；其次是更进一步强化了三仙女传说的满洲属性（《清太祖武皇帝实录》），将神话发源地由黑龙江修改为长白山，确认了与历史上的肃慎族系的传承关系，明确仙女所生的布库里雍顺定国号"满洲"，为满洲始祖，初步完成了朱果发祥与满洲民族共同体的衔接；最后复将这一神话由部族满洲具体到满洲的缔造者努尔哈赤身上（《清太祖高皇帝实录》），再上升到国家层面与后金－清政权相关联（《满洲源流考》），从而使得满洲始祖传说日臻完善。尽管是对一部民间神话的修正而成，三仙女传说作为满洲创世神话仍具有相当的合理性。东海女真亦属女真之一部，与努尔哈赤所在建州女真族源相同，传统社会文化相近，对原初神话传说的修订完善也是基于一定社会历史背景，因而仍易于被接受和信服。

满洲与清朝统治者之所以如此用心去建构始祖神话，主要是因为无论对于新崛起的满洲民族共同体还是由少数民族创建的大清政权而言都具有

---

① 阿桂等撰：《满洲源流考》，孙文良、陆玉华点校，辽宁民族出版社 1988 年版，第 1～2 页。

十分重要的意义。明末女真普遍信奉原始萨满教，对神话传说格外重视与认可。三仙女传说既能明确爱新觉罗努尔哈赤家族"神授天命"的至尊地位，树立统治权威性，又提升了满洲整个部族的显赫身份，从思想与文化上对统一女真各部、增强部族凝聚力与战斗力、扩充部族、巩固与稳定后金－清政权统治都提供了强有力的支持。

（二）族源认同

对于少数民族而言，族源关系涉及本族的前世今生，既体现了历史发展脉络，又表明了当下的社会身份与地位。民族认同首先就是族源认同，确认本族的世系传承与独特身份是区别于其他民族的重要标志。上文满洲始祖认同部分实际上已经包含了满洲族源的部分内容，比如满洲的发源地、与肃慎族系的关系等，相关内容不再重复。按族系划分，满洲最早先民可追溯至先秦时期的肃慎，其后相继出现于史的挹娄、勿吉、靺鞨均为满洲先民，而满洲的直接来源则为明末时期的女真无疑。对于满洲与肃慎族系的传承脉络，清代帝王并无疑问。在努尔哈赤、皇太极时期的始祖神话建构过程中突出长白山作为重要地理标识就已经表明对最早先民肃慎的认同。乾隆皇帝在《钦定满洲源流考》上谕中也表明了与肃慎的传承谱系，"史又称金之先出靺鞨部，古肃慎地"①。除了与肃慎关系外，满洲的族源认同有两个问题值得关注：一个是满洲族称的确立，从而形成了对本族独立身份的认同；另一个则是与金代女真的关系。

1. 满洲族称

满洲的主要缔造者努尔哈赤最初的身份隶属于建州女真，现有史可考的先祖则为其六世祖（后被追尊为肇祖原皇帝）猛哥帖木儿（孟特木），在元代曾任胡里改、斡朵怜（里）、托温三万户（"移兰豆漫"）之斡朵怜（里）万户职，后率部多次南迁并定居于图们江南岸的阿木河。明朝永乐初年得建州卫指挥使阿哈出举荐而获明朝任用，永乐十年（1412）于其所

---

① 阿桂等撰：《满洲源流考》，孙文良、陆玉华点校，辽宁民族出版社 1988 年版，第 28 页。

属地设建州左卫，猛哥帖木儿被任命为建州左卫指挥使，后遭野人女真袭杀，其子童山、弟范察因卫印之争而被明政府分为建州左卫和建州右卫。毫无疑问，满洲共同体早期组成部分为建州女真，因此说满洲源于建州女真当符合历史事实，但是，"满洲"一名之来源则应进一步考证。建州女真之建州三卫均为明朝政府官方所设行政管理机构，而非部族称号。至明末时期，政府对东北女真管理渐趋松弛，行政机构职能弱化，而部族统治浸强。虽然努尔哈赤父亲觉常刚获任都指挥使，但"建州左卫部落间势力分散，互不相属"①，觉常刚试图统一各部，也曾兴盛一时，但后因与董鄂部冲突而势力渐衰，于是才有了明末建州五部（苏克苏护部、浑河部、完颜部、董鄂部、哲陈部）、长白山三部（鸭绿江部、讷殷部、珠舍里部）和扈伦四部（兀喇部、哈达部、夜黑部、辉发部）各部称雄争长的混乱局面。在这里并无满洲部，似可说明当时满洲部势力微弱尚不可与建州五部等相提并论。但满洲部的确已经存在了，或许是隶属于五部之下，按《清太祖武皇帝实录》记述方式，在"满洲国"条下首记苏苏河部，其父祖被误杀也是在苏苏河部的秃隆城，满洲部应属苏苏河部。猛哥帖木儿六世孙努尔哈赤于 1583 年为报父祖之仇起兵时的身份即属满洲部。清太祖努尔哈赤祖觉常刚、父塔石因被秃隆（图伦）城主尼堪外兰挑唆而被大明兵误杀，明朝承认是误杀并给予"敕书三十道、马三十匹，复给都督敕书"作为补偿，但太祖坚持要明朝交出真正的凶手尼堪外兰，"边臣曰：'尔祖父之死，因我兵误杀，故以敕书马匹与汝，又赐以都督敕书，事已完矣。今复如是，吾誓助尼康外郎（尼堪外兰）筑城于甲板，令为尔满洲国主。'于是国人信之，皆归尼康外郎"②。这里的"满洲国"实为满洲部，满语为"manju gurun"，"gurun"一词最初语意为部族，后来才有国家之意。后来随着努尔哈赤势力不断扩大，满洲作为一个聚集群体称号出现频率越来越多，对满洲的认同也越来越强，如，1588 年，"太祖遂招徕各部，环满洲

---

① 滕绍箴：《努尔哈赤评传》，辽宁人民出版社 1985 年版，第 29 页。
② 《清太祖武皇帝实录》卷一，见潘喆、李鸿彬、孙方明编：《清入关前史料选辑》第一辑，中国人民大学出版社 1984 年版，第 304 页。

而居者，皆为削平，国势日盛"①；1591年，夜黑国主纳林布禄遣人索要城寨，太祖答云："我乃满洲，尔乃虎伦，尔国虽大，我不得取，我国虽大，尔亦不得取。况国非牲畜可比，焉有分给之理？尔等皆执政之臣，不能极力谏主，奈何忝颜来相告耶？"② 在后来的记述中满洲就成了努尔哈赤所属部的固定称号。

值得注意的是，此时的满洲国（部）正处于一个由小到大的发展进程中，这一称号尚难界定是部族还是军政组织之名，努尔哈赤似乎也并未有清晰明确的概念，实际上是兼有部族与政权双重属性，政权属性或许更强一些。即使在1587年"定国政"、1616年创建政权后还经常以满洲自称，甚至在提及与明朝政权的关系时仍以满洲而非金自居，如后金天命三年（1618）以"七大恨"为由对明宣战，其中第二恨为："虽有祖父之仇，尚欲修和好，曾立石碑盟曰：大明与满洲皆勿越禁边，敢有越者，见之即杀，若见而不杀，殃及于不杀之人。如此盟言，大明背之，反令兵出边卫夜黑，此其二也。"③ 而且在提及军事组织时亦用"满洲兵"而不是作为政权称号的"金兵"，如在攻打抚顺城、广宁时"满洲兵见之，遂竖云梯以攻，不移时，即登城"，"广宁镇守张守胤、辽阳副将颇廷相、海州参将蒲世芳，闻满洲大兵尽取抚顺等处，领兵一万急追。时满洲兵已出边，大明兵不敢逼近，但躅尾观视"④。在1619年决定明朝与后金格局的萨尔浒大战中，也均使用"满洲"指称努尔哈赤部，且具更多统治政权的性质，如"文武臣等统兵二十万，期灭满洲"，"大兵征取满洲"，"合兵攻取满洲都城"，等等。⑤ 努尔哈赤乘萨尔浒大胜后又灭了叶赫，实现自1583年起兵

① 《清太祖武皇帝实录》卷一，见潘喆、李鸿彬、孙方明编：《清入关前史料选辑》第一辑，中国人民大学出版社1984年版，第312页。
② 《清太祖武皇帝实录》卷一，见潘喆、李鸿彬、孙方明编：《清入关前史料选辑》第一辑，中国人民大学出版社1984年版，第313页。
③ 《清太祖武皇帝实录》卷二，见潘喆、李鸿彬、孙方明编：《清入关前史料选辑》第一辑，中国人民大学出版社1984年版，第338页。
④ 《清太祖武皇帝实录》卷二，见潘喆、李鸿彬、孙方明编：《清入关前史料选辑》第一辑，中国人民大学出版社1984年版，第341页。
⑤ 《清太祖武皇帝实录》卷三，见潘喆、李鸿彬、孙方明编：《清入关前史料选辑》第一辑，中国人民大学出版社1984年版，第345页。

后东北区域内的统一，在表述时仍然使用了"满洲国"："满洲国自东海至辽边，北自蒙古嫩江，南至朝鲜鸭绿江，同一音语者俱征服，是年诸部始合为一。"① 可见，在努尔哈赤起兵的三十多年里，"满洲国（部）"兼有部族称号和政权名称双重含义，但主体则是确定的，因而作为统一称号也就自然具有了认同引领的作用。当然，诚如有的学者所分析的那样，"女真（满洲）人以及蒙古人都有以族称、部名指称国家的习惯，因此，所谓manju gurun（满洲国）这样的称谓，有关文献中并不鲜见。这只是当时的习惯称呼之一，并非正式国号"②。

那么，满洲作为一个新凝聚的民族共同体崛起于明朝末年，其族称究竟从何而来？当由诸申演化过来的。在上文分析满洲始祖神话的建构过程中，我们曾看到在改编原本属于东海女真呼尔哈部的三仙女传说时，出现在《国史院档》的部族名称就是诸申，"诸申国三姓地方的人"，"你是上天为了让你去诸申国而生的，孩子你到诸申国去吧"。虽然已经有了爱新觉罗姓氏，但并无满洲之称，直至《清太祖武皇帝实录》才使用"满洲"之名。作为同一个部族共同体的称号先为诸申后为满洲。

诸申国最初为泛指建州女真与海西女真各部，努尔哈赤部自称为诸申国，1607 年，其二子在应对乌拉兵时怒曰："昔日蒙古国汗，遣大臣杭古拜征讨敌国。……今征讨我诸申国敌招降各国之父汗，安居于家中。父汗之二子，我等前来也。"③ 而当 1613 年努尔哈赤攻取叶赫国十九寨后，叶赫国之锦泰希、布扬古在向明朝报告时亦称哈达、辉发等均为诸申国，"已攻取哈达国、辉发国、乌拉国，今将尽取叶赫矣！俟尽取我诸申国后，即征尔明国"④。努尔哈赤在应对明万历皇帝谴责时回答道："此乃我等诸申

① 《清太祖武皇帝实录》卷三，见潘喆、李鸿彬、孙方明编：《清入关前史料选辑》第一辑，中国人民大学出版社 1984 年版，第 358 页。

② 赵志强：《满洲族称源自部落名称——基于〈满文原档〉的考察》，载《清史研究》2020年第 3 期。

③ 中国第一历史档案馆、中国社会科学院历史研究所译注：《满文老档》上，中华书局 1990年版，第 1 页。

④ 中国第一历史档案馆、中国社会科学院历史研究所译注：《满文老档》上，中华书局 1990年版，第 25 页。

国之战也。昔叶赫、哈达、乌拉、辉发、蒙古、锡伯、卦尔察等九姓之国，于明万历二十一年即巳年合兵来犯。"① 此外，在提及努尔哈赤时又称其"乃女直满洲国之聪睿恭敬汗也"②。由上可说明"满洲国"当为诸多"诸申国"之一部。

诸申（jušen）最初由肃慎、女真音转而来，在不同时期的语义也不尽相同。大体说来，既有如上文所引的指代部族，曾用来泛指女真；也有用来对某一特定群体甚至个体的称呼，意为"部属""属民"或"依附民"。董万仑曾撰文专门讨论其含义，认为"诸申"最初用作女真人的泛称，天聪九年（1635）清太宗敕谕改女真为满洲后而成为"属民""部属"的统称。③ 实际上，并非因为皇太极改族称之后"诸申"的语义才有所变化，恰恰相反，正是由于"诸申"在实际使用中其含义已经发生了变化，皇太极才钦定族称为满洲而"不得仍前妄称"，以消除此前族称使用的混乱，特别是当诸申有了"属民"之义后，再用来指代本族显然与当时的实际情况不符，也不能适应后金－清政权与满洲发展壮大的需要。只是这一修改并非由女真而来，说明了"诸申"作为族称也是由肃慎、女真到满洲不可或缺的一环。

由此可见，满洲作为部族称号，系由女真泛称诸申修正厘定而来，诸申则源于肃慎、女真之音转。赵志强依据早期满文档案分析认为："manju（满洲）一词在成为族称以前，是女真族所属部落的名称，天聪九年十月十三日清太宗更改族称后，manju（满洲）取代 jušen（诸申），成为该共同体的新名称。"④ 这一过程体现了满洲对族源的认同历程，即由远及近，由泛称、统称到具体明确。

---

① 中国第一历史档案馆、中国社会科学院历史研究所译注：《满文老档》上，中华书局1990年版，第25~26页。

② 中国第一历史档案馆、中国社会科学院历史研究所译注：《满文老档》上，中华书局1990年版，第25页。

③ 董万仑：《从满文记载看"诸申"的身份与地位》，载《满语研究》1986年第1期。

④ 赵志强：《满洲族称源自部落名称——基于〈满文原档〉的考察》，载《清史研究》2020年第3期。

2. 满洲主体意识与族源认同

一个部族的自我意识和主体意识往往萌生于与其他部族或民族（异类）的接触与交往中，单一部族很难形成自觉形态的自我主体意识。正是在始祖与族源认同的基础上，努尔哈赤对满洲自身的意识以及与蒙古、朝鲜等其他民族的区别更加明了。后金天命五年（1620），努尔哈赤在给蒙古部落汗王的信中称："大明、朝鲜异国也，言虽殊，因衣冠相类，二国遂结同心。尔我异国也，言虽殊，而服发亦相类。"① 此处所比较大明与朝鲜，蒙古与满洲，表明已经首先意识到满洲自身的存在，并且与蒙古有相近之处，但与大明、朝鲜差异较大。后金天命六年（1621）努尔哈赤在率诸子祭天时亦表现出强烈的本族意识："蒙天父地母垂佑，吾与强敌争衡，将辉发、兀喇、哈达、夜黑同一音语者俱为我有，征仇国大明得其抚顺清河开原铁岭等城，又破其四路大兵，皆天地之默助也。今祷上下神祇，吾子孙中纵有不善者，天可灭之，勿令刑伤，以开杀戮之端。如有残忍之人，不待天诛，遽兴操戈之念，天地岂不知之，若此者亦当夺其算。昆弟中若有作乱者，明知之而不加害，俱怀理义之心，以化导其愚顽，似此者天地佑之，俾子孙百世延长。所祷者此也。自此之后，伏愿神祇不咎既往，唯鉴将来。"② 这里包含了部族与家族两个层面：在部族层面即是满洲共同体，自起兵以来战胜辉发、兀喇、哈达等"同一音语者"，并连克明朝城关，大破四路大军；在家族层面则是爱新觉罗氏，子孙昆弟"百世延长"。努尔哈赤、皇太极等在与明朝、蒙古等接触中逐渐产生并日趋强化了身为满洲的主体意识。

满洲与辽宋时期女真的关系较为复杂，其中既涉及后金－清与金之间政权的关系，也包括明末女真－满洲与金代女真两个有同一族称的族源关系。由于女真之名最早出现于宋辽时期，且建立了盛极一时的大金政权，

---

① 《清太祖武皇帝实录》卷三，见潘喆、李鸿彬、孙方明编：《清入关前史料选辑》第一辑，中国人民大学出版社 1984 年版，第 362 页。

② 《清太祖武皇帝实录》卷三，见潘喆、李鸿彬、孙方明编：《清入关前史料选辑》第一辑，中国人民大学出版社 1984 年版，第 363～364 页。

满洲与金代女真的关系就成为族源认同不可回避的一个问题，焦点在于满洲人是由金代女真后裔繁衍发展而来，还是无直接承继关系。事实上，努尔哈赤等满洲统治者对满洲与金代女真的关系一直就存在着矛盾心理，或者说是经历了由依附追随金国到强化独立的渐变过程，这一变化在政权与族源两个方面都有所体现。

从政权来看，以国号为线索可以考察满洲所创建政权的历时演变过程。

努尔哈赤最初所建政权国号为 aisin gurun（金国），显然系沿袭了金政权称号。但应该注意的是早期史料（包括满文史料）并未记载当时政权的国号，而仅有年号。如《清太祖武皇帝实录》：

> 丙辰岁（1616），正月朔，甲申，八固山诸王率众臣聚于殿前排班，太祖升殿，诸王臣皆跪，八臣出班进御前，跪呈表章，太祖侍臣阿东虾、厄儿得溺榜识接表，厄儿得溺立于太祖左，宣表，颂为"列国沾恩明皇帝，建元天命"。帝于是离坐，当天焚香，率诸王臣三叩首，转升殿，诸王臣各率固山叩贺正旦。时帝年五十八矣。①

在《满文老档》中甚至连年号都没有，"巴克什额尔德尼立于汗左前方，宣书咏诵'天任抚育列国英明汗'。宣罢后诸贝勒大臣起，继之，各处之人皆起。于是，汗离座出衙门，叩天三次"②。成书于乾隆年间的《满洲实录》也未提国号，只是宣表颂为"列国沾恩英明皇帝，建元天命"③。只有在《圣武记》记载了国号为满洲："太祖高皇帝天命元年，受覆育列

---

① 《清太祖武皇帝实录》卷二，见潘喆、李鸿彬、孙方明编：《清入关前史料选辑》第一辑，中国人民大学出版社 1984 年版，第 335 页。

② 中国第一历史档案馆、中国社会科学院历史研究所译注：《满文老档》上，中华书局 1990 年版，第 44 页。

③ 辽宁省档案馆编：《满洲实录：满文、汉文》，辽宁教育出版社 2012 年版，第 398 页。

国英明尊号，国号满洲。"①　可见，在明万历四十四年（1616）努尔哈赤所初建的政权仅仅是以原女真诸部落为主体的政治共同体，最初似无国号，主要还是为了适应当时发展需要与扩大影响。但在其后的记录中多以满洲国自称。至天命三年（明万历四十六年，1618）努尔哈赤以"七大恨"起兵与明朝开战，仍然是一个区域政权与中原政权间的关系。自正式以金（有时亦称后金）为国号时，则明显是为了彰显新建政权的历史渊源与合法性。在《满文老档》中首次出现"金国汗"是在天聪十年（1636），②"朝鲜国王复书金国汗曰"，之后又在与朝鲜通使致书时使用"金国汗致书朝鲜国王"。③　其后随着满洲势力不断壮大，逐渐削弱了与金的关联，只承认与金同源，但并非是一脉相袭。对此，乾隆皇帝曾予以澄清："至于尊崇本朝者，谓虽与大金俱在东方，而非其同部，则所见殊小。我朝得姓，曰'爱新觉罗氏'，国语谓金曰'爱新'，可谓金源同派之证。盖我朝在大金时，未尝非完颜氏之服属，犹之完颜氏在今日皆为我朝之臣仆。"④　至天聪九年（1635）皇太极改金为清，则是更为明确地表示与金的区别，而取与汉字"金"发音相近的"清"，同时也表明与金仍有一定关系。正如孟森先生所论述："太祖时已定国号为金，或称大金，亦称后金。是犹以女真先世帝号为荣，欲为绍述而已。至是乃辟而去之，直以金之半壁天下为未足，易一号以自标帜焉，顾其金之改为清，意义何在，余向者持论，谓清即金之谐音，盖女真语未变，特改书音近之汉字耳。"⑤

在族源上最初依然是对宋辽女真所建金政权有很高的认同，三仙女传说中的布库里雍顺即为爱新氏，取自政权之称而非统治者家族姓氏完颜，足见其对金政权的认同明显高于金代部族的认同，并刻意强调在部族归属

---

① 魏源：《圣武记》全二册，韩锡铎、孙文良点校，中华书局 1984 年版，第 15 页。

② 1636 年为皇太极改元之年，其中正月至三月为天聪，四月开始为崇德。

③ 中国第一历史档案馆、中国社会科学院历史研究所译注：《满文老档》下，中华书局 1990 年版，第 1366、1372 页。

④ 阿桂等撰：《满洲源流考》，孙文良、陆玉华点校，辽宁民族出版社 1988 年版，第 28 ~ 29 页。

⑤ 孟森：《清史讲义》，岳麓书社 2009 年版，第 103 页。

上的差异。后金天聪六年（明崇祯五年，1632），清太宗皇太极在致明总兵祖大寿的信中提到："尔主非宋之苗裔，朕亦非金之子孙。"① 事实上，明末兴起的女真–满洲在组成上也是如此，即与金代皇室完颜部并无继承关系，甚至与金代女真主体特别是统治集团亦非血脉沿袭，自1153 年金政权举国南迁，其主要组成部分的女真人都与中原汉族及其他民族融合了。留居东北的女真人在元明时期继续繁衍生息，成为后来满洲的主体，"满族是 17 世纪初在辽东地区形成的一个新民族共同体，而构成其基本源流的那部分女真人主要来自东北北部和东北部的边远地带"②。

经过梳理可以看出满洲在始祖与族源认同上的变迁轨迹，在不断强化自我意识的同时，初期以宋辽时期女真所建金政权为认同标识，后又逐渐回归到满洲主体，包括政权由金（后金）易名为清。这一认同建构过程持续时间较长，自太祖努尔哈赤始直至高宗乾隆帝基本完成，以乾隆敕令撰修的《满洲源流考》为标志。

二、作为满洲文化认同标识的"国语骑射"

文化现象与文化认同之间始终存在着一种多样互动关系。一个民族在长期生产生活中积淀生成的文化模式往往构成了文化认同的基础，进而发展成认同标识。在文化变迁过程中，又因为共同的文化认同而强化这种文化的保持与传承。满洲的"国语骑射"就属于此例，既是传统生产生活方式的集中体现，也是民族认同的重要标识。"国语"是指满语满文，"骑射"则是缘于狩猎的生产技能，后来又发展为军事技能。自满洲崛起至入关初期，满洲统治者一直以"国语骑射"作为其传统文化的代表而加以强调，并视其为满洲之根本而弘扬传承。

民族语言是民族身份的重要标识，特别是在相似文化民族之间，更是

---

① 《满洲老档秘录》下编，上海商务印书馆 1929 年版，22 页下及 28 页下。
② 刘小萌：《满族从部落到国家的发展》，辽宁民族出版社 2001 年版，"前言" 18 页。

作为区别族属的标志。明代女真人有自己的语言，即女真语，按语言族系划分属于阿尔泰语系满通古斯语族。满语即是女真语的继续，因族称改为满洲而称满语。在努尔哈赤起兵之初，所属部众几乎都操女真语（满语），能使用汉语交流者十分有限，而识读并使用汉文者则更为鲜见。明万历二十三年（1595）十一月，朝鲜人申忠一出使建州时就发现，"歪乃本上国人，来于奴酋处，掌文书云，而文理不通。此人之外，更无解文者，且无学习者"[①]。这里需要注意的是，不仅是鉴于汉语人才的极度缺乏，努尔哈赤不得不使用"文理不通"的人执掌文书，而且是所有人都不去习读汉语文，可见当时满语文无法替代的至高地位与根深蒂固的普及程度。

在努尔哈赤与皇太极统一女真各部的过程中曾多次以语言相同而应为一国之人的观念去招抚其他部落，并取得良好效果。天聪八年（1634），皇太极命巴奇兰、萨穆什喀等统率八旗披甲征讨黑龙江上游的呼尔哈部，特意强调："此地人民，语音与我国同，携之而来，皆可以为我用。攻略时，宜语之曰：'尔之先世，本皆我一国之人，载籍甚明，尔等向未之知，是以甘于自外，我皇上久欲遣人，详为开示，特时有未暇耳。今日之来，盖为尔等计也。'如此谕之，彼有不翻然来归者乎！"[②] 第二年，在未经过激烈战斗的情况下，呼尔哈部归顺了皇太极。当然，这其中也许并不只是因为语音相同就前来归降，但由相同语言带来的认同感一定起了相当的作用。

在清入关前，满语不仅是满洲人通用语言，部分归属满洲的汉族也使用满语。女真传统生计便是以射猎为业，不擅长耕作，随着征伐战事的扩大，青壮年大部分都披甲上阵冲杀。努尔哈赤通过战争所俘获的汉族成为从事农业生产的主力，"自奴酋及诸子，下至卒胡，皆有奴婢、农庄。奴婢耕作，以输其主。军卒则但砺刀剑，无事于农亩"[③]。由于当时女真社会

---

① 申忠一：《建州纪程图记》，见潘喆、孙方明、李鸿彬编：《清入关前史料选辑》第二辑，中国人民大学出版社1989年版，第437页。

② 《太宗文皇帝实录》卷二十一，见《清实录》第二册，中华书局1986年版，第280页。

③ 李民寏：《建州闻见录》，见潘喆、李鸿彬、孙方明：《清入关前史料选辑》第三辑，中国人民大学出版社1991年版，第472页。

尚处于发展的初级阶段，等级制度还不严格，这些被俘获的汉人既是奴隶也是家仆，与主人饮食起居都在一起，满语谓包衣阿哈，即家奴。在这个语言群体中，满洲人占绝大多数，满语也就成为唯一交际工具，汉族人则作为少数群体开始学习并使用满语，而他们的子女（家生子）因为从小就生长在满语环境中而能够与满洲人一样熟练使用满语，"满洲掠去汉人子女，年幼者习满语纯熟，与真女直无别"①。

尽管如此，随着满洲与汉族交往交流的不断深化，满洲传统文化受到汉文化的影响也越来越大，在满人中出现了习汉俗说汉语的趋势。皇太极对此特别警惕，告诫臣工："昔金熙宗循汉俗，服汉衣冠，尽忘本国言语，太祖太宗之业逐衰……诸王贝勒务转相告诫，使后世无变祖宗之制。"② 天聪八年（1634），皇太极针对新出现的汉语官名、地名再次重申："朕闻国家承天创业，未有弃其国语反习他国之语者。弃国语而效他国，其国未有长久者也。蒙古诸贝子，弃蒙古之语，名号俱学喇嘛，卒致国运衰微。今我国官名，俱因汉文，从其旧号。夫知其善而不能从，知其非而不能省，俱未为得也。朕虽未成大业，亦不听命他国，凡我国官名及城邑名俱易以满语……嗣后俱照我国新定者称之。若不遵我国新定之名，仍称汉字旧名者，是不奉国法，恣行悖乱者也，察出决不轻恕。"③官方的强制要求在一定程度上延缓了满洲从满语到汉语的转用。

在满洲入关初期，满语依然是满洲人的主要交际工具，"本朝初入关时，一时王公诸大臣无不弯强善射，国语纯熟"④。为了加强统治与管理，满洲需要满汉语兼通的双语人才，为此，专门设置了从事翻译工作的"启心郎"一职，聘用汉员担任，"国初，满大臣不解汉语，故每部置启心郎一员，以通晓国语之汉员为之。职正三品，每遇议事，座其中参预之"⑤。

可见，自努尔哈赤起兵至入关之初，满语作为母语一直是满洲人唯一

① 刘献廷：《广阳杂记》，汪北平、夏至和点校，中华书局1957年版，第32页。
② 赵尔巽等撰：《清史稿》，中华书局1977年版。
③ 《太宗文皇帝实录》卷十八，见《清实录》第二册，中华书局1986年版，第237页。
④ 昭梿：《啸亭杂录》，何英芳点校，中华书局1980年版，第16页。
⑤ 昭梿：《啸亭杂录》，何英芳点校，中华书局1980年版，第43页。

而且非常稳定的日常通用语言。但不可否认的是，由于多种原因，已经出现越来越多满洲人转用汉语的现象。一方面，满洲作为民族共同体其社会身份与地位发生了巨大变化，由最初隅居东北的少数民族一跃而提升为大清王朝的统治阶层，需要对全国进行统治与管理，势必要与以汉族为主体的更多其他民族大范围、多层面地接触与交往；另一方面，就两种文化而言，满洲文化作为一种新凝结生成的文化，虽然生命力强盛，但文化体系并未完备，诸多规制仍待建构，而汉文化则有数千年积淀，文化模式成熟而稳定，特别是礼俗与政治管理方面，都有成型的体系，对满洲具有很强的借鉴性和吸引力。正是顺应社会发展的需要，满洲人学习汉文化、汉语就成为当时普遍趋势。顺治十一年（1654）六月，顺治帝敕谕宗人府："朕思习汉书，入汉俗，渐忘我满洲旧制。前准宗人府礼部设立宗学，令宗室子弟读书其内，因派员教习满书，其愿习汉书者，各听其便。今思既习满书，即可将翻译各样汉书观玩，著永停其习汉字诸书，专习满书。"①这些反映出在顺治帝的观念中，满语满文化仍居首要地位，是本族传统"旧制"。顺治帝要求宗室子弟必须学习满语文，对汉语文则禁止教习。这也代表了大多数满洲人的文化态度与认同倾向，即以本民族传统为根本，对汉语汉文化亦不排斥。

自满洲先民肃慎始就以射猎为业，"楛矢石砮"作为其最具代表性方物而成为向中原王朝进献的贡品。明代女真传统的生计方式主要是渔猎、采集与畜牧，犹善骑射，"其俗勇悍，喜战斗，耐饥寒，善骑射，上下崖壁如飞。济江湖不用舟楫，浮马而渡"②。至明末时期，三部女真社会经济发展并不平衡，其中建州女真早期生活区域基本为山区，渔猎采集与牧业较为发达，"以射猎为业"，兼资"牧放"，但在其南迁后农业经济得到一定发展，部分建州女真达到了"乐住种，善缉纺，饮食服用皆如华人"③

---

① 《世祖章皇帝实录》卷八十四，见《清实录》第三册，中华书局1986年版，第658～659页。

② 陈循等撰：《寰宇通志》，国家图书馆出版社2014年版，第92页。

③ 卢琼：《东戍见闻录》，见《辽海丛书》（影印本）第一册，辽沈书社1985年版，第456页。

状况；海西女真因活动区域地理条件适宜农耕而农业经济较发达；东海女真主要活动范围长年气候寒冷，自然条件恶劣，经济主要以渔猎、采集为主。但从总体来看，农业经济形式不仅在满洲经济中历史较短，而且是外来品，甚至可以说，农耕文化并没有进入满洲文化主体结构之中。满洲生活主要来源依然是渔猎采集所得，其他则是通过与明朝贸易交换而来，"与大明通好，遣人朝贡，执五百道敕书，领年例赏物。本地所产，有明珠、人参、黑狐、玄狐、红狐、貂鼠、猞猁狲、虎豹、海獭、水獭、青鼠、黄鼠等皮，以备国用。抚顺、清河、宽奠、瑷阳四处关口，互市交易，照例取赏。因此满洲民殷国富"①。

正是长期的狩猎采集才形成了满洲骑射文化的特色。骑射最初是一种传统的生产技能，主要用于森林围猎，但随着满洲崛起逐渐转换为一种十分有效的军事技能，移动迅速，攻击距离远，杀伤力强，大大提高了八旗劲旅的战斗力，为满洲战胜诸部发展壮大发挥了不可替代的重要作用。对此顺治帝深有感慨："我朝之定天下，皆弓矢之力也，曩者每岁出猎二三次，练习骑射，今朕躬亲政事……日无暇暑，心常念兹不忘也。"② 事实上，骑射作为满洲文化的特质与代表，是基于生存环境与先民多年积淀而固化在其文化模式之中，并成为他们生活的一部分，以至于其衣食住行日常生活无不打上这种文化的烙印。比如，最具典型的就是其传统服饰——袍服，"箭袖"兼有防寒与便于引弓射箭的功能，在此基础上演变而来的旗袍则成为中国女性的标志性时装。再如，满洲的男子从一出生就受到这种习俗的影响——家有男丁出生则在门口悬挂包裹着红布的弓箭，七八岁的小孩就经常练习射箭，并将相互比较射技作为一种游戏，从小就耳濡目染，就如同学说母语一样。不仅男丁骑射技能娴熟，而且妇孺皆能为之，"女人之执鞭驰马，不异于男。十余岁儿童，亦能佩弓箭驰逐。少有暇日，

---

① 《清太祖武皇帝实录》卷一，见潘喆、李鸿彬、孙方明编：《清入关前史料选辑》第一辑，中国人民大学出版社1984年版，第312页。

② 王先谦：《东华录》顺治二十，顺治十年三月初二日戊辰。

则至率妻妾畋猎为事，盖其习俗然也"①。骑射之俗深深地镶嵌在满洲文化的母体里，成为满洲身份的象征，也是文化认同的重要标识。尽管入关一段时期后，与汉族接触交往不断加深，有部分满洲人"渐染汉习"，但清代帝王如康熙、雍正、乾隆等都多次强调围猎如同军事训练一样为国家根本重务，必不可废。满洲在入关后曾设立了北京城南的南苑围场、热河木兰围场、盛京围场、吉林围场、黑龙江围场，形成了打猎的定例。每年两次大规模的打围，仲冬的大围与腊月底的年围。清代在八旗各类学校中均强调"骑射"的重要性，雍正针对重文轻武的趋势曾谕令："骑射亦属紧要，行文兵部，令于闲散官及护军校、护军内，拣选善骑射者四员，每翼分与二员。于官学内修一箭道，读书之暇，教习骑射。"② 并且规定八旗学生在乡试时 15 岁以下要考步箭，15 岁以上要考马箭。乾隆皇帝也特别强调要坚持骑射之本："周家以稼穑开基，我国家以弧矢定天下，又何可一日废武？……凡有射不中法者，立加斥责，或命为羽林诸贱役以辱之。凡乡、会试，必须先试弓马合格，然后许入场屋，故一时勋旧子弟莫不熟习弓马。"③

自后金政权创建以来，国语骑射就成为满洲民族文化的标志性符号，不仅在入关之初享有极高文化、政治与社会地位，即使到清中期甚至可以说终有清一代都未改变其作为"祖宗旧制"在满洲文化体系中至高无上的文化地位，因而也成为满洲认同的显著标识。

三、作为精神文化的传统信仰——萨满教

如果说国语骑射是满洲在日常生产生活中的民族文化表征，那么萨满信仰无疑是满洲精神世界最为典型、最为基础也是最为核心的代表。一方

---

① 李民寏：《建州闻见录》，见潘喆、孙方明、李鸿彬：《清入关前史料选辑》第三辑，中国人民大学出版社 1991 年版，第 473 页。

② 鄂尔泰等修：《八旗通志初集》，李洵、赵德贵点校，东北师范大学出版社 1985 年版，第946 页。

③ 昭梿：《啸亭杂录》，何英芳点校，中华书局 1980 年版，第 16 页。

面，这种信仰是满洲对其先民传统的继承——萨满信仰贯穿于满洲先民包括整个肃慎族系在内的各部族之中，为生产力水平低下时的原始信仰，已经深深地植根于传统文化体系之中，因而具有深厚的社会历史基础；另一方面，萨满信仰对满洲社会组织、政治制度、军事、生产等各方面都发挥了重要作用，成为生活中不可或缺的组成部分。北方诸多少数民族普遍信奉萨满教，萨满信仰已然成为满洲精神文化的重要内涵与认同标识。

（一）满洲萨满信仰的基本形式

作为一种民间信仰，萨满教不仅是中国北方少数民族普遍信仰的一种原始宗教，而且在西伯利亚、欧洲北部、南美、北美、非洲、南亚的一些地区都曾存在这种宗教形式。"萨满"（saman）一词源自女真语，意为"无所不知、无事不晓的人"，最早出现在中国史籍《三朝北盟会编》关于金代女真人风俗的记述中："兀室奸滑而有才。国人号为珊蛮。珊蛮者，女真语巫妪也，以其变通如神，粘罕之下皆莫能及。"①

萨满教是一种以"万物有灵"为思想基础，没有统一系统的教义和教规的原始宗教。它具有较复杂的灵魂观念，在万物有灵信念支配下，以崇拜自然、崇拜图腾和崇拜祖先为主要内容，敬奉对象极为广泛，有动植物以及无生命的自然物和自然现象等多种神灵。这种宗教尚未形成完整而鲜明的教义，没有统一和具有权威性的能够号令四方的教主、教阶体制和宗教组织，甚至没有固定的宗教礼仪场所，社会的全体成员皆可参加宗教活动。它的宗教活动与人们的生产活动、社会活动、文化娱乐活动乃至民族的习俗密切交融混杂在一起，难以分辨，"攘灾祈福""祛病扶伤""娱人娱神"是这种宗教活动的终极目的。② 萨满教主张三界说，即天界、人界与地界，天界为各种神灵的场所，地界犹如地狱是各类魔鬼所在地。萨满教认为，萨满作为人与神、鬼之沟通的使者，能够将人的祈求、愿望转达

① 《三朝北盟会编》卷三《政宣上帙（三）》。
② 刘厚生：《关于萨满教的界定、起源与传播》，载《世界宗教研究》1995 年第 1 期。

给神，也可以将神的意志、命令传达给人。在生产力水平低下时期，萨满承担着一系列社会实用功能，比如治病、占卜、答疑解难等。

满洲先民至少在金代女真时期就开始信仰萨满教，如前文所引的《三朝北盟会编》就有对萨满的专门记载。后金代女真族进入阶级社会，逐渐受汉、契丹等其他民族的影响，开始信奉佛教和道教，特别是进入中原后的女真基本都以信奉佛教为主了。作为满洲的直接先民，留居在东北的女真人仍然以信仰萨满教为主，这种传统伴随着明末女真崛起形成满洲共同体而一直延续下来，也可以说是对传统信仰的无间断的承继。

满洲的传统萨满信仰可分为自然崇拜、图腾崇拜和祖先崇拜。

自然崇拜是原始宗教中的一个重要方面，以采集、渔猎为主要生计方式的民族，既有着对自然界的依赖，也有对自然现象的敬畏与不解，逐渐形成了对自然崇拜。天神是满洲自然崇拜的典型代表，在流传于黑龙江流域野人女真的萨满教创世神话《天宫大战》中列举的天宇女神超过了三百位。天神之下还有日、月、星辰、云、风、雨、雪、雷、水、火、山、川等众神。在他们眼里，现实中所有自然物与自然现象都在天界有专门的神祇对应。

图腾崇拜可分为植物崇拜与动物崇拜。在植物崇拜中有柳树、桦树、松树、榆树等，其中当首推柳树。在满洲的许多祭祀仪式中都有祭柳习俗。满语称柳或柳枝为"佛多"（fodo），祭祀佛多妈妈是为了祈求保护族人平安、子孙繁衍、家族兴旺。满洲家祭中有"换锁（索）"仪式，"祭之第三日换锁。换锁者，换童男女脖上所带之旧锁也，其锁以线为之"①。从祖宗匣中拉出"子孙绳"，并将另一端连在柳枝上，意为保佑小孩平安。此外，柳叶又与女性生殖器官相似，因而满洲及其先民将其与人类自身的生育与繁衍相联系，在满洲神话和萨满神谕中都有关于人类是柳的子孙，柳是人类祖源的传说。萨满教的动物崇拜也十分丰富，既有作为狩猎助手

---

① 长顺、李桂林：《吉林通志》卷二十七，李澍田主点，吉林文史出版社1986年版，第477页。

的动物，如马、狗和猎鹰，突出了这些动物在他们生活中的功能性；也有象征勇猛、强壮的虎、熊、蟒等大动物，体现了他们对武力的崇尚；还有温和友善的猪、鹿、鸟等，反映了他们与动物和谐相处的观念。各部落都有自己氏族的动物图腾，他们认为这种动物与自己氏族有密切关系，因而敬为图腾并传给后人。

满洲先民萨满教的祖先崇拜要晚于自然与图腾崇拜，因为在早期他们"贵壮贱老"观念较为严重。但满洲的祖先崇拜自其民族共同体形成就已经存在了。在努尔哈赤、皇太极时期都十分重视祭祖活动。在满洲发祥地长白山的萨满祭祀时就"供七仙女、长白山神及远祖、始祖，位西南向。以神幕蔽窗牖，以志幽冥之意"①。在乾隆年间颁布的满洲祭祀法典《钦定满洲祭神祭天典礼》亦列有七仙女、长白山神、远祖和始祖神。这里的七仙女是爱新觉罗氏始祖的象征，即"北斗七星"。对长白山神的崇拜也是因为满洲发源于此。

萨满教赖以存在的土壤为原始的氏族社会，在明代末期努尔哈赤起兵之前及统一女真各部的过程中，女真各部均为以血缘为基础的氏族社会末期阶段，萨满教作为一种氏族精神信仰而在各部落中占有十分重要的地位。萨满基本上都是各部落中德高望重的人或氏族、部落的酋长，在各氏族部落的日常集体活动和政治、军事活动中都发挥着重要的作用。比如在女真各部落中都设有"堂子"作为萨满活动仪式举行的场所，在重大活动时都要谒"堂子"祭祀祖先与神灵，而且仪式非常隆重。努尔哈赤建立后金之初就开始谒拜堂子，在有重大事情时或出行之前举行，而在出征凯旋后则更为庄重，率众臣列队谒堂子。在皇太极时期仍是如此。崇德元年十二月初二，皇太极出兵征朝鲜前就举行了隆重的祭堂子仪式，"列队毕，巳刻，圣汗出抚近门，设仪仗，吹磁海螺、喇嘛号并喇叭、唢呐，诣堂子，行三跪九叩头礼毕。复于堂子外树八纛，仍吹磁海螺、喇嘛号并喇

---

① 昭梿：《啸亭杂录》卷九，何英芳点校，中华书局1980年版，第280页。

叭、唢呐，拜天。行三跪九叩头礼毕，遂起行，列队诸将士俱跪候圣汗经过"[1]。

正是基于祭祀活动的重要性，崇德元年（1636）六月十八日，皇太极下谕旨对祭祀进行了规范，定祭堂子、神位典礼。汗谕曰："前以国小，未谙典礼，祭堂子神位，并不斋戒，不限次数，率行往祭。今蒙天眷，帝业克成，故仿古大典，始行祭天。伏思天者，上帝也。祭天祭神，亦无异也。倘不斋戒，不限次数率行往祭，实属不宜。嗣后，每月固山贝子以上各家，各出一人斋戒一日，于次早初一日，遣彼诣堂子神位前，供献饼酒，悬挂纸钱。春秋举杆至祭时，固山贝子，固山福晋以上者往祭，祭前亦须斋戒。除此外其妄率行祭祀之举，永行禁止。著礼部传谕周知。"[2]

随着后金－清政权的发展，根植于氏族社会的萨满教却逐渐成为社会进步的阻碍，因为萨满在各部中是作为精神领袖而存在，甚至是部落存亡的象征，因此在兼并各部的征战过程中，各氏族部落的萨满也是重点攻杀对象，继续保留原来的氏族信仰体系势必影响统一政权的建立和稳固。但是，如果真正彻底取消萨满教，又恐怕那些被征服者难以接受。这种两难的境遇在满洲入关后的前三朝也未能解决。直到乾隆时期，才开始对萨满教制度进行改革，出台了《钦定满洲祭神祭天典礼》，作为各姓氏在萨满祭祀时普遍遵守的一种制度。其中主要是对宫廷萨满祭礼的内容与范围包括春秋祭堂子的具体仪式进行了规范，实际上成为后来满洲民间祭祀的规范文本。自此后，终有清一代，甚至到民国以后，萨满教信仰仍然在不同程度上存在于满族民间。

还要说明的是，在皇太极时期，由于在请神活动和丧葬活动中奢靡之风日盛，宰杀牛、马、驴等大牲口，对当时的农业生产和军事需要都造成了一定的影响，有的人家甚至因为求神活动而到了破产的地步。为此，皇

---

[1] 中国第一历史档案馆、中国社会科学院历史研究所译注：《满文老档》下，中华书局1990年版，第1718页。

[2] 中国第一历史档案馆、中国社会科学院历史研究所译注：《满文老档》下，中华书局1990年版，第1514页。

太极规定："若违令将马、牛、骡、驴还愿，祭神、娶亲、上坟杀死货卖者，或家下人，或部下人举首，赔牲畜与举首者。"① 此外，一些萨满在跳神治病时凭借巫术而不是科学，难免会出现患者死亡的事件，在社会上造成极恶劣影响。针对近乎巫术的跳神活动所带来的种种危害，皇太极最后下达封杀令："满洲、蒙古、汉人端公道士，永不许与人家跳神拿邪，妄言祸福、蛊惑人心，若不遵者杀之，用端公、道士之家，出人赔偿。"② 从中也可以看出，并不只是满洲的萨满有"跳神拿邪"的行为，道士也使用一些法术，而且这种法术危害性更强一些，满洲萨满教也受其影响。自皇太极下令后，满洲的萨满教中的驱邪治病的现象受到较好控制，至少在八旗上层社会中不再进行类似的活动，但在民间，萨满这种驱邪治病的现象却保留了很长时间。

在乾隆初年颁布的《钦定满洲祭神祭天典礼》对供奉的神祇做出明确规定，坤宁宫所朝祭者为释迦牟尼、观世音菩萨、关圣帝君，夕祭者为穆里罕、画像神、蒙古神。而在每月举行的大祭时才祭天。由此看出，与早期的自然崇拜、图腾崇拜和祖先崇拜相比，满洲萨满教信仰的内容上发生了较大变化，增加了对佛祖、关圣帝和英雄的崇拜，显然是受到了汉文化和佛教的影响。佛教通过蒙古的喇嘛教传到女真－满洲，且很快被他们所接受，这与统治者维护政权稳定的思想有很大关系。佛教的因果报应、转世轮回等观念极有利于让人们遵从现世统治。而《三国演义》中集忠义、武功、智慧于一身的关公很容易被崇尚武力的满洲所接受，特别是他的忠义性格与满洲的豪迈侠义的性格十分接近。由是观之，满洲萨满教对外来信仰的吸收是有所选择的。此外，《钦定满洲祭神祭天典礼》对各祭祀礼仪的规定中仍然表现出"万物有灵"的原始观念，祭祀的对象有天地、山川、马神、田苗神等。

---

① 《清太宗实录稿本》卷十四，见赵展：《满族文化与宗教研究》，辽宁民族出版社1993年版，第328页。

② 《清太宗实录稿本》卷十四，见赵展：《满族文化与宗教研究》，辽宁民族出版社1993年版，第328页。

（二）满洲萨满信仰对日常生活的影响

萨满教作为满洲的传统信仰深深融入到满洲人的日常生活和风俗习惯中。

首先，在居室方面，满洲一直有以西为贵为尊的习俗，供祖宗板要在西屋西墙上，外人不准随便坐西炕，满洲建房时要先盖西屋，西屋由尊敬的老人居住。这种习俗似乎与萨满教有一定关联。据说，在天神阿布卡赫赫身边有四位方向女神，看到人类因辨不清方向而造成生活不便，便从天上下来帮助人类确定方向，而西方女神"哇勒给"（满语"西、上"的意思）走路最快，先到了人间，指明了西方，所以人类先敬奉她。另外，满洲民居中一个重要特点是都设有影壁和祭天的索伦杆，有些人家里长年立着索伦杆。索伦杆民间称"神杆"，因杆子较高，人们从院外就可以看到，也就成了满洲人家的标志。

其次，在衣着方面，萨满教观念中严禁杀、打图腾中出现的动物、野兽，更不许穿戴或是使用图腾动物的皮毛制成的衣物。另外，满洲的衣俗中还渗透着许多萨满教的避邪观念，如萨满神服上常可见到蛇、蛙、蝎子、蜥蜴等爬虫类小动物的形象。在萨满教中，它们是穿行天界与地界之间的辅助神灵，并能驱妖避魔。因此，满洲母亲也常把这些小动物形象绣在孩子的帽子上，称作"五毒帽"，也取驱邪之意，以保佑孩子不受邪魔侵扰。①

再次，在饮食方面，满洲萨满教祭祀以猪献牲，献牲过后，祭祀之家会请来亲友邻居共食福。有关猪肉的烹食，《春明梦录·客座偶谈》中有过详细的记载："满人祭神……未明而祭，祭以全豕去皮而蒸，黎明时，客集于堂，以方桌面列炕上，客皆登炕坐，席面排糖蒜韭菜末，中置白片肉一盘，连递而上，不计盘数以食饱为度，旁有肺，肠数种，皆白煮，不下盐

---

① 李岩：《论萨满教对满族生活习俗的影响》，载《通化师范学院学报》2007 年第 7 期。

致，末后有白肉末一盘，白汤一碗，即可下老米饭者。"① 现在，满族人平时非常喜欢食猪肉，逢年过节均以杀猪、吃肉为大事，并且，"白肉血肠""猪肉炖粉条""猪肉酸菜火锅"等已经成了满族的特色菜肴。此外，满洲萨满教祭祀的供品中还有各式各样的黏食糕点，即"饽饽"。《满洲祭神祭天典礼》中载："至于供糕之礼，大内每岁春秋二季立杆大祭，则以打糕、搓条饽饽供献，正月以徼子供献，五月以椴叶饽饽供献，六月以苏叶饽饽供献，七月以新黍蒸淋浆糕供献，八月以新稷蒸饭用木榔头打熟，作为饺子炸油供献，余月俱以洒糕供献。"② 可见，人们在祭祀糕点上费尽心思，极尽精巧之能事，同时这些花样繁多的糕点也成了人们日常饮食的重要组成部分。在清代，满洲糕点品目众多，以致著名的"满汉全席"中有"满点汉菜"之说。

可以看出，作为一种传统的宗教信仰，满洲萨满教在日常生活中占有重要的地位，或者说是渗透到日常生活的每一个领域，在婚丧礼仪、重大节日和重要活动中都有萨满的身影。

传统萨满信仰对日常观念也产生了重要影响，满洲的"天命观"就是一个典型代表。萨满教的核心理念就是万物有灵，自然界与自然现象都在上天有一个对应的神，正是这些天神主宰着"此岸"世界的一切活动。人的命运不是掌握在自己手里，而是由上天所定的。当然，上天一定会同情、垂青那些积德行善的人。早在努尔哈赤时期就表现出很强的天命观。1616 年，努尔哈赤即位为帝，建立金国，年号为"天命"，满文为 abkai fulingga ，即"秉承天命"之意。在天命四年（1619）的《后金檄明万历皇帝文》中努尔哈赤引经据典，表明人不论出身贫富，国不论大小强弱，凭借天意亦可以少胜多得天下："躬耕大舜，亭长刘邦，乞食元龙，天命有归，尚为帝王。我本大金之裔，曷尝受制于人，或天命有归，即国之寡

---

① 何刚德：《春明梦录·客座偶谈》，山西古籍出版社 1997 年版，第 60 页。
② 《满洲祭神祭天典礼》，见《辽海丛书》（影印本），辽沈书社 1985 年版，第 3104 ~ 3105 页。

小勿论，天自扶而成之也。"① 因此，在皇宫祭祀中，祭天是为大祭。出征之前、凯旋之后均要祭拜上天，在重大决策时亦要"告天"，皇帝登基更是要举行隆重的三叩九拜大礼。不仅"宏大叙事"是由天神安排的，在日常生活中，人的生死都由上天确定。在满族说部《尼山萨满》中，巴彦夫妇晚年得一子塞尔古岱·费扬古，15 岁外出打猎时突然病危，在临死之前对随从说："你们把我的话转达给老爷和太太。离家不久，我们到了山脚下，打了许多野兽，父母肯定很高兴，在世上得了'墨尔根（聪睿）'这个名字是很相当的。我曾对他们说过，为报答父母的养育之恩，每天准备饭菜，铺被褥，将他们养老送终后，永保富贵。谁想命中注定，中途身亡。"②

　　文化认同要以文化事实或文化现象为前提，长期积淀而成的共同文化构成了民族文化认同的具体内涵，也是民族意识形成并持续坚守的基础。祖先与族源的梳理与确认，为满洲寻根溯源指明了方向，强化了血统上的归属感与认同感；伴随着政权与军事上的发展壮大，国语骑射逐渐成为满洲人的独特文化标识；承继于先民并渗透到社会生活方方面面的萨满信仰则成为其精神文化独一无二的共享符号。正是基于此，才构成了满洲文化认同的整体框架，形成了对自身文化的强烈主体意识，也成为后来区别于其他文化，与其他文化接触、交流与融合的前提与基础。当然，满洲文化的同一化特征不仅体现在这几方面，其他如衣食住行、婚丧嫁娶、日常礼仪等亦有其独特性，而且在文化变迁与文化认同变迁方面还因满洲入关后群体分化而导致地域性差异，但是，从整体上看，满洲文化认同的体系主要体现在上述三大方面。

---

　　① 《后金檄明万历皇帝文》，见潘喆、李鸿彬、孙方明编：《清入关前史料选辑》第一辑，中国人民大学出版社 1984 年版，第 295 页。
　　② 赵志忠：《萨满的世界：〈尼山萨满〉论》，辽宁民族出版社 2001 年版，第 299 页。

第三节　满洲多层次文化认同的形成

　　一个民族特别是后发展民族长期生活在一个相对封闭的社会环境中，如果没有其他异质文化的输入与影响，无论其文化变迁还是其文化认同倾向，都应该是稳定地沿着单一方向发展，整个过程也是在文化内部自发地进行。而当多民族发生接触交往后，不可避免地导致多文化并存、交流甚至涵化、融合，原本单一的文化认同必然面临新文化认知与选择的挑战。一种文化中的认同往往具有较大的保守性，它导致了人们以自己的文化作为最高的价值取向，而与这种认同不一致的因素都会受到既有认同的压抑，而对外部的异文化亦是站在自己的认同的立场上，以自己的价值去加以衡量。① 以自己既有标准去判断异质文化，并不必然导致对异质文化的拒绝与排斥，特别是当民族文化交融在润物无声中潜移默化地逐渐成为一种自然而然的事实时，原有文化认同视域就可能由单一拓展到多元，其认同结构与范围都会发生较大变化，形成平面上多元认同与层级上多阶的立体多样文化认同体系。

　　明末女真及其先民长期生存于白山黑水相对封闭的社会文化环境中，虽然与汉族等其他民族并未隔绝，但交往十分有限，其自身民族文化独成体系，文化认同亦相对稳定，如前文所述的祖先、族源，国语骑射与传统萨满信仰。自从入关后，满洲在政治上成为全国政权的统治阶层，其原有社会文化环境也由以满洲文化模式为主体转向以中原汉文化为中心，特别是在与汉族大范围、多层次的深度接触中，满汉文化的交往、交流与交融程度不断加深，其文化认同也开始由单一到多元、由低层级到多层级的拓展与升华。

---

① 郑晓云：《文化认同论》，中国社会科学出版社 1992 年版，第 244 页。

一、由单一到多元的文化认同拓展

文化认同与民族认同既有联系也有区别，民族认同在同一层次中通常是唯一的、稳定的，而文化认同则可能是多元开放并不断变化的，但核心内涵是稳定的，比如祖先崇拜、族源认同等。一个民族对其传统文化有着天然本能的认同，在接触另一个民族后或许会对其某种生活方式产生反感，不予认同；但也完全有可能欣赏其某一文化特质，甚至学习模仿并移植到自己的生活中来。满洲文化认同的变迁发轫于与汉文化接触后对汉文化的学习与借鉴。

（一）满汉接触为文化交流融合提供了平台与机制

满汉接触历史悠久，但真正深度接触却是在满洲入关之后。如前文在论及满洲文化的分化时所言，入关后满洲的群体发生了分化，大致可分为三大部分，即在京畿地区的京旗满洲，在京畿以外的各直省的驻防八旗满洲与留居东北地区的满洲。这种群体上的分化直接导致了作为文化载体的满洲群体的结构性变化，即在全国范围内形成了满洲与汉族"大杂居小聚居"的格局。满洲三部分群体与汉族的接触程度也不尽相同，其中驻防八旗程度最高，京旗满洲次之，留居东北满洲相对较低。

民族接触最深层的表现为族际通婚。满洲与汉族的通婚在有清一代的大部分时间里是被政府所允许的。顺治五年（1648）八月壬子，谕礼部："方今天下一家，满汉官民皆朕臣子，欲其各相亲睦，莫若使之缔结婚姻。自后满汉官民有欲联姻好者，听之。"①此为清帝鼓励满汉通婚的较早史料。同年八月庚申在给户部的谕令中又对满汉通婚作出具体规定："朕欲满汉官民共相辑睦，令其互结婚姻。……嗣后凡满洲官员之女欲与汉人为婚者先须呈明尔部，查其应具奏者，即与具奏；应自理者，即行自理。其无职

---

① 《世祖章皇帝实录》卷四十，见《清实录》第三册，中华书局1986年版，第320页。

人等之女，部册有名者，令各牛录章京报部方嫁；无名者，听各牛录章京自行遣嫁。至汉官之女欲与满洲为婚者，亦行报部；无职者，听其自便，不必报部。其满洲官民娶汉人之女实系为妻者，方准其娶。"①不仅要求官员子女在与另族（汉或满）通婚时必须申报登记，平民则不用申报，而且规定满洲官民只能娶汉人之女为妻而不能为妾，说明满汉之间婚姻的平等与严肃。到清中期，由于满洲文化被汉文化同化的情况越来越严重，清政府开始下令禁止满汉通婚。但在乾隆朝对已经成婚的却视为合法婚姻，不准断离。事实上，"上自宗室觉罗的王公贵族与不在旗籍的汉人联姻的，仍大有人在"②。满汉通婚实际上已经成为满汉接触的一种必然结果。这种结果又直接导致了婚姻内两种文化的深度接触与融合，特别是在饮食起居、婚丧习俗、交往礼仪等日常生活领域更是不可避免。从语言变化角度而言，族际通婚不仅使以往的单语状态发展到双语状态，而且改变了后代对语言的选择。家庭是社会的最小单位，是后代自然习得语言的第一"学校"，也是一种语言在衰微过程中用于交际的最后场合。根据民族语言学理论，"不同民族成员的通婚和属于不同语言群体的同一民族成员之间的通婚使得家庭用语复杂化"③。在单民族家庭中民族语言保持明显要好于父母为两个民族的家庭。目前，在黑龙江满语保存较好的地区，能够较熟练使用满语的人其父母都为满族。在孙吴县的四季屯，满语最好的为何世环老人，她与她丈夫的父母均为满族，且一直使用满语，所以子女的满语都很好。在黑河下马厂，当地满族老人关根红介绍说："在'文革'前，只要家里双亲都是满族且健在的，孩子都能说一部分（满语），且全能听懂。"④

此外，满洲入关后通过改旗、抬旗、过继为嗣、汉人投充、编旗编佐领、抱养汉人儿童、三藩入旗等，使得大批汉族人进入满洲，这也成为满

---

① 《世祖章皇帝实录》卷四十，见《清实录》第三册，中华书局 1986 年版，第 321 页。

② 王锺翰：《清代八旗中的满汉民族成分问题》，见王锺翰：《王锺翰学术论著自选集》，中央民族大学出版社 1999 年版，第 149 页。

③ 王远新：《中国民族语言学：理论与实践》，民族出版社 2002 年版，第 218 页。

④ 郭孟秀：《黑河地区满语使用现状调查研究》，载《满语研究》2003 年第 2 期。

汉融合、满洲转用汉语的重要因素。① 在八旗制度的影响下，旗民身份成为划分社会阶层的重要参考，而满汉界限却不断弱化。

两种民族接触直接导致了两种文化的接触与深入交流，其结果一般有三种：其一是民族文化交融，即两种文化在吸取另一种文化的部分因素后仍然保持其文化的整体性、系统性，使其在增加了新的活力后继续留有鲜明的特征；其二是两种文化融合而生成一种新的文化结构，原有的两种文化不复以独立身份存在，实质上是实现了民族融合；其三则是一种文化被另一种文化所同化，其原有的文化形态逐渐消失，当然在新的文化共同体中也会存有一定业已消失的文化的印迹。至于两种文化谁同化谁则有不同的结论。有的是在政治上或经济上强势的一方同化了相对弱势的一方，比如，早在公元前，罗马帝国在占领意大利半岛后，就推行强制性的语言同化政策，规定一切布告必须用拉丁文书写；法庭诉讼及向元老院提出任何申诉，如果不使用拉丁文就不予受理；不懂拉丁语的人不能出任使节，甚至连公民权都没有。结果，意大利半岛的许多语言都先后被拉丁语同化了。② 而有的则是在政治上处于被统治地位，但在文化积淀上却高于统治民族，结果是统治民族逐渐被被统治民族的文化所同化。在中国历史上这种例子比较多，许多入主中原的北方少数民族最后都无一例外地被汉文化所同化。

入关后满汉接触的深化为两种文化的交融提供了更为广阔的平台和较为完善的机制。从总体来看，就两个民族人数上而言，汉族远远多于满洲，无论是散居的还是聚居的，满洲都处在汉民族的包围之中；就两种文化成熟程度而言，汉文化有着数千年的积淀，且已经形成了稳定的文化系统与文化模式，尽管也存在着局部的、逐渐的变迁，但文化模式不可能轻易发生改变。相比较而言，满洲文化却仅有百年的历史，正处在迅速发展包括转型的剧变阶段。因此，在满汉民族接触基础上形成的两种文化相互

① 赵阿平、何学娟：《满语、赫哲语濒危原因对比探析》，载《满语研究》2007 年第 1 期。

② 徐世璇：《濒危语言研究》，中央民族大学出版社 2001 年版，第 172 页。

交融过程中，很明显是汉文化逐渐占据了上风，这一点可以在满洲入关后其自身文化变迁中深受汉文化影响得到证明，对此前文已有论证，此不赘述。

（二）满汉文化交融推进了满洲对异质文化的认同

民族文化交融不同于民族融合，"民族融合应是两个以上的民族或其中的一部分，在长期的过程中，互相吸收对方的特点，最终形成一个新的民族共同体的现象"。民族文化交融则是指"两个以上的民族或其一部分，在长期的交往过程中，各自具有了对方的一些民族文化特点，但是各自的民族共同体并没有发生变化的现象"[①]。民族文化交融并不必然导致民族融合或民族同化。由此也可以得出这样的结论，双方互相借鉴吸纳了对方的部分文化元素，但同时又保留了自身文化的完整性，满汉文化交融即是如此，满洲文化体系中增加了大量的汉文化元素，但并非是全盘汉化，其作为一种文化模式的独立性还存在，作为文化主体的满洲人的主体意识还保持。接受汉文化的融入实质上就是不排斥和不拒绝汉文化，对其不同于本民族的异质文化是接受和认可的，换言之，就是认同了汉文化存在的合理性与合法性，进而形成了满汉之间你中有我、我中有你的新型民族文化关系格局。

这一点在入关后满洲文化的诸多方面都能得到具体验证。比如满洲传统婚俗，在程序上模仿汉族习俗，包括议婚、放小定（订婚）、放大定（过礼）、过嫁妆、迎娶、合卺礼（入洞房）、拜见礼、回门等，而在具体环节仍然保留了自己的特点：其一是祭祀习俗，满洲信奉萨满教，凡有重大事情均有祭祀活动；其二是"新妇既至，新婚用弓矢对舆射之"[②]，既反映了满洲长于骑射的习俗，也有满洲先世抢婚的痕迹；其三，在入洞房时的合卺礼，满语专有一词来描述这一礼节，"阿察布密，清语也……以俎

---

① 李龙海：《民族融合、民族同化和民族文化融合概念辨正》，载《贵州民族研究》2005 年第 25 卷第 1 期。

② 昭梿：《啸亭杂录》卷九，何英芳点校，中华书局 1980 年版，第 281 页。

盛羊臀一方，具稻稷稗三色米饭，夫妇盛服并坐，饮交杯，俊不用酱而具白盐，即古人共牢而食之义，清语曰阿察布密"①，有的婚礼还同时唱满语"阿察布密"歌，即喜歌，表达祝福之意。再比如，满洲服饰既有自己的民族特色，以兽皮袍服为代表，也吸收了汉族丰富多样的服饰材料和细腻高超的缝制技术。此外，在饮食、民居、节庆及交往礼仪诸方面也是如此。当然，满汉文化交融存在地域性差异，主要是因为满洲与汉族的接触程度不同。总体上来看，由于汉族礼俗文化较发达，对日常生活诸方面都有成型的约定，程式已经模式化，满洲在借鉴并接受这些程式的同时还在内容上或某些具体环节上保留了自己的传统习俗。

满洲对汉文化的开放态度及认同倾向在语言文字使用上表现得更为明显，即由满语文向满汉双语的转向。这里既包括作为书面语的满文，也包括日常面对面交流工具的满语。

自满文初创的老满文到改革完善的新满文，满文的推广使用，始终与翻译汉文典籍、学习汉文化相伴随。由老满文到新满文的改制是由满洲巴克什（博士或大学者）达海主持完成的，他通晓满汉文义，被努尔哈赤招至身边承办笔墨事务，负责起草同明朝、蒙古、朝鲜的公文来往，承办国内发布的满汉文公告。他的另一项重任就是翻译汉文典籍，译完《刑部会典》《素书》《三略》等书，所译《通鉴》《六韬》《孟子》《三国志》《大乘经》等书未能完成便因病去世。在清入关前就开始设置专门机构翻译汉文经典。天聪三年（1629）四月，皇太极设置文馆，命儒臣翻译汉文典籍，并记注"本朝得失"。入关后清代官刻满文文献亦以翻译汉文典籍居多。顺治朝共刊刻满文图书近二十部，内容涉及历史、文学、军事等，多数为译自汉籍。如，顺治三年（1646）刊印的《洪武宝训》则是入关后翻译的第一部汉文典籍；同年，查布海、苏纳海等译的《金史》《元史》，希福等删译的《辽史》（故宫藏品）也相继完成；顺治七年（1650），刊刻了罗贯中著，祁充格等译的《三国演义》（现存国家图书馆）。顺治八年

---

① 福格：《听雨丛谈》，汪北平点校，中华书局1984年版，第39页。

（1651），皇帝亲政，这个时期以皇帝名义撰写、编纂了一批宣扬儒家思想的文献，且多数以满汉两种文本刊印，如顺治十年（1653）的《劝学文》，顺治十二年的《御制人臣儆心录》《资治要览》《劝善要言》等。① 康熙朝刊印了部分翻译或解释儒家经典的著述，如在康熙十六年（1677），刻印了《日讲四书解义》26 卷；十九年刊印《日讲书经解义》13 卷。就现存满文著述文献（不包括档案类文献）来看，满语文同其他语种合璧文献占有相当数量，"据不完全统计，合璧文献应占满文文献总数 50% 左右，其中满汉文献为最多，其次为满蒙和满蒙汉，再次为满蒙汉与满蒙汉藏合璧文献，还有一些为与其他语言合璧文献"②。在《世界满文文献目录》中，"语文"类中的"语音与文字"小类 42 种文献中，满汉合璧为 28 种，满蒙汉 1 种，占总数高达 69%；"军事"类 79 种文献中，满汉合璧为 38 种（其中一种为满汉对照），占总数的 48%；"政治"类 73 种文献中，合璧文献为 30 种，占总数的 41%，而满汉合璧 24 种、满蒙汉 3 种，占合璧文献的 90%。③

从清代满文图书文献可以看出，满文的创制与推广使用，不仅对满洲统治管理的顺畅、政令传达以及民族凝聚力提升等都发挥了重要作用，而且为汉文化在满洲群体的传播、满汉文化的交融提供了便捷高效的媒介渠道和广阔空间。官方甚至是清帝谕令刊刻的满译或满汉合璧汉文典籍也反映出清统治者主动学习汉族优秀传统文化的态度与倾向，其中固然存在为了政权的稳定与统治人口占多数的汉人的需要，但亦有对汉文化的欣赏尊重与认可的因素。此外，受汉语文日趋普及的影响，清代满洲官员在撰写政府文书时也开始由满文转为汉文，至清中期，刑部所用招审册"向用清汉文，乾隆间裁清文"。"国初，刑部获狱，录供不用汉文。康熙间，尚书王公揆以供词非汉语，汉官无由知曲直，随声画诺，便成虚设。于是始命

---

① 黄润华、史金波：《少数民族古籍版本——民族文字古籍》，江苏古籍出版社 2002 年版。
② 郭孟秀：《满文文献概论》，民族出版社 2004 年版，第 35 页。
③ 富丽：《世界满文文献目录（初编）》，中国民族古文字研究会，1983 年。

录供兼清、汉稿。至乾隆间，裁满字稿。"① 这种制度进一步加速了汉文在官方的推广使用，在乾隆年间满洲官员就开始以汉文缮写奏折，至嘉庆时已发展到"满洲非唯不能翻译，甚至清语生疏，不识清字"② 的地步。

作为日常用语的满语口语使用情况变化轨迹与满文几乎是同步的。就整个清代满洲群体通用语使用情况而言，大致经历了一个由满语单语到满汉双语再到汉语的转变过程，比较清晰地反映出满汉文化交融的进程与轨迹。语言文字既是交流的重要工具，也是文化的主要载体。从满语到汉语的转用也可看到满洲对汉语汉文化的接受与认同的完整过程。

如前文所述，在清入关之初，绝大多数满洲人仍以单一的满语为交际工具，"本朝初入关时，一时王公诸大臣无不弯强善射，国语纯熟"③。入关后的满洲身份发生了巨大变化，由最初偏居一隅的少数民族转变为全国的统治民族。客观上满洲大范围、多层面与占全国人口绝大多数的汉民族的接触，使得交流语言由使用人口较少的满语转为使用人口较多的汉语在社会中成为不可避免；主观上满洲统治者为巩固政权与治理天下，不可能也无法拒绝汉语使用范围的扩大，加之对汉文化学习的需要，习得并使用汉语亦为统治者的不二选择。

在全国范围内满洲各群体语言使用变迁情况也不尽一致。④ 最早放弃满语转用汉语的是分布于全国各重要城镇的驻防八旗，与其他地区的满洲相比，他们因生计所需与汉民族接触频繁而密切，他们很早便习用汉语、汉文，成为满洲中最早转用汉语的集体，大约在乾隆中期以前就已经放弃了满语。其次是京畿地区的八旗满洲官兵，其中北京城内的满洲因与京城的汉民分城而居满语使用时间略长一些，而北京郊区的满洲人则与汉族人接触比较紧密，"外三营里都有八旗以外的汉人即民人。这些汉人多半是旗兵的随丁和夫役，以及过去随营的工匠、商人和小贩。久

① 吴振棫：《养吉斋丛录》，童正伦点校，中华书局2005年版，第76页。
② 《仁宗睿皇帝实录》卷一〇四，见《清实录》第二十九册，中华书局1986年版，第399页。
③ 昭梿：《啸亭杂录》卷一，何英芳点校，中华书局1980年版，第16页。
④ 郭孟秀：《略论满语濒危过程》，载《满语研究》2007年第2期。

而久之，便也融入这个营房的集体之中。他们以山东人和山西人为多。满洲人比较喜欢山东人，因为他们打仗勇敢、不怕死。以此之故，营房中的私塾先生也聘山东人（其实山东人教书并非所长）"①。正是由于生活中与汉族频繁接触甚至是相互交融，加上受汉文化教育，这部分满洲更早地开始使用汉语。在东北三省中，相对而言，辽宁、吉林的满洲弃用满语更早一些，而在黑龙江部分满族聚居村屯人们在20世纪上半叶仍然使用满语为交际工具，"十几岁的少年在家说满语的，约占全屯的三分之一。至于儿童特别是三四岁的儿童只能听懂满语，却不能说了。但这仍是就总的情况而论，具体来说东街儿童满语程度比西街强些"②。至今还有部分老人能够讲说满语。③ 其中一个重要原因就是在这些地区满洲文化根基深厚，清代对东北"龙兴之地"长达二百年的封禁也为满文化的生存提供了更为单一的语言文化环境。尽管如此，除了黑龙江少数满洲聚居村屯外，其他东北地区转用汉语也基本上于清中晚期完成，与其他地区满洲一样接受了汉语。

满汉民族接触为两种文化深度交流与融合创造了条件与平台，满汉文化交融则更多地表现在满洲文化体系大量借鉴吸收了汉文化元素。在文化交融过程中，满洲文化原本二元结构明显出现了满弱汉强的此消彼长的新格局，满洲在对博大精深汉文化有了更为广泛而深刻的认知基础上，无论是统治集团还是民间百姓都不同程度地接受并主动习得汉文化，形成了事实上对汉文化的认同。但值得关注的是，这里对汉文化认同并不是建立在完全放弃本民族文化体系的前提下，而是在坚守原有代表性传统文化的同时又接受了新的异质文化，表明其文化认同格局由单一向多元的拓展，也是民族意识与民族心理状态的较大调整。这种拓展与调整对满洲中作为统治集团的那部分群体具有更积极的社会历史意义，他们会以一种多元的文

---

① 金启孮：《北京郊区的满族》，内蒙古大学出版社1989年版，第41页。

② 金启孮：《满族的历史与生活——三家子屯调查报告》，黑龙江人民出版社1981年版，第52页。

③ 郭孟秀：《论三家子满语口语使用的演变》，载《满语研究》2003年第1期。

化态度对待清代其他少数民族文化，也为其从多民族文化认同发展为大一统政权下中华民族文化认同奠定了基础。

二、文化认同视野由民族层面到国家层面的升华

如果说从满洲对自身的文化认同转化为同时对汉文化及其他民族文化的认可是横向同一层面的认同拓展，那么从本民族文化到国家共同文化认同就是纵向多层级文化认同格局的形成。在这一过程中，后金－清政权的建立与发展壮大，特别是当成为大一统政权统治阶层时，社会身份的改变必然导致其认识视野的扩大和国家意识的强化，文化认同的层次也随之而拓展。从明末社会历史背景来看，当时女真长期处于分裂割据相互征战的混乱状态，"各部蜂起，皆称王争长，互相战杀，甚且骨肉相残，强凌弱，众暴寡"①。百姓流离失所，生计日窘，女真各部的统一和平安稳定的生活已是当时女真社会的燃眉之急，也是历史发展的必然趋势。满洲的崛起也正是顺应了这一历史时代潮流，经历了一个由偏居东北的部落到国家政权的发展过程。在这一历程中，满洲统治阶层的国家意识从无到有，由弱趋强，大致可划分为三个阶段。

第一个阶段是从明万历十一年（1583）努尔哈赤以十三副遗甲起兵到明万历十四年（1586）灭杀尼堪外兰完成复仇使命。虽然在这一时期并没有国家意识可言，但却为后来形成国家意识奠定了必要的基础，换言之，没有这个阶段的铺垫，就不可能有满洲政权的创建，因此可以称之为国家意识形成的前奏。

努尔哈赤起兵最直接的原因比较简单，仅仅是为了报父祖被误杀之仇。为了说明当时的情况，现将史料引录如下：

---

① 《清太祖武皇帝实录》卷一，见潘喆、李鸿彬、孙方明编：《清入关前史料选辑》第一辑，中国人民大学出版社1984年版，第301页。

阿太妻系太祖大父李敦之女，祖觉常刚闻古勒被围，恐孙女被陷，同子塔石往救之。既至，见大兵攻城甚急，遂令塔石候于城外，独身进城，欲携孙女以归，阿太不从。塔石候良久，亦进城探视。及城陷，被尼康外郎唆使大明兵并杀觉常刚父子。后太祖奏大明曰："祖父无罪，何故杀之？"诏下，言："汝祖父实是误杀。"遂还其尸，仍与敕书三十道、马三十四，复给都督敕书。太祖曰："杀我祖父者，实尼康外郎唆使之也，但执此人与我，即甘心焉。"边臣曰："尔祖父之死，因我兵误杀，故以敕书马匹与汝，又赐以都督敕书，事已完矣。今复如是，吾誓助尼康外郎筑城于甲板，令为尔满洲国主。"于是国人信之，皆归尼康外郎。其五祖子孙对神立誓，亦欲杀太祖以归之。尼康外郎又迫太祖往附，太祖曰："尔乃吾父部下之人，反令我顺尔，世岂有百岁不死之人？"终怀恨不服。①

　　可见当初努尔哈赤并无统一女真之志，更多是出于对尼堪外兰（尼康外郎）唆使明军误杀其父祖的复仇之心。而与尼堪外兰为敌后受到周围诸部甚至是其五祖之孙的围剿，尼堪外兰竟然还劝他归顺，实是难以堪受的耻辱，为了报仇雪耻更是为了生存才毅然兴兵自救，"太祖欲报祖父之仇，止有遗甲十三副，遂结诸米纳，共起兵攻尼康外郎。时癸未岁夏五月也，太祖年二十五矣"②。太祖起兵后也一直以追杀尼堪外兰为目标，先后攻克秃隆（图仑）、撒儿湖（萨尔浒）等数寨，不断掠扰东果部、王家部和折陈部所属诸城，"乘便往攻仇人尼康外郎，沿途诸部皆是仇敌"③。1586年，努尔哈赤攻克鹅尔浑城，虽然尼堪外兰不在城内，但在明朝的帮助下

　　①《清太祖武皇帝实录》卷一，见潘喆、李鸿彬、孙方明编：《清入关前史料选辑》第一辑，中国人民大学出版社1984年版，第303~304页。

　　②《清太祖武皇帝实录》卷一，见潘喆、李鸿彬、孙方明编：《清入关前史料选辑》第一辑，中国人民大学出版社1984年版，第304页。

　　③《清太祖武皇帝实录》卷一，见潘喆、李鸿彬、孙方明编：《清入关前史料选辑》第一辑，中国人民大学出版社1984年版，第310~311页。

终于凤愿得偿，"太祖令戒沙带四十人往大明，及至，尼康外郎一见即欲登台趋避，而台上人已去其梯，尼康外郎遂被戒沙斩之而回"①。

在整个复仇过程中，努尔哈赤目标十分明确，就是追杀尼堪外兰，攻城掠寨的对象也都是在讨伐行程中与其为敌者，并无任何其他政治抱负。但是，在这一过程中努尔哈赤整体实力得到加强：在军事上不仅兵员不断增加，由最初的"兵不满百"到"太祖率马步兵五百征折陈部"，② 而且战斗力得到了加强，在多次征战中经常是以少胜多，几乎是所向披靡；在政治上则聚集了一批忠勇之士，形成"古出"（满语朋友之意）集团，逐渐成为其发展壮大的核心骨干，"古出与临时召集的部落壮丁不同，后者平日生产，遇到战事临时聚集，古出则与首领朝夕共处，犹如族人，战时成为精锐武装或者指挥官。作为一支新型的强制力量，对满族国家形成起着重大的作用"③。为复仇而起兵，为抵御围攻而征战，结果是事实上形成了一支新的女真势力，在"聪睿汗"努尔哈赤的率领下，不仅没有止步于此，而是为女真统一大业蓄势待发，开启了满洲历史的新篇章。

第二个阶段是明万历十五年（1587）至天命三年（1618）对明宣战之前。在此期间，努尔哈赤在军事扩张的同时，不断加强政治与文化构建，创制自己民族文字——满文，创建并完善具有传统特色的牛录八旗制度，建城定国政直至建立后金政权，王权国家意识初步形成。

在完成复仇使命之后，万历十五年（1587）、万历十六年（1588），努尔哈赤先后灭了哲陈部、完颜部，苏完部、董鄂部、雅尔古部陆续归附，"太祖遂招徕各部，环满洲而居者，皆为削平，国势日盛"④。万历十九年（1591）正月，努尔哈赤又克长白山鸭绿江部。至此，努尔哈赤基本完成

---

① 《清太祖武皇帝实录》卷一，见潘喆、李鸿彬、孙方明编：《清入关前史料选辑》第一辑，中国人民大学出版社1984年版，第311页。

② 《清太祖武皇帝实录》卷一，见潘喆、李鸿彬、孙方明编：《清入关前史料选辑》第一辑，中国人民大学出版社1984年版，第304、310页。

③ 刘小萌：《满族从部落到国家的发展》，辽宁民族出版社2001年版，第132页。

④ 《清太祖武皇帝实录》卷一，见潘喆、李鸿彬、孙方明编：《清入关前史料选辑》第一辑，中国人民大学出版社1984年版，第312页。

了建州女真的统一，统治区域为西起抚顺，东至鸭绿江，北接开原，南连清河。随后努尔哈赤继续扩大战果，于万历十九年（1591），大败海西等九部（海西四部、蒙古科尔沁三部、长白山两部）联军，"是战也，杀其兵四千，获马三千匹，盔甲千副，满洲自此威名大震"①。努尔哈赤乘胜向海西女真发起攻击，于万历二十八年（1600）剿灭哈达，万历三十五年（1607）灭辉发，万历四十年（1612）连克乌拉六城，并于万历四十一年（1613）灭乌拉，1613 年努尔哈赤率众四万攻叶赫，沿途破十九城寨。其间还对东海女真多次用兵，除了受明朝庇护的叶赫外，绝大部分女真收归努尔哈赤统辖。

随着军事上的节节胜利，统治区域不断扩大，部众属员大量增加，对统治管理也提出了更高的要求。为了适应满洲发展的需要，努尔哈赤开始了巩固王权的步伐，尤以 1587 年初定国政与 1616 年正式称汗创建后金为代表。

万历十五年（1587），努尔哈赤在基本完成了对建州女真的统一后，就开始筑城、定国政，"丁亥年，太祖于首里口虎拦哈达下，东南河二道，一名夹哈，一名首里，夹河中一平山，筑城三层，启建楼台。六月，二十四日，定国政，凡作乱窃盗欺诈悉行严禁"②。所筑之城被称为佛阿拉城，即旧（老）城，位置在今辽宁省新宾县旧老城。据曾亲到过佛阿拉城的朝鲜使者申忠一记载，该城分内外两城，内城为努尔哈赤及近亲族人所居，约有百户；外城为"诸将及族党"三百余户；外城外四百余户皆为军人。③这里已经成为当时满洲的集中驻扎地与统治中心，也可以称之为努尔哈赤兴起后的第一个都城，后于万历三十三年（1605）迁至赫图阿拉（今辽宁新宾满族自治县老城），后金政权即以此为都。虽然此时尚无明确的政权

① 《清太祖武皇帝实录》卷一，见潘喆、李鸿彬、孙方明编：《清入关前史料选辑》第一辑，中国人民大学出版社 1984 年版，第 317 页。

② 《清太祖武皇帝实录》卷一，见潘喆、李鸿彬、孙方明编：《清入关前史料选辑》第一辑，中国人民大学出版社 1984 年版，第 311 页。

③ 申忠一：《建州纪程图记》，见潘喆、孙方明、李鸿彬编：《清入关前史料选辑》第二辑，中国人民大学出版社 1989 年版，第 433 页。

称号创建，但建城定国政却表明努尔哈赤已经实现了从部落讨伐到建立独立统治的转变，因此可以说是后金政权的起点和雏形，对于明代女真具有划时代意义。所定有限的"国政"，"是建州等女真新兴奴隶主阶级意志的表现，是确保迄今为止建州女真现存的经济关系的第一部口头法……它宣告了明代女真奴隶主专政的国家政权初步诞生，使明代这一部分女真人渡过了漫长的原始社会的历史行程，跨入了文化发展的新时代，成为中华民族文明的一部分"①。

明万历四十三年（1615），努尔哈赤在八旗制度的基础上进一步加强治国制度建设，完善官制，"立理国政听讼大臣五员，都堂十员"，"凡事都堂先审理，次达五臣，五臣鞫问，再达诸王"，最后再至太祖，太祖要先听诉讼大臣介绍情况，如有疑虑再详加考问，确保"民情皆得上达矣"。在太祖"法度得宜"的治理下，"于是满洲大治"，路不拾遗，在粮食收获后牲畜散放山野也无人敢盗走或伤害，一片国泰民安的祥和景象。"因是，诸王臣会议称帝号，遂表闻于太祖。"②

明万历四十四年（1616）正月初一，努尔哈赤以 58 岁高龄接受众王臣跪拜，自称"英明汗"，建立金政权，史称"后金"，建元天命。后金的创建，标志着满洲政权的正式诞生，但是此时的政权仅仅是一个区域性的民族政权，对外仍多以满洲国、建州国自称，与明朝政权依然保持臣属关系。新政权的创建无疑是其政治独立意识强化的重要表现，但就当时的实力对比与周围形势而言，努尔哈赤似乎并无进攻明朝一统天下的意向，或者说至少尚未有明确的包括明朝在内的国家政权意识，尽管已多次流露出对明朝的不满。

第三个阶段是从天命三年（1618）对明宣战到 1636 年皇太极改元大清。对明宣战是后金由区域政权到更大范围政权的起点，也是国家意识强化的具体体现；而皇太极改元大清则是旗帜鲜明地表达了对中华一统的明

① 滕绍箴：《努尔哈赤评传》，辽宁人民出版社 1985 年版，第 60 页。
② 《清太祖武皇帝实录》卷二，见潘喆、李鸿彬、孙方明编：《清入关前史料选辑》第一辑，中国人民大学出版社 1984 年版，第 335 页。

确目标。

自努尔哈赤起兵后对明朝一直保持着相对稳定的臣属关系，就在他筑城初定国政时明朝还任命他为"都督佥事"，授予曾被其仇敌尼堪外兰使用过的建州左卫印信。但是，在满洲举兵征讨各部的过程中，与明朝的矛盾也始终存在，且越来越深。就在称汗后的第三年（1618），努尔哈赤认为各方面条件已经具备，决意征明，"朕与大明国成衅，有七大恼恨，此外小忿难枚举矣。今欲征大明"①。四月三十日，努尔哈赤率步骑二万出征，并以七大恨告天，其中包括误杀其父祖，双方在边界地区的冲突，多次出兵助叶赫等。所举事例是"守边臣子"对明朝长期不公平待遇而积淀下来的宿怨，但似乎也是双方相互间的矛盾与冲突表现，并不能直接构成反目对抗的导火索。"七大恨"实质上是努尔哈赤在实力增强后对明朝的政治宣言书，也是对满洲内部的动员令，表明其强烈地要向"南朝"（明朝）拓展和建立更大政权的政治抱负，"是后金在经济领域和政治领域对明廷提出的挑战，宣告从此后金将以国家姿态对明廷割据一方，分庭抗礼，由臣属关系转变为公开的国家对国家的关系"②。

这种国家政权意识在《后金檄明万历皇帝文》③ 中表现得更为清晰明确。据编者考证，该文无作者名氏，现藏北京图书馆，有残缺，当为后金于天命四年（1619）八月灭北关叶赫后的宣传材料。文中列举了中国历史上十九个例子，阐明"南朝""不论事之是非"招致天怒必然灭亡，而后金"至公无私"而"屡获天佑"，必将胜利。其中的例子既包括中原王朝帝君，如舜、周宣王、秦始皇、刘邦、曹操等，也有金代多位帝王与皇室族人，如金鼻祖（金始祖）、阿古打、金熙宗等。尽管在表述时仍然存在对女真－金与中原王朝的细微差异，言及金朝以"又观我国史说"开篇，对中原历代帝王则用"闻"或"又闻"，但在整个陈述中并未将二者分开，

① 《清太祖武皇帝实录》卷二，见潘喆、李鸿彬、孙方明编：《清入关前史料选辑》第一辑，中国人民大学出版社 1984 年版，第 337 页。

② 滕绍箴：《努尔哈赤评传》，辽宁人民出版社 1985 年版，第 123 页。

③ 《后金檄明万历皇帝文》，见潘喆、李鸿彬、孙方明编：《清入关前史料选辑》第一辑，中国人民大学出版社 1984 年版，第 289～296 页。

而是混合一起大致按时间为序展开。可见，努尔哈赤已经将自己纳入了中国历史系列，对明宣战是顺乎天意，后金也不再是偏居一隅的区域民族政权，而应该同历史上其他朝代一样，是全国政权，国家政权意识明确彰显。

另一个值得关注的重大事件则是发生在明与后金之间的萨尔浒之战。努尔哈赤以"七大恨"誓师，并攻下抚顺等城，引起万历皇帝震怒，与众臣商议征讨之策。经过一年多的筹备，于天命四年（1619）三月，以辽东经略杨镐为统帅，率大军47万（实为20万）分四路向后金发起进攻。努尔哈赤采取"凭你几路来，我只一路去"①的政策，集中兵力各个击破，最终以少胜多大败明军，取得了具有重要历史转折意义的萨尔浒大捷，从此改变了双方势力格局，后金由守转攻，而明朝再无力伐金。军事上的胜利增强了政治上的信心，此战过后，努尔哈赤开始公开以一个对立政权的身份与明朝直接对垒，攻讨明廷入主中原之心日益坚定。萨尔浒之战后，努尔哈赤乘势连克开原、铁岭，于天命六年（1621）三月攻取沈阳、辽阳，后金节节胜利，士气高涨。作为开国之君，努尔哈赤为满洲的发展与后金政权的壮大奠定了坚实的基础，设计并开创了入主中原君临天下的新格局。

在后金政权发展过程中，八旗牛录制度与满文的创制与完善，对于努尔哈赤独立意识与国家意识的形成都起到了相当大的推进作用，对此前文已有论述，此不再重复。

1626年，努尔哈赤病逝，皇太极即位，改明年为天聪。作为后金最高统治者，皇太极于1635年、1636年先后定族称、改国号表现出了极强的民族主体意识与大清政权意识。

后金天聪九年十月十三日（1635年11月22日），皇太极正式定族名为"满洲"："我国原有满洲、哈达、乌喇、叶赫、辉发等名，向者无知之

① 《建州私志》中卷，见潘喆、李鸿彬、孙方明编：《清人关前史料选辑》第一辑，中国人民大学出版社1984年版，第271～272页。

人，往往称为诸申。夫诸申之号，乃席北超墨尔根之裔，实与我国无涉。我国建号满洲，统绪绵远，相传奕世，自今以后，一切人等，止称我国满洲原名，不得仍前妄称。"① 用"我国"原名"满洲"取代"诸申"意在强调本民族的同一性标识，将之前模糊、混乱的称呼统一起来。

后金天聪十年（1636）四月十一日，皇太极即皇帝位，改元崇德，改国号为大清。虽然从政权实体来看，后金与清只是在称号上有所不同，但是大清政权与之前的"金""后金"却有着质的变化，由一个单民族国家提升为多民族国家。不但整个祭天、登基、册封礼仪基本上是仿照中原王朝的程序进行的，而且在整个过程中满蒙汉三个民族都以独立的身份参与，比如，宣告表文时是满蒙汉官用三种语言，"于是满洲蒙古汉官捧三体表文立于坛东，以上称尊号、建国改元事宣示于众"②，而在进献御宝时亦是由满蒙汉王爷贝勒与高官分三组进行。在典礼后册封众官中也是包括了蒙古外蕃和汉人降将，如孔有德为恭顺王，耿仲明为怀顺王，尚可喜为智顺王等。可见，皇太极改国号为"大清"既有与之前金与后金政权的区别，更有建立一个取代明朝统一全国的新政权的政治目标。自即位以来，皇太极在国家治理上就推行重用汉官儒臣的政策，"参汉酌金"建立统治体系，完善官制，比如在天聪三年（1629）首开科举制度，不论门第官位，不分民族出身，凡有才学者均可参加，参照明制设立六部，突破了八旗制度的限制，事实上已经超越了民族本位的统治理念，将自己的身份定位为各民族的国家统治者。

除了后金-清朝的发展壮大强化了满洲统治者的大一统意识外，以汉文化为代表的中原文化其中所包含的较为成熟的国家治理体系、人文精神与礼俗文化等核心要素对于政权稳定、社会发展具有很强的吸引力与实用性。在与汉族汉文化接触、交往之后发现，以中原传统文化管理人口占绝大多数的汉族显得更为有效，因此，努尔哈赤、皇太极等将其视为国家共

---

① 《太宗文皇帝实录》卷二十五，见《清实录》第二册，中华书局 1986 年版，第 330 ~ 331 页。

② 《太宗文皇帝实录》卷二十八，见《清实录》第二册，中华书局 1986 年版，第 362 页。

同文化建构的重要组成部分。

努尔哈赤在训诫子弟臣工时曾多次引用儒家经典。天命八年（1623）六月，努尔哈赤召集御妹及众公主训之曰："天作之君，凡制礼作乐，岂可不体天心……尔等女流苟犯吾法，吾岂肯纵恕，以败纲常乎？"① 天命十年（1625），太祖设宴款待诸王，又引用论语倡导孝道："语云，其为人也孝弟，而好犯上作乱者未之有也。吾后代子孙，当世守孝弟之道，不可违也。其为长上者，居恒当和睦其子弟，为子弟者，亦宜承顺关切可也。至于上待下、下事上，务以真心实意爱敬之，慎勿怀虚假之念。且我满洲原与汉人蒙古国别俗殊，今共处一城，如同室而居。若侮虐其下，则卑幼者必无得所之期，虽些须饮食，亦当聚宴，以示亲好然。"② 足见其对中华传统文化的认可与践行。皇太极更加注重调整满汉关系，在文化上借鉴学习汉文化，革除满洲陋习，设置文馆翻译大量四书五经等儒家典籍，汲取治国驭民方略。

顺治朝开始设立的经筵日讲制度则为清入关后历代帝王学习借鉴中华传统文化提供了一个更加稳定而又更具针对性的平台。"顺治十年，以内院非经筵日讲地，命工部造文华殿，以讲求古训，此文华殿经筵之始。"③建造专门场所，讲求之古训也是以中原传统思想文化为主，"经筵讲义，由翰林衙门拟进题目，钦点某题，由讲官撰文。直讲官先时熟读讲案，虽设副本，恐临时匆遽，易有脱误也。先四书，后经书。满直讲官先以清语进讲，毕，汉直讲官继之"④。从中看出，选题的确定是需要一定时间和程序的，先由翰林衙门初选数个题目，复由皇帝钦定其中一个，讲官再根据题目撰写讲稿。选题范围则是四书五经，现场进讲分为两部分，先是满官用满语讲，后是汉官用汉语讲。后来又选定部分满汉臣工为固定日讲官，

---

① 《清太祖武皇帝实录》卷四，见潘喆、李鸿彬、孙方明编：《清入关前史料选辑》第一辑，中国人民大学出版社1984年版，第377页。

② 《清太祖武皇帝实录》卷四，见潘喆、李鸿彬、孙方明编：《清入关前史料选辑》第一辑，中国人民大学出版社1984年版，第383页。

③ 吴振棫：《养吉斋丛录》，童正伦点校，中华书局2005年版，第65页。

④ 吴振棫：《养吉斋丛录》，童正伦点校，中华书局2005年版，第66页。

进讲也由一人变成一个三四人的小团队。"顺治十二年，命内三院选满、汉词臣八员充日讲官。自后每日掌院学士率讲官或二人，或三人进讲，不以冬至、夏至为限。十三年，召讲官王熙讲尧典，称旨令每日进讲，且令不必立讲，遂侍坐。"① 清圣祖康熙继续沿袭了这一制度，"学问之道，必无间断，方有裨益。以后寒暑不必辍讲"②。每年岁终，还要将一年讲义汇集，缮写装潢奏进。这一制度持续至乾隆朝方止。

满洲是以明末女真为主体又吸收了汉、蒙古、朝鲜等其他民族部分成员聚合而形成的民族共同体，在组成上就不是单一血统单一来源，自兴起以来不断壮大，建立的后金－清政权也由偏居一隅扩大到全国统治，满洲贵族集团由一般的民族共同体转变为国家统治阶层，这两个特点都使得他们的文化认同是复杂的、多元的。在其认同体系中有对本民族传统文化的认同与坚守，比如国语骑射；同时在社会身份转换之后，从国家治理角度又需要尊重其他民族的文化与风俗，因而又拓展了文化认同范围，提升了文化认同的层次。

从历时角度来看，满洲的文化认同经历了一个由自在到自觉、由单一到多元、由低层次到高层次的嬗变升华过程。在满洲兴起之初，以其传统渔猎文化模式为认同基础，在与其他民族接触交往过程中强化了满洲民族共同体意识，完成了自我文化认同由自在到自觉的转变，也可以说是从无到有的过程。随着整体实力的不断拓展以及与汉文化接触加深，特别在入主中原后，满洲积极主动学习借鉴文明积淀悠久、社会礼俗完备的汉文化，认可并接纳了包括汉文化在内的其他民族传统文化，文化认同结构由单一扩展到多元。费孝通先生提出的中华民族多元一体格局理论认为，中华民族存在一个凝聚核心，最初为华夏集团，后又吸收新的成分，"在多元的基础上统一成为汉族"③。正如汉族在中华民族形成历史中的特殊作用

① 吴振棫：《养吉斋丛录》，童正伦点校，中华书局 2005 年版，第 66 页。
② 吴振棫：《养吉斋丛录》，童正伦点校，中华书局 2005 年版，第 66 页。
③ 费孝通主编：《中华民族多元一体格局》（修订本），中央民族大学出版社 1999 年版，第 31 页。

一样，汉文化在中国也具有特殊地位，历经长期融合积淀，已然作为国家主导性文化模式，在社会具有极广泛的影响力，逐渐为诸民族所共享，既是中华文化的重要组成部分，也是中华文化的代表与象征，其多年形成的政治文化也为历代政权所采用承袭。满洲在创建大清王朝并成为全国政权的统治阶层后，国家意识的形成促使其文化意识的升华，之前对作为一个民族的汉文化的认同升华为对国家共同文化的认同与建构。

第五章

东北少数民族对中华文化的认同

文化认同的改变一方面要受文化自身变迁影响，另一方面也要受主导性文化的引领。这里所说的主导性文化既有可能是作为统治阶层的传统文化，也可能是积淀日久、相对成熟而具有较强影响力的文化。文化认同本身就具有开放性、多元性的特点，在对本民族传统文化认同的同时亦有可能对其他外来文化认同与接受。事实上，在历史上中华各民族之间的文化交流与融合屡见不鲜，其中就包括了在保持本民族文化传统的同时对其他民族文化认同的现象。明朝末年，东北少数民族文化呈现纷繁多样不相统一的局面，满洲的兴起则率先统一了各民族，进而在文化上发挥了引领作用，在强化满洲文化影响力的基础上，通过学习借鉴汉文化又推动了东北区域内文化的发展，为其后各少数民族的文化自觉与文化认同选择，特别是对中华文化的认同奠定了重要基础，使各民族在保持对本民族文化认同的基础上，拓展到对国家共同文化的认同，形成了多元认同的新格局。

第一节　明末时期
东北少数民族文化认同的多样性

满洲崛起之前的东北地区正处于一个多民族共处、多文化并存的局面，一方面是缘于元明两朝对东北地区的松散式羁縻统治，为其自在发展提供了空间，另一方面，金政权灭亡后女真共同体又分化解体，未能以统一的组织形式存在，而是以基于血缘的各部落为单位繁衍生息。这种不相统一的民族分布格局使得东北地区在文化上表现为自在的、散乱多样的，甚至在一定程度上说是前文化的，因而其文化认同也呈现多元多样的倾向。

一、明末时期东北少数民族的分布

明代东北地区的居民按民族大致可划分为三个区域，一个是辽东地区，以汉人占多数，另有部分高丽人和女真人，"华人居十七，高丽人土著归附女直野人十三"①；位于西辽河、老哈河一带的兀良哈三卫，即朵颜卫、泰宁卫与福余卫，居民主要是蒙古人，也是明末的漠南蒙古，分化为科尔沁部、札鲁特部、察哈尔部与喀喇沁部等；北部与中东部则以索伦部及女真各部为主。而朝鲜族和回族则无固定聚居区，与其他民族杂处而居。至明末时期，少数民族主要包括了蒙古、索伦、女真、朝鲜、回族等，但由于这些民族处于不同社会发展阶段，其社会组织也呈多样形式，既有民族共同体，也有部落组织。有的部落经过不断发展融合后逐渐形成新的民族，如达斡尔族、赫哲族、鄂伦春族、鄂温克族、锡伯族、费雅喀族等。明末时期东北各少数民族的分布状况，基本奠定了近代东北各民族的分布格局。

（一）蒙古族诸部

蒙古族是东北地区历史悠久的一个游牧民族，"蒙古"是其民族自称，在汉文典籍里也存在多种不同的记载。《旧唐书》中出现的"蒙兀室韦"是作为蒙古族称的最早记载，其余还有蒙瓦室韦、萌古、蒙国斯、莽古斯

---

① 《辽东志》，见《辽海丛书》（影印本）第一册，辽沈书社1985年版，第363页。

等各种记载。直到元朝时，蒙古族作为族称才固定下来。

蒙古族主体部分属于东胡族系。十二世纪末，蒙古乞颜部首领铁木真崛起，逐步统一了蒙古各部，于金泰和六年（1206），在漠北斡难河流域建立了强大的蒙古汗国，至此形成了统一的蒙古民族。金天兴二年（1233），率兵统一了东北地区，第二年又率军南下灭亡了金国。中统元年（1260），铁木真孙忽必烈继承汗位，次年改国号"大元"，至元十六年（1279）灭亡南宋，统一了中国。元朝历五世十一帝，统治仅98年便被朱元璋建立的明王朝所取代。公元1368年元朝在中原的统治崩溃后，元朝皇室退居漠北，建立与明朝并存的游牧政权，史称"北元"，东北地区仍然分布有若干个蒙古游牧部落。

明末时期，蒙古以沙漠瀚海为界，分为漠北、漠南、漠西三大部分：在大漠以南各部称为漠南蒙古，大漠以北称为喀尔喀蒙古，大漠以西各部称为漠西蒙古，即卫拉特蒙古。东北的蒙古诸部大致包括两大部分：一是漠北布里亚特蒙古，主要分布在贝加尔湖以东至黑龙江上游地区额尔古纳河流域；二是漠南科尔沁蒙古，主要分布在嫩江流域至吉林西部地区。

布里亚特蒙古又作不里牙惕蒙古，是贝加尔湖附近至额尔古纳河一带的世居蒙古部落，属漠北蒙古。明代末期，漠北蒙古形成了车臣汗、土谢图汗、札萨克汗三大部分，布里亚特蒙古处于这三部分的统辖之下。布里亚特蒙古及茂明安部与生活在这一带的鄂温克族相邻，明朝政府曾在其生活区域建立了坚河卫、斡难河卫、乞塔河卫等对蒙古部落进行管理，令其每岁纳贡。明万历二十二年（1594）布里亚特蒙古诸部归附了女真首领努尔哈赤，同年科尔沁蒙古及喀尔喀五部遣使通好。万历三十四年（1606）十二月，"恩格得力又引蒙古胯儿胯部（喀尔喀部）五卫之使，进驼马来谒，尊太祖为昆都仑汗"[1]，"昆都仑汗"意为"恭敬汗"。崇德三年（1638），喀尔喀蒙古有土谢图汗、札萨克图汗、车臣汗，"三汗并遣使入

———

[1] 《清太祖武皇帝实录》卷二，见潘喆、李鸿彬、孙方明编：《清入关前史料选辑》第一辑，中国人民大学出版社1984年版，第323页。

朝，定各贡白马八，白驼一，谓之九白之贡，岁以为常"①。崇祯七年（后金天聪八年，1634），游牧于鄂嫩河流域的茂明安部蒙古归附后金，次年皇太极将内外喀尔喀蒙古已归附壮丁编成十一旗。②

科尔沁蒙古又作火儿慎、好儿趁、廓尔沁，生活在额尔古纳河、呼伦湖、海拉尔河附近，科尔沁蒙古是元太祖铁木真之弟哈布图哈萨尔的后裔。科尔沁蒙古在明朝初期归兀良哈三卫管辖，兀良哈三卫即明洪武二十二年设立的泰宁卫、扶余卫、朵颜卫。明朝中期以后，兀良哈三卫趁明朝在东北地区统治削弱之际大举南下，迁出黑龙江地区，逼近辽东地区，并不断侵扰明朝地方。明正统十二年（1447），明军围剿兀良哈三卫，卫拉特蒙古也趁机出兵，泰宁、朵颜二卫不支归降，扶余卫北撤回嫩江流域。嘉靖年间，哈萨尔第十四世孙奎蒙克塔斯哈喇，率部东迁到嫩江、松花江流域，为了与留驻在呼伦湖、海拉尔河一带的科尔沁蒙古旧部相区别，奎蒙克塔斯哈喇便将迁移到嫩江流域的科尔沁称作"嫩科尔沁"。奎蒙克塔斯哈喇的子孙分牧嫩江、松花江一带，均以地为号，有郭尔罗斯、杜尔伯特、扎赉特等部。

（二）索伦部

索伦为诸多黑龙江流域世居民族的总称，"索伦诸部者，黑龙江省土著居民也"③。明朝政府称其为"北山野人"或"女真野人"，主要分布在西起石勒喀河，东至黑龙江支流精奇里江（今俄罗斯结雅河），外兴安岭以南至大小兴安岭的范围内，即黑龙江中上游地区，也是今鄂温克族、鄂伦春族和达斡尔族的统称。

鄂温克族是索伦诸部中一个较为著名的民族部落。"鄂温克"是本民族自称，意思是住在大山林中的人们。从考古学上看，早在公元前两千年，鄂温克族的祖先就生活在贝加尔湖沿岸地区。从文献记载来看，鄂温

① 《清朝文献通考》，浙江古籍出版社1988年版，第7405页。
② 《太宗文皇帝实录》卷二十二，《清实录》第二册，中华书局1986年版，第292页。
③ 何秋涛：《朔方备乘》卷二，索伦诸部内属述略。

克族的祖先与唐代生活于贝加尔湖及黑龙江上游地区的鞠部落及北部室韦中的北室韦和钵室韦等部落有密切关系。由于鄂温克族属于满通古斯语族鄂温克语群，因此鄂温克族是以靺鞨为基础，吸收了北部室韦和鞠部成分，而北室韦与靺鞨又均属通古斯族系统。明末清初，鄂温克族主要分为三大部，居住在石勒喀河至精奇里江一带的被称为索伦部，包括当地的鄂伦春族和达斡尔族部落，其中著名的部落首领有博木博果尔等；居住于贝加尔湖以东、赤塔河流域的鄂温克使马部，明人称之为"女真野人"，史学界称之为"女真北支"，他们还被称为"纳米雅尔"，其中一个氏族部落的首领是根特穆尔；而居住于贝加尔湖西北、勒拿河支流威吕河和维季姆河的鄂温克使鹿部，布里亚特蒙古人称之为"喀木尼堪"，清人还称之为"索伦别部"。史书记载，鄂温克"一作通古斯，亦曰喀木尼汉（堪），即索伦别部也，其俗使鹿"[1]。明代为了管理乞塔河地区的使鹿鄂温克人，设立了乞塔河卫，在兀的河（乌第河）流域，设立兀的河卫。

鄂伦春族族源最早可追溯至南北朝时期的钵室韦，室韦并不是单一的民族，在当时它是泛指分布在勿吉以北的所有民族。据《北史·室韦传》记载："不相总一，所谓南室韦、北室韦、钵室韦、深末怛室韦、大室韦，并无君长。"[2]早在南北朝时期室韦人就与中原王朝建立了联系，《魏书·失韦传》记载，武定二年（544）四月，室韦"始遣使张焉豆伐等献其方物，迄武定末，贡使相寻"[3]。唐代时联系较为频繁，《旧唐书》记载，室韦人"武德中，献方物。贞观三年，遣使贡丰貂，自此朝贡不绝"[4]。唐高祖武德八年（625）唐王朝在黑龙江中上游的室韦人活动地区设置了室韦都督府，以管辖这一地区。到了元朝，这一带的少数民族被笼统地称呼为"林木中百姓"。这个称呼既然是泛指内外兴安岭一带的游猎民族，无疑包括鄂伦春族在内。《蒙古秘史》记载成吉思汗曾于 1207 年派拙赤去征"林木

---

① 何秋涛：《朔方备乘》卷二，索伦诸部内属述略。
② 《北史》卷九十四《室韦传》。
③ 《魏书》卷一〇〇《失韦传》。
④ 《旧唐书》卷一九九《室韦传》。

中百姓"。1235 年在黑龙江中游地区设开元路，元朝对他们采取"随俗而治"的统治政策。生活在这个地区的众多民族之一的鄂伦春族，在当时看来仍然保持着原始的生活和生产方式。明永乐七年（1409），明朝在黑龙江、乌苏里江流域等地设立了最高一级地方行政机构努儿干都司。其时在黑龙江以北有一种"乘鹿以出入"的"北山野人"，就是游猎与外兴安岭一带的"使鹿部"。鄂伦春族即包含在这些"野人"部落之中。

鄂伦春人对外自称"鄂伦千"，意为"林中人"。在清代文献中写作"麒麟""奇勒""齐楞"等。鄂伦春根据分布地区不同，包括有毕喇（拉）尔千，在黑龙江以北、精奇里江源头以南，夹精奇里江而居；另有"北山野人""乞列迷"，在黑龙江口和库页岛一带，史载"一种曰北山野人，乘鹿出入"①；还有"齐楞"，在宁古塔东北三千余里，亨滚河等处。②明代在精奇里江东支流额勒格河设鄂古卫；在精奇里江上游设漠温河卫；在外兴安岭南麓设古里河卫；在本塔河设巴塔河卫；在豆满江上游依莫河设依莫河卫。

鄂伦春族在明末尚处于氏族社会阶段，按照血缘关系分为四大部落。托河部、阿里多布库尔部，游猎在石勒喀河、托河、多布库尔河、甘河、奎勒河一带；库玛尔部，游猎于精奇里江中下游、呼玛河一带；毕拉尔部，游猎于精奇里江河、豆满江、毕拉尔河、逊克河一带。

明末清初，达斡尔族常被称为萨哈尔察部或索伦部。

达斡尔是索伦诸部中人口较多的民族。"达斡尔"是本民族自称，也是鄂温克人对他们的称呼。其族源迄今仍无一致认识，以与蒙古同源说和契丹后裔说为主流。"达斡尔与契丹、室韦、黑水靺鞨均有密切关系，是由以上诸族混合形成的民族，而以契丹（包括东胡—鲜卑—室韦系统）为主源主流，但也不能排斥黑水靺鞨成分。"③

清初的文献，无论是《满文老档》，还是《清太祖实录》《清太宗实

---

① 李贤等撰：《大明一统志》，三秦出版社 1990 年版，第 1369 页。
② 傅恒等编纂：《皇清职贡图》，辽沈书社 1991 年版，第 129 页。
③ 干志耿、孙秀仁：《黑龙江古代民族史纲》，黑龙江人民出版社 1987 年版，第 444 页。

录》，都没有达斡尔族的记载，而把他们称为"索伦部"或"萨哈尔察部"。直到康熙六年（1667）六月《清圣祖实录》中方有"达虎儿"的记载。在清代文献中，还有"达胡尔""达虎里""达呼尔"等不同写法。

达斡尔族分布在黑龙江中上游地区，西起石勒喀河流域，东抵额尔古纳河、黑龙江、精奇里江、豆满江，北达外兴安岭，南到大、小兴安岭北麓，明代文献称其为"达奇鄂尔"，其在活动地域建立的卫所有：托木河卫，在精奇里江支流托漠河附近；鄂古河卫，在精奇里江支流西林木迪河近旁；阿喇山卫、卜鲁丹河卫，在黑龙江支流巴尔达河附近；古里河卫，在精奇里江北侧；萨哈尔察卫，在精奇里江下游；木河卫，在漠河；楚万善卫，在察哈颜峰附近。

（三）女真

至明中叶，几经迁徙与变迁，女真人逐渐形成三大部落，即建州女真、海西女真和野人（东海）女真。建州女真为元代胡里改、斡朵怜、托温三万户府管辖下的女真人几经迁徙、变迁而逐渐形成的一个相对统一的部落联盟，至明末，分布于以今辽宁省境内的浑河流域为中心，南至鸭绿江，东到长白山东麓和北麓的地域。内部又分建州五部（苏克苏护部、浑河部、完颜部、董鄂部、哲陈部）和长白山三部（鸭绿江部、讷殷部、珠舍里部）等。1403年，明廷置建州卫，1412年另置建州左卫，1442年复分建州左卫为左、右二卫，史称为"建州三卫"。

海西女真，元明时期称牡丹江口以西的松花江流域为海西，明初海西女真则指位于松花江中下游一带的女真人。由于海西地处黑龙江流域各部落通往中原的要塞之地，因此，明朝中期将海西地区的女真以及经由此地南下贡市的女真都视为海西女真的一部分，在设置卫所时亦冠以海西之名。在建州女真南迁时，以海西女真为主体的女真人也先后南迁，并在明末时期逐渐形成一个较大的部落联盟，分布于今辽宁省开原以北、辉发河流域，北至松花江中游的广大地区。内部又分哈达、乌拉、叶赫、辉发四部，自称为"扈伦四部"。

东海女真，是对建州女真、海西女真以外的女真人的泛称，亦称野人女真，分布于建州女真和海西女真以东和以北的地区，即松花江下游至黑龙江流域、乌苏里江以东，东到大海包括库页岛在内的广大地区，包括瓦尔喀、呼尔哈、使犬、使鹿等众多部落，后来的赫哲族即在此列。

赫哲族，又有"赫真"和"奇楞"等族称。其人因居住地区差异，存在不同的称呼。如乌苏里江流域，自称"赫真"；混同江、松花江南岸附近的，自称"奇楞"。在清代文献中，有"黑斤""黑折""赫金""赫津"等不同写法，赫哲这一族称，即由以上词汇转音而来。元代赫哲族先民包含在女直达达人中。其中胡里改、斡朵怜、脱斡怜军民万户府和水达达路阿速古儿千户所辖女真人，及黑龙江中下游的女真人是赫哲族先民的主要构成部分。元代女真人处于发展低潮期，主要分布于辽东地区、松花江流域、合兰府地区（绥芬河流域及朝鲜半岛北部东海沿岸）、黑龙江中下游流域。① 在明代，水达达称水兀狄哈、水野人或者江夷，分布十分广泛，西起嫩江流域以东、松花江下游以东，东抵乌苏里江及合兰府，北至黑龙江下游两岸地区。② 明朝在黑龙江流域设置的福提希、斡里城、祜什哈里、兀者野人四卫，均为赫哲人的居住区。明末野人女真，分呼尔哈、瓦尔喀二部，赫哲族即分属二部。呼尔哈部，因呼尔哈河得名，位于牡丹江沿岸及松花江下游地区。瓦尔喀部，在乌苏里江和图们江流域。

此外，明末在东北地区定居的朝鲜人很少，他们主要从朝鲜的庆尚道、咸镜北道等边界四道迁入，主要分布在鸭绿江、图们江沿岸地区。这部分朝鲜人在明末时，由李朝政府分数次遣送回国，其余定居在东北的朝鲜人长期同当地的满、汉等诸民族杂居、联姻。

二、明末东北地区的文化多样形态

明朝政府为了加强在东北地区的统治，曾先后设立了相当于行省一级

---

① 丛佩远：《中国东北史》第三卷，吉林文史出版社 2006 年版，225～226 页。
② 丛佩远：《中国东北史》第三卷，吉林文史出版社 2006 年版，230～234 页。

的辽东都司、大宁都司和奴尔干都司等管理机构，明初在东北有的地区也同中原一样设置了府州县，如大宁府、辽阳府、盖州、金州等，但后来又"悉更郡县，以为军卫"①。与中原地区相比，明朝对东北地区的居民管理方式有较大区别。中原地区是采取郡县制由中央直接管理，而东北地区则因远离中央政权而只能采取军卫制进行军事化管理。从统治管理角度而言，军卫制较之郡县制虽然有些单一但却更为严格，突出了明政府对该地区的统治与控制力；而从人文教化角度而言，军卫制则远不如郡县制更能发挥作用。此外，由于各少数民族部落在社会形态上的原始性，且没有中原汉文化的传统延续，因此，呈现出各自不同文化形态。正是基于不同的自然条件与社会发展进程，明末东北地区汉族与各少数民族族群无论在生计方式上还是在日常生活文化方面都表现出较大差异，呈现出多样形态。

辽东地区是东北边疆经济文化最为发达的地区，其经济生产方式在元末明初以畋猎为主，农耕次之，自洪武中期以后，农业经济则取代狩猎经济而成为主要的生产方式，而且是以军屯为主要土地经营形式。明中叶以后，辽东地区的防备渐弛，虽然民田在嘉靖年前曾一度得到发展，但总体上看，由于受到西部蒙古和北部女真的不断侵扰，至明朝末年，辽东地区的社会经济已经渐趋衰退。在辽河以西地区和辽河以东、辽阳以北这两个区域内大量田地撂荒而无人耕种，仅在最不适宜耕种的辽河以东、辽阳以南这一区域内农业生产还有所保留。② 尽管如此，就整个东北地区而言，辽东仍然是农耕文化最为发达的地区。在文化习俗上则"人性淳实，务农桑，习文礼，有中国之风"③，说明辽东地区的文化已经与中原文化十分接近。

兀良哈三卫的蒙古族主要经济生产方式为畜牧业，属游牧文化，其生活状况为"无城廓，不屋居，行则车为室，止则毡为庐，顺水草便骑射为

---

① 《辽东志》，见《辽海丛书》（影印本）第一册，辽沈书社1985年版，第363页。
② 李治亭主编：《东北通史》，中州古籍出版社2003年版，第355页。
③ 《辽东志》，见《辽海丛书》（影印本）第一册，辽沈书社1985年版，第363页。

业"①，三卫首领"各领所部，以安畜牧"，明政府仍从其旧俗，是为明代东北地区游牧文化的代表。

女真三大部落虽同以女真称号，但各部间的文化差异却较大。我们可以从生产方式与日常生活两个方面来分析其各部的文化特点。

从生产方式来看，建州女真与海西女真更为接近，都处于由狩猎采集经济向农耕经济过渡，属农猎兼资，而东海女真则主要以渔猎经济为主。建州女真早期生活区域基本为山区，"以射猎为业"，兼资"牧放"。在其南迁之后，农业经济得到较快发展，"乐住种，善缉纺，饮食服用皆如华人"②。从事农业生产的主要是通过战争掠获的汉人或朝鲜人。海西女真农业经济更为发达，其生活区域土地肥沃，极利于农耕，农业生产已经成为其首要的生计方式，另外还有渔猎、采集与畜牧等生产形式。东海女真则受自然条件所限，经济主要以渔猎、采集为主，"不事耕稼，唯以捕猎为生"③。在黑龙江下游的乞列迷"不识五谷，六畜唯狗至多"④。

从日常生活来看，建州女真与海西女真受汉文化影响更大一些，而东海女真则相对落后，处于较原始的状态。早期建州女真在居住、饮食、服饰方面仍然有其先民的近乎原始的习俗，"建酋土极寒，或穴居而处，或采桦叶为居，行则驮载，止则张架以居，或穴屋脊梯级出入，或掘溷厕四面环绕之，是其居处也。冬涂豕膏御寒，夏裸袒，裂尺布障体，妇人帽垂珠络，衣缀铜铃，衣豕、衣犬、衣熊、衣鱼皮，是其服也。啖唉生肉，嚼米为酒，醉则溺而盥面，席地歌食以为乐，是其饮食也"⑤，只是后来多次南掠，与汉人接触，"汉人教之板竹以为居，缯练以为衣，火食以为食"，其日常生活习俗才有所进化，渐有华风。海西女真兴起较早，与汉人的接

---

① 《明太祖实录》卷一九六，洪武二十二年五月癸巳。

② 《辽东志》，见《辽海丛书》（影印本）第一册，辽沈书社 1985 年版，第 456 页。

③ 《皇明九边考》卷二，见孔经纬主编：《清代东北地区经济史》第一卷，黑龙江人民出版社 1990 年版，第 36 页。

④ 李贤等撰：《大明一统志》，三秦出版社 1990 年版，第 1369 页。

⑤ 《建州考》，见潘喆、李鸿彬、孙方明编：《清入关前史料选辑》第一辑，中国人民大学出版社 1984 年版，第 132 页。

触也较建州女真早，因此，其日常生活在女真中相对文明程度或者说汉化程度更高一些。明嘉靖十九年（1540），大学士翟銮奏称，巡九边时，"见辽东海西夷，室居田食"①。在婚姻方面，建州女真与海西女真还存在一定的原始习俗，"父死娶其妾，兄亡娶其妻"的收继婚（转房婚）形式仍然存在，在上层中也有一夫多妻的现象，但对多数人而言都是一夫一妻制。东海女真中居于北部的部落生活方式相对原始落后，其社会形态还处于原始社会的父系社会阶段。成书于嘉靖十六年（1537）的《辽东志》对他们的日常生活有着详细的记载，乞列迷"居草舍，捕鱼为食，不栉沐，着直筒衣，暑用鱼皮，寒用狗皮，腥秽不可近，以溺盥洗，父子不亲，夫妇无别，父母疾，远构草庵处之，待其自死，不识五谷，六畜，唯狗多，牵拽爬犁，男耳垂珠，项铁圈，以有无知贫富，婚姻，若娶其姊，则姊以下皆随为妾，男女老死，剖其腹焚之，以灰骨夹于木植之，溺死者，以鱼叉叉其尸，裹以海豹皮埋之，曰变海豹矣，熊虎伤死者，裸踞其尸作熊虎势，令人射中，带矢埋之，曰变熊虎矣，物产则有海青、皂雕、白兔、黑兔、黑狐、貂鼠，今皆入贡"；乞黑迷"暑则野居，寒则室处"，"死者柩悬于树"；吉里迷"男少女多，女始生，男不问老少，先以狗为定，年及十岁即娶，多至十妇者有之"。② 从中不难看出，无论在婚俗、葬俗还是居住、服饰方面，东海女真都具有浓重的原始渔猎民族特征，生产与生活都主要依赖于天然的、几乎未经加工的自然物质和野生动植物，处于一种自然自在的生存状态，"人化"痕迹很少。这与他们相对封闭的生活方式不无关系，建州女真与海西女真与中原明朝几乎都是"一年一贡"，而东海女真则是"朝贡不常"，因而受外来文化特别是文明程度较高的汉文化影响较小。

由上可以看出，明末东北地区无论是经济文化类型还是日常生活文化都呈现出分散的、不相统一的多样形态。既有人类文明发展初期的、近乎

---

① 《明世宗实录》卷二三四，见李澍田主编：《中国东北农业史》，吉林文史出版社1993年版，第171页。

② 《辽东志》，《辽海丛书》（影印本）第一册，辽沈书社1985年版，第468页。

自然的狩猎、渔猎与采集文化类型，同时也有更进一步的农耕文化。占据广大地域的女真各部，在文化上亦表现出多样形态，基本上都是在自然条件允许的范围内自在自发地形成了各自的文化类型，而且各区域文化之间相互隔离，没有形成内在的有机联系。虽然有明一代对东北地区在行政上实行了有效的管辖，但在文化上并没有实现实质上的统领。

按文化存在方式可划分为自在的文化与自觉的文化，所谓自在的文化是指以传统、习俗、经验、常识、天然情感等自在因素构成的人的自在的存在方式或活动图式，[①] 从民族角度而言即是本民族的传统文化。文化认同是以文化标识为基础，在自在文化时期，往往未有明确的文化认同，或者说，文化原生形态就是其认同的对象，因此，文化现象就等同于文化认同。只有在文化自觉后方意识到自身文化的存在、自身文化的特殊性以及与其他异质文化的差异性。明末东北少数民族的多样文化形态几乎都是传统的、自在的文化，因而其文化认同也必然呈现出以各自传统为中心的多样多元化状态。满洲的崛起与后金－清政权的创建改变了这种自在的多元文化认同格局。

第二节　后金－清政权对东北少数民族的统一

尽管文化认同不同于民族认同与国家认同，但是，相互之间关系却十分紧密，互相影响甚至是制约。"文化认同的产生与发展虽然受客观物质与文化环境的影响，但其存在与发展的趋势往往要受到权力——或是国家权力，或是统治者个人的权力的影响。"[②] 在一定程度上可以说，大一统的政权为所辖部众不同文化之间的相互了解、交往、交流与交融提供了一个更为稳定的平台与机遇，同时也对政权之外的文化接触产生了一定的限制。随着后金－清政权的强盛，东北各少数民族被满洲逐渐统一起来，纳

---

① 衣俊卿：《文化哲学——理论理性和实践理性交汇处的文化批判》，云南人民出版社 2001年版，第 87 页。

② 郑晓云：《文化认同论》，中国社会科学出版社 1992 年版，第 183 页。

入有效管辖之下，为文化交流与融合提供了条件。考虑到诸多学者对满洲统一东北地区各少数民族均已有深入系统研究，为避免重复叙述，在此仅简要介绍对漠南蒙古、索伦与东海女真的统一方略与过程。

一、对蒙古诸部的统一

蒙古族为东胡族系后裔，长期游牧于东北西部草原地区，历史悠久，军事势力强大。至明朝末年，蒙古以沙漠瀚海为界，分为漠北、漠南、漠西三大部分。其中漠南蒙古主要介于后金与明之间，成为双方争取的重要力量，主要包括科尔沁、扎赉特、杜尔伯特、巴林、扎鲁特、奈曼、喀尔喀、茂明安、乌拉特、喀喇沁、乌珠穆沁、察哈尔、土默特、鄂尔多斯等部。努尔哈赤与皇太极为了与蒙古建立稳定的联盟，扩大自己实力，采取了联姻结盟、封赏授爵、编旗设佐、武力征讨等一系列措施，具体包括：

一是联姻结盟政策。努尔哈赤借鉴了以往朝代政治上的和亲通婚做法，其中满蒙联姻是开启于后金政权时期，并且延续至有清一代，成为中国封建社会历史上范围最广、频率最高的和亲。从后金最高统治者努尔哈赤、皇太极以及贝勒、大臣及普通百姓均实行联姻。明万历四十年（1612），努尔哈赤迎娶科尔沁明安贝勒女，是为与蒙古联姻之始。科尔沁部是清入关前后与清皇室通婚人次最多的蒙古部落，在努尔哈赤时期，蒙古女子出嫁努尔哈赤家族 14 人，努尔哈赤家出嫁 2 人。皇太极时期，"后金汗家嫁与蒙古各部的女儿共 14 人，娶蒙古女为 26 人，共计 40 人次"①。和亲联姻促进了满洲与其相邻的蒙古各部通好联盟关系。在察哈尔林丹汗称雄漠南时，科尔沁部的巴林部、扎鲁特部纷纷投靠后金，皇太极通过与其联姻的方式进一步稳固与各部关系，孤立察哈尔林丹势力。结盟政策主要是立足于双方共同利益基础上，双方结成政治、军事同盟，共同行动，荣辱与共。在取得萨尔浒大战胜利后，努尔哈赤主动同喀尔喀五部贝勒

---

① 杜家骥：《清朝满蒙联姻研究》，故宫出版社 2013 年版，第 289 页。

"宰白马乌牛"，对天盟誓"今与胯儿胯部五卫王等会盟，征仇国大明，务同心合谋"①。

二是恩威并施政策。除了联姻结盟外，努尔哈赤和皇太极对蒙古诸部采取另一项有效策略就是恩威兼施，战抚并用。对前来归附的少数民族首领、使者给予很高的礼遇、厚赏财物。以科尔沁蒙古为例，努尔哈赤在统一女真部落过程中，有些女真部落是向科尔沁蒙古进贡的；由于努尔哈赤危害到科尔沁蒙古利益，万历二十一年（1593），科尔沁蒙古为首的九部联军3万人进攻建州女真，结果被打败，但努尔哈赤并没有乘胜继续进攻科尔沁部，反而主动与其修好，"甲午年（1594），蒙古科尔沁部明安贝勒、胯儿胯部捞扎贝勒始遣使往来。于是蒙古各部长遣使往来不绝"②。此后，努尔哈赤及皇太极不断扶持、修好科尔沁蒙古，除了联姻外，经常通过赏赐、设大宴等形式加深双方感情。

在对归服各部恩赏礼遇的同时，后金对对抗逆叛者则诉诸武力讨伐。其中最具代表性的是对察哈尔林丹汗的征讨。后金天聪二年（1628），皇太极趁林丹汗西征蒙古土默特部之机，亲率八旗满洲及科尔沁、喀喇沁、奈曼等蒙古军队，大败察哈尔部，归降者甚众。后金天聪六年（1632），皇太极再次亲征，率满蒙联军直击察哈尔部主营地归化城（今呼和浩特市），大获全胜，虽然林丹汗西逃青海（后病死于大草滩），但察哈尔根据地被攻破，残余部尽数归降，基本完成了对漠南蒙古的统一。天聪九年（1635），皇太极派多尔衮等第三次征讨察哈尔部，俘获林丹汗之子额哲，彻底战胜察哈尔部，所属喀喇沁、土默特和鄂尔多斯诸部，亦尽皆归附，漠南蒙古纷纷归附，成为"内属蒙古"（内蒙古）。对盟友科尔沁部的背离行径，后金统治者也绝不姑息纵容。天聪二年（1628）九月，皇太极首次召集蒙古诸贝勒会兵攻打察哈尔部，而科尔沁部诸贝勒多数却不服从皇太

① 《清太祖武皇帝实录》卷三，见潘喆、李鸿彬、孙方明编：《清入关前史料选辑》第一辑，中国人民大学出版社1984年版，第359页。

② 《清太祖武皇帝实录》卷一，见潘喆、李鸿彬、孙方明编：《清入关前史料选辑》第一辑，中国人民大学出版社1984年版，第317－318页。

极命令，"率所部兵侵掠察哈尔国边境，掠毕遽还，不以兵来会"①，与大军会和，私自出兵劫。皇太极对此大怒，写信历数科尔沁部土谢图额附奥巴之罪，奥巴闻后大惊，并亲到后金谢罪。经过恩威并用的方式，皇太极在蒙古诸部的威信与地位不断提高。

三是通过编入八旗加强管理。后金对于归附的蒙古诸部的管理主要是通过八旗制度来实现的。1601年，努尔哈赤创建牛录-八旗组织，初设四旗，1615年增设为八旗。八旗制度创立之初就是为了加强对满洲、蒙古、汉军的管理，在1615年八旗共设有400牛录，其中满蒙牛录308，蒙古牛录76，汉军牛录16。最初归附的蒙古部落就被编入满蒙或蒙古牛录之中。当时也存在混编现象，在满蒙牛录和蒙古牛录都有少量汉人，而在汉军牛录中也有部分满族和蒙古族人。随着归附的蒙古部的增加，1633年，专门编设蒙古二旗，称为"左营"和"右营"，次年改为"左翼兵"与"右翼兵"，1635年，皇太极在战胜察哈尔之后，将原有的蒙古牛录加上内外喀喇沁蒙古部众，重新改编为蒙古八旗。当时的蒙古壮丁总人数为16 953人，分编为十一旗。② 八旗蒙古在政治地位上仅次于满洲，高于汉族与其他民族，被视为维护清王朝的统治支柱，使其与满洲统治者的利益紧密联系在一起，在整个清朝的政治、军事和社会生活中曾产生过重要影响。

同时，后金统治者为了分化蒙古族，控制其上层贵族，还对蒙古地区施行"盟旗制度"。"'盟旗制度'是清朝政府对蒙古族的统治制度。是在1624年至1771年间，根据八旗制度的组织原则，结合蒙古游牧经济结构的特点，酌情加以改造，在蒙古地区逐步形成起来。"③ 其中旗是蒙古地区的行政、军事合一的单位，也是后金统治者给旗内各级封建主的世袭领地。每旗旗长被称为札萨克，任命札萨克时，不但要考虑其在部内的影响及地位，而且还要考虑其对后金是否忠顺有功。旗上设盟，合数旗而成。每盟设盟长一人、副盟长一人，原由盟内各旗札萨克在会盟时推举，后改

---

① 《太宗文皇帝实录》卷四，见《清实录》第二册，中华书局1986年版，第62页。

② 傅克东、陈佳华：《八旗制度中的满蒙汉关系》，载《民族研究》1980年第6期。

③ 郑玉英：《试论清初八旗蒙古问题》，载《辽宁大学学报》1983年第1期。

由理藩院任命，选择各盟旗的忠于清廷的王公、台吉担任，中央保留最高管理和监督权。通过盟旗制度推行，后金获得了对蒙古地区首领产生的控制和首领的任用权。

总之，后金－清政权对漠南蒙古这支强势力量采取了多种方式建立稳定的结盟关系，不仅使得蒙古诸部与满洲建立了长期稳定的密切政治伙伴关系，为后金政权的发展壮大发挥了重要支撑作用，而且通过八旗制度和盟旗制度对其实现实质性统治，强化了蒙古各部对清政权的政治认同。

二、对黑龙江上游诸部的统一

明末清初黑龙江上游土著居民主要有三部分，居处最远的为索伦部，在爱辉城北、沿结雅河两岸的萨哈尔察部和距后金最近的呼尔哈部（在爱辉附近）。后金采取了以招抚为主、军事征讨为辅的策略相继统一诸部。

事实上，随着后金政权的强盛，索伦诸部就不断朝贡示好，努尔哈赤、皇太极则顺意招抚，对于诚心归附如期纳贡的部落，赐以重赏，封以官职。天命十一年（1626）就有"黑龙江人来朝"[①] 的记录，虽无确指来朝者为何部落，但却是黑龙江上游诸部朝贡的开始。其后前来献贡者不断增多。天聪五年（1631）六月、七月，天聪七年十一月，分别有黑龙江地方伊扎纳等五头目、呼尔哈部、萨哈尔察部首领前来朝贡，皇太极则热情款待并赐赠布匹、靴帽等物品。黑龙江地方的羌图礼自归附以来，一直照章纳贡，而且还替后金政权招抚其他氏族部落，天聪八年（1634）正月，他率六十七人来朝。崇德二年（1637）、崇德八年（1643）再次来朝见、纳贡，所以他颇受皇太极青睐，多次获厚赏。对于黑龙江地区的少数民族部族，在他们归附后，努尔哈赤、皇太极也将宗室女嫁给部落首领。值得关注的是萨哈尔察首领巴尔达齐，曾于天聪八年（1634）、天聪九年（1635）两次朝贡，此后则与后金建立了极为稳定的联盟关系，皇太极将

---

① 《太宗文皇帝实录》卷二，见《清实录》第二册，中华书局 1986 年版，第 30 页。

宗室公主嫁给巴尔达齐，称其为额附。巴尔达齐对后金可谓忠心耿耿，"从天聪八年到崇德八年（1634—1643），巴尔达齐先后11次到后金－清朝朝见纳贡，每一次朝贡都受到盛情款待和极高的礼遇"[1]，在后来索伦部首领博木博果尔率兵抗清时坚定地支持清军。萨哈尔察为达斡尔先民，巴尔达齐投奔后金对索伦其他各部带来较大影响，加速了各部的归附。还需要提及的是，崇德二年（1637）与三年，博木博果尔两次拜见皇太极，贡献马匹、貂皮等。博木博果尔是黑龙江上游左右两岸索伦部的最大头目，他的势力范围包括黑龙江左岸的雅克萨、阿萨津、铎陈，右岸的多锦、额穆尔等城寨，他的拜见标志着皇太极对黑龙江上游地区的控制以及索伦部对后金－清政权的政治认同。

尽管黑龙江上游诸部不断有前来朝贡者，表示出对后金的臣服态度，但后金对这一地区并未实现真正的统治与实质上的管理，加之朝贡部落亦有出尔反尔叛服不常的现象，于是，满洲统治者在恩遇归服者的同时开始运用武力进行征讨，恩威并施确立后金政权的权威性与合法性。皇太极在天聪年间对索伦部用兵，规模较大的有三次。第一次是天聪八年（1634）十二月，派梅勒章京巴奇兰、甲喇章京萨木什喀率2500名兵丁，41名章京，往征黑龙江。在此次征讨中，皇太极还提出可用操同一语言者同为一国人的说法争取招抚，加强文化认同："此地人民，语音与我国同，携之而来，皆可以为我用。攻略时，宜语之曰：'尔之先世，本皆我一国之人，载籍甚明，尔等向未之知，是以甘于自外，我皇上久欲遣人，详为开示，特时有未暇耳。今日之来，盖为尔等计也。'如此谕之，彼有不翻然来归者乎！"[2] 第二年，巴奇兰等奏报战果辉煌，收复编户壮丁2483人，人口7302，妇女幼儿160人，另有牲口及兽皮若干。在取得战争胜利后，皇太极对招服之众优礼有加，照例赏赐房屋、田地、衣食、器皿，还亲自举行盛大宴会。第二次大规模北征是在崇德四年（1639）至五年，这次征伐主要是针对索伦部博木博果尔的叛乱。博木博果尔虽然曾两次朝贡，但因对清政权给予巴尔达齐利益更大而心生不满，愤而纠合黑龙江上游两岸多个屯落，起兵反清，一时之间，四处响应。索伦部除额附巴尔达齐所辖多科屯之外，几乎都参加了博木博果尔的反清活动。崇德四年（1639）十一月，皇太极派索海、萨穆什克出征，历经一年多时间，大败博木博果尔诸部，占领铎陈、阿萨津、雅克萨（俄罗斯阿尔巴津）、乌库尔四城堡，果博尔、博和里等七屯，俘获人口超万人，并于崇德六年乘势擒获博木博果尔。第三次是在崇德七年（1639）至八年，皇太极先后派出沙尔虎达、叶赫与阿尔津、哈宁噶等往征呼尔哈部，实现了对黑龙江上游的统一。

后金－清政权对索伦诸部前来归附、招抚和征讨俘获之众采取编旗设佐的方式加以管理，主要分为编设索伦牛录和加入八旗满洲两种方式，其中对主动归附的索伦部众以原有氏族组织为基础编设索伦牛录，以原有族长为世袭佐领，至崇德五年已经编成八个索伦牛录；对征讨所俘获的索伦部众则直接带到盛京沈阳，编入八旗满洲，后逐渐融入满洲之中。"总之，东北少数民族包括索伦部大量加入新满洲，在满洲民族联合过程中发挥了积极作用。索伦部的民族意识在满洲强大的军事实力和正确的民族政策下逐渐淡化，伴随而来的是其对满洲的政治认同。"①

三、对东海女真的统一

与建州女真、海西女真部落联盟形式有所不同，东海女真主要指这两部之外、散居于松花江下游至黑龙江流域、乌苏里江以东，东到大海包括库页岛在内的广大地区，包括瓦尔喀、呼尔哈、窝集、使犬、使鹿等众多部落。

努尔哈赤与皇太极对东海女真的统一方略与对蒙古与索伦有所不同，是以军事征伐为主，招抚纳降为辅。1607 年，东海斡儿哈部蜚敖城主策穆

---

①　黄彦震：《清朝索伦部与满洲关系研究》，中国社会科学出版社 2021 年版，第 79 页。

德黑谒太祖曰:"吾地与汗相距路遥,故顺兀喇国主布占太贝勒,彼甚苦虐吾辈,望往接吾等眷属,以便来归。"太祖令弟舒尔哈齐与长子烘把土鲁贝勒,次子代善贝勒与大将军非英冻、虎儿憨等,率兵三千,往蜚敖城搬接。"至蜚敖城,收四周屯寨约五百户",虽然受到"兀喇国布占太发兵一万截于路",[1] 但最后还是大胜而还。同年五月,"太祖令幼弟着里革兔贝勒、大将厄一都、非英冻、虎儿憨虾等,率兵一千,往征东海兀吉部,取黑十黑、敖莫和、所罗佛内黑三处,获人畜二千而回"[2]。此后,文献中还记载了1609年、1611年、1616年、1617年努尔哈赤多次派兵征讨招服东海女真各部。努尔哈赤曾于天命元年(1616)派兵往征东海女真,"遣答儿汉虾、雄科落二将领兵二千,征东海查哈量部(萨哈连部)","行至兀儿姜河,造船二百只,水陆并进,取沿河南北寨三十有六",乘冰封江面之机,率兵过江,"取查哈量部内寨十一处",又招抚使犬部酋长四十人。[3] 不久,努尔哈赤又派兵,征黑龙江下游和库页岛及附近岛屿,这里各部相继归顺。1617年"遣兵四百,沿东海地界收取离散不服之国。至日,遂将东海岸散居之民尽取之。其负岛险不服者,乘小舟尽取之而回"[4]。表明努尔哈赤已经将沿东海散居部落基本统一至后金管辖之下。

自1593年努尔哈赤大败叶赫、哈达等九部联军后,在各部族之中名声大振,遂有东海女真众多部落前来归附,努尔哈赤则通过赐物、赏官甚至联姻等方式予以厚待。如,1599年,"东海窝集部之虎尔哈路长王格、张格率百人朝谒,贡黑白红三色狐皮、黑白二色貂皮、自此渥集(窝集)部之虎尔哈路每岁朝谒……因以大臣女六。配其六长"[5]。1618年东海呼尔

---

① 《清太祖武皇帝实录》卷二,见潘喆、李鸿彬、孙方明编:《清入关前史料选辑》第一辑,中国人民大学出版社1984年版,第323页。

② 《清太祖武皇帝实录》卷二,见潘喆、李鸿彬、孙方明编:《清入关前史料选辑》第一辑,中国人民大学出版社1984年版,第324页。

③ 《清太祖武皇帝实录》卷二,见潘喆、李鸿彬、孙方明编:《清入关前史料选辑》第一辑,中国人民大学出版社1984年版,第336页。

④ 《清太祖武皇帝实录》卷二,见潘喆、李鸿彬、孙方明编:《清入关前史料选辑》第一辑,中国人民大学出版社1984年版,第337页。

⑤ 《太祖高皇帝实录》卷三,见《清实录》第一册,中华书局1986年版,第43页。

哈部酋长率部来降，努尔哈赤不仅设宴款待，而且对想要留下来的给予四季衣服和房田等物，结果大多数选择了留下，并致书家人劝说前来归附。从万历三十五年（1607）起，到万历四十三年（1615）止，努尔哈赤五次用兵，基本上收服了东海窝集部。①

皇太极继承汗位后，继续对乌苏里江、黑龙江流域的少数民族进行征讨，主要以努尔哈赤征而未服的瓦尔喀部为主。如，天聪五年（1631）二月，令大臣孟阿图征瓦尔喀，俘获"男子千二百十九名，妇女千二百八十四口。幼丁六百三名，人参皮张甚多"②。天聪九年（1635），往征东海瓦尔喀吴巴海、荆古尔代从宁古塔奏报，收服壮丁560人，妇女500人、幼儿90人，俘获妇女66口，马60匹，牛百头，以及貂、虎、狐等动物皮660多张。③收服瓦尔喀之后，皇太极将目标转向呼尔哈部，至崇德七年，又两次用兵呼尔哈部，基本完成对东海女真的统一。皇太极对所占领的东海女真采取编户管理，"其归附者，编为户口，令贡海豹皮。又须劝谕伊等，弃恶从善，共为良民"④。

到崇德七年（1642），原属明朝奴儿干都司管辖的黑龙江、乌苏里江流域，北至外兴安岭，南达日本海，东抵鄂霍次克海、库页岛，西到贝加尔湖的广大地区，已完全置于清政权的统治之下了。对此，皇太极昭示天下："予缵承皇考太祖皇帝之业，嗣位以来，蒙天眷佑，自东北海滨，迄西北海滨，其间使犬使鹿之邦，及产黑狐黑貂之地，不事耕种，渔猎为生之俗，厄鲁特部落以至斡难河源，远迩诸国，在在臣服。蒙古大元，及朝鲜国悉入版图。"⑤

在这一节中用了较大篇幅梳理满洲对东北各少数民族的统一过程，其中有的部分在前面章节中或多或少已有所涉及，主要想说明这样一个问

① 张杰、张丹卉：《清代东北边疆的满族（1644—1840）》，辽宁民族出版社2003年版，第11页。

② 《太宗文皇帝实录》卷八，见《清实录》第二册，中华书局1986年版，第113页。

③ 《太宗文皇帝实录》卷二十三，见《清实录》第二册，中华书局1986年版，第301页。

④ 《太宗文皇帝实录》卷四十八，见《清实录》第二册，中华书局1986年版，第637页。

⑤ 《太宗文皇帝实录》卷六十一，见《清实录》第二册，中华书局1986年版，第829页。

题，即：后金－清政权对东北少数民族的统一与有效管辖，既是一种政治上的统治，同时也是一种文化上的整合。从以上对东北各少数民族的占领与统治来看，联姻结盟、厚遇招抚与武力征伐等措施固然加强了各部的归附，但是真正发挥长期治理作用的则是满洲独创的八旗牛录制度。通过编旗设佐能够在短时期内形成一种有效的管理体系，便于政令下达与统一调配。不仅如此，对东北蒙古、索伦等民族而言，八旗制度使他们的旗人意识超越了原有民族意识。在八旗体系内，各旗与旗下佐领，每逢战事，与八旗满洲统一调配。这种管理体制极大弱化了其原有的蒙古和汉族身份，更强调所属旗籍身份，因而大大增强了对八旗最高统领后金－清政权的认同。在清政权统一管理下，许多制度相继建立，以八旗制度为机制，在文化上开始对原本多样形态进行了整合。比如在服饰上，天聪六年（1632），皇太极首先规定了八旗首领的服饰穿着："八固山诸贝勒，在城中行走，冬夏俱服朝服，出外方许服便服。冬月入朝，许戴元狐大帽，居家戴尖缨貂帽及貂鼠团帽，春秋入朝，许戴尖缨貂帽，夏月许戴缀缨凉帽。素蟒缎各随其便，不得擅服黄缎及五爪龙等服，若系上赐不在此例。平时勿着缎靴，唯夏月入朝许用。"紧接着又规定了八旗臣工的服饰制度："至于满洲、蒙古、汉人，自固山额真以下，代子、章京、护军及牛录下闲散富足之人以上，冬夏在城，俱服披领袍，不得服小袍。贫人服无开襟袍，其果否贫穷，听各固山额真详察，若出外俱许服小袍。又闲散侍卫、章京、护军及诸贝勒下闲散护卫、章京、护军以上，许服缎衣，余者俱用布。"[①] 这种制度对在旗的所有部众都具有约束力。再比如，满文作为一种后金政权的官方文字通行使用范围绝不仅仅在满洲民族内部使用，还是后金－清政权记述档案、发布政令、传递信息的主要工具，也是与明朝、朝鲜和蒙古之间交往的官方文字。统一文字创制与推广使用，不仅大大提高了满族人的民族意识和凝聚力，而且这种"书同文"的形式也强化了各部族对统一

---

① 《太宗文皇帝实录》卷十二，见《清实录》第二册，中华书局 1986 年版，第 175 ~ 176 页。

文化的认同。这种统一文化的代表则是作为清朝统治者的满洲文化。因此，可以说，正是后金－清政权对东北地区少数民族的统一，才逐步实现了文化上对满洲文化的认同，尽管各民族依然保留了其部分传统文化，但满洲文化的主导性地位已经确立起来。至清中期，乾隆开始对东北实行封禁政策，其中一个原因就是为了保持东北地区的满洲传统风俗。"盛京、吉林为本朝龙兴之地，若听流民杂处，殊于满洲风俗攸关，但承平日久，盛京地方与山东、直隶接壤，流民渐集，若一旦驱逐，必致各失生计，是以设立州县管理。至吉林，原不与汉地相连，不便令民居住。今闻流寓渐多，著传谕傅森，查明办理。并永行禁止流民，毋许入境。"① 尽管这一政策并没有从根本上杜绝关内汉民出关垦荒的现象，但至少说明至清中期，东北仍然是满洲文化保留最完整的地区，其中不仅因为这里是满洲文化的发源地，有着丰厚的文化土壤，而且也说明了东北各少数民族对满洲文化的长期认同与坚守态度。

第三节　东北少数民族对汉文化的接受与认同

回顾满洲崛起之路即可看出，努尔哈赤与皇太极均以东北地区为世居之地，也是"龙兴之地"，更是入主中原的大后方。因此，在对东北少数民族诸部统一的过程中，并不是简单地征服，而经常是恩威并用，"顺者以德服，逆者以兵临"，以实现实际控制为目标，通过编民入旗将归降之众纳入八旗体系之内，达到一种体制上的融合，增强满洲的整体实力；同时，对于占领之地又通过编旗设佐等有效手段加强区域内管理，不断强化并巩固后金－清政权的统治地位。在统治稳定的基础上，通过八旗制度和作为"国语""清文"的满文的使用与推广等方式，完成了对原本不相统一的东北少数民族多样文化形态的整合，并形成了以满洲文化为主导、各

①《高宗纯皇帝实录》卷十三，见《清实录》第二十一册，中华书局1986年版，第707～708页。

少数民族传统文化继续保持并发展的东北区域文化体系，以及对满洲文化与本民族文化双重认同的文化认同格局。

顺治元年（1644）四月，摄政王多尔衮在吴三桂的帮助下率清军攻入山海关，与农民起义军激战获胜，五月进入北京城，十月顺治帝从盛京迁都北京，从此开启了满族崭新的历史时期。在随后的几年中，清军东征西讨，逐渐结束了自明末开始的纷乱局面，社会日趋稳定。入主中原后满族身份发生了巨大变化，由最初偏居一隅的少数民族转变为君临全国的统治民族。与此同时，从民族关系角度而言，满族开始了大范围、多层面与占全国人口绝大多数的汉民族的接触，进而导致与汉文化的深度交往与认同。作为东北各少数民族文化的主导性文化，满洲文化的变迁必然会影响东北区域文化的发展方向，同样，作为清朝统治者的满洲，其文化认同的改变，也相应地引导东北各少数民族文化认同的选择。入关后，清统治者依然十分重视对"龙兴之地"东北地区的经略，甚至一度为了保存传统风俗而实行封禁政策，但是，在大一统政权的管辖之下，东北与国家其他地区不可能分离隔绝起来。文化的传播与影响常常是潜移默化的，在统一稳定的政治格局内，各民族间文化交流与交融不断加强。在满洲统治者的引导下，汉文化与东北少数民族文化的接触、交往日趋频繁，在东北地区的传播越来越广，影响越来越大，东北少数民族对汉文化的认可接受度也越来越高。

一、清代贡貂赏乌林制度与汉文化的传播

贡貂赏乌林制度是清代对东北地区的一些民族实行的一项特殊贡赏制度，是将纳贡与回赏结合起来，以此项政策的推行达到抚绥远民，稳固边疆统治的目的。黑龙江下游、松花江下游、乌苏里江流域及沿海、库页岛等地的广阔地域内，居住着赫哲、费雅喀、奇楞、鄂伦春、库页、恰喀喇等少数民族，他们世代生活的地区山川遍布，河流众多，为此他们世代以渔猎为生；这些地方盛产貂、猞猁、狐等野生动物，貂皮最为珍贵。后

金－清政权为了加强这些边疆民族同中央王朝的关系以及加强对他们的统治，结合当地实际情况，在东北边疆少数民族地区实行"贡貂赏乌林"制度，即规定每户每年交纳一张貂皮作为捐税，清政府给予绸缎、布匹等赏赐，"乌林"满语意为财物、布帛，故这项制度被称之为"赏乌林"。这项对于东北边疆少数民族的管辖措施几乎贯穿了有清一代。早在努尔哈赤统一女真各部的过程中，就对归附黑龙江流域的使鹿部、使犬部及乌苏里江以东临海的各部落实施贡赏制度，对他们进行管理与经营。现有史料关于纳贡的最早记载是东海窝集之地的呼尔哈部，该部最早归附于建州女真，明万历二十七年（1599）一月"东海渥集（窝集）部之虎尔哈路长王格、张格率百人朝谒，贡黑白红三色狐皮、黑白二色貂皮。自此渥集部之虎尔哈路每岁朝谒"①。这些部落通过纳贡表示臣属后金。

同时，对于逾期贡献方物的行为，则视为是对清（后金）的统治的反抗，清（后金）就要对其进行军事征讨。呼尔哈部早期曾多次献貂皮等方物，如天聪四年（1630）五月，"虎尔哈部落二十一人来朝，贡貂皮"②，天聪五年（1631）秋七月，"黑龙江地方虎尔哈部落托思科、羌图礼、恰克莫、插球四头目来朝，贡貂、狐、猞猁狲等皮"③，其后则一度中断朝贡，皇太极极为不满，于天聪八年（1634）二月对黑龙江地方来归的头目嘛尔干、羌图里说道："虎尔哈慢不朝贡，将发大兵往征，尔等勿混与往来，恐致误杀。从征士卒，有相识者，可往见之。此次出师，不似从前兵少，必集大众以行也。"④ 从中可以看出，皇太极对不来进贡的呼尔哈部绝不姑息，令二人将话传给呼尔哈部，督促其尽快前来进贡，服从并且认可后金政权对其统治，否则将派重兵征讨，而对"自归附以来贡献不绝于道"的嘛尔干、羌图里分别赏赐，足见其对于贡貂制度的重视。伴随着后金实力的不断壮大，在其恩威并施策略的综合作用下，黑龙江流域的众多

① 《太祖高皇帝实录》卷三，见《清实录》第一册，中华书局1986年版，第43页。
② 《太宗文皇帝实录》卷七，见《清实录》第二册，中华书局1986年版，第99页。
③ 《太宗文皇帝实录》卷九，见《清实录》第二册，中华书局1986年版，第124页。
④ 《太宗文皇帝实录》卷十七，见《清实录》第二册，中华书局1986年版，第231页。

部落纷纷前来朝贡。同时，后金时期相关史料也记载，东北边疆少数民族部落在贡貂的同时也得到了布匹等赏赐，如天聪七年（1633）十一月，"萨哈尔察部落之头目费扬古、满代，率四十六人来朝，献貂皮千七百六十九张，赐布二千六百三十匹"①，这一贡一赏，表明贡貂赏乌林制度已经初步形成。内附后，各部往往都以珍稀的貂皮等作为贡物相送，而努尔哈赤和皇太极也用少数民族十分看重的衣物等回赠。据《天聪九年档》记载，是年正月十五日，"使犬部索琐科额附来朝，向汗贡黑玄狐皮四十二、黄狐皮二十九、狐皮及貂皮皮端罩二百二十九、普通貂皮三百六十九、水獭皮二"。是年二月十二日，"赐给使犬部索琐科额附蟒缎无扇肩朝衣、衬衣、裤子、暖帽、腰带、靴等一套，赐给其四女捏褶女朝褂、捏褶女朝衣、袍、衬衣各一套。又赐给十二人缎袍、衬衣、裤子、暖帽、靴、腰带，赐给三十二人毛青布袍、衬衣、裤子、靴、腰带等物"②。《天聪九年档》中有关进贡与赏赐的记载多达250条，皇太极赏赐各部的记载有97条之多。③

"贡貂赏乌林"制度作为后金及清朝怀柔羁縻赫哲等边疆民族的重要手段，从后金一直延续至清末，极大推进了边疆少数民族对于汉文化的认同，如在风俗习惯上，赫哲族传统服饰为鱼皮衣，伴随着清朝"贡貂"与"赏乌林"制度以及商贸往来在赫哲族地区的推进，绸缎、布匹传入了赫哲族地区，越来越多的赫哲族也仿照满、汉人穿布制衣服，到清末，皮衣逐渐被布衣所代替。在"贡貂赏乌林"制度实施过程中，满洲统治者是推行者，同时也是赫哲与汉文化交流的桥梁与纽带。这一制度的实施，扩大了东北边疆少数民族地区在政治、经济、文化诸方面与中原地区的交流，促进了东北边疆少数民族地区的社会经济发展，增强了东北边疆少数民族对国家的向心力和亲和力，加快了东北少数民族与其他民族特别是汉族的

---

① 《太宗文皇帝实录》卷十六，见《清实录》第二册，中华书局1986年版，第215页。

② 关嘉录、佟永功、关照宏：《天聪九年档》，天津古籍出版社1987年版，第6、31、73页。

③ 佟永功、关嘉禄：《简论清代东北边疆民族政策——从贡貂赏乌林说起》，见中央民族大学历史系主编：《民族史研究》（第3辑），民族出版社2002年版，第303页。

融合。另一方面，清政府赏赐给赫哲族人等的丝绸物品，也通过"山丹贸易"源源不断流入阿伊努人及日本国内，形成了一条"苏杭—北京—奉天—宁古塔—依兰—同江—伯力—库页—日本"的"北方丝绸之路"，促进了中华文化的海外传播，提升了中华文化的国际影响。

二、东北教育中汉文化的融入

天命六年（1621），后金进入辽沈地区，伴随着后金－清政权的强大，满洲逐渐成为东北地区的统治民族，满汉民族文化的交融成了东北文化发展的主流趋势。后金（清）统治者一方面通过行政、法律、武力等强制手段对东北其他民族强制推行女真－满洲的传统文化习俗，另一方面也通过多种途径广泛吸收汉文化。努尔哈赤本人比较喜欢汉文化，努尔哈赤"读书识字，好看《三国》《水浒》"①，学习历代中原王朝统治的经验教训。早在努尔哈赤时期就设立八旗学校，如天命六年六月，后金在八旗中每旗设学校一所，任命钟堆、博布黑、萨哈连、吴巴泰、福兴噶、阔贝、札海、洪岱等八人为学校的"巴克什"——师傅，主要"教授汉文"。八个巴克什专职从事教学，并享受"各兼男丁二人，免摇役"的优待。天命后期，努尔哈赤集结了一批女真和汉人秀才，从事文书记录及典籍档案收藏等工作。但是，在重武轻文的努尔哈赤时代，多数女真人并不愿叫自己的子弟入学读书，八旗学校对此也无严格要求，虽然也教授汉文，对汉文化的传播作用有限。如正黄、镶黄两旗仅有学习汉文的学生四人。②

皇太极即位后，从后金实际与女真文化特点出发，学习、借鉴汉族的文化和典章制度。一方面，皇太极大兴尊孔重儒之风，天聪三年（1629）皇太极在盛京建立了孔庙，这是东北地区第一座文庙，同时他还派范文程去祭孔；另一方面，开科取士，选拔优秀人才。同年九月，举行了第一次

① 丛佩远：《中国东北史》第四卷，吉林文史出版社 2006 年版，第 1228 页。
② 中国第一历史档案馆、中国社会科学院历史研究所译注：《满文老档》（下），中华书局 1990 年版，第 1345～1346 页。

考试，"诸贝勒府以下，及满汉蒙古家所有生员，俱令考试。于九月初一日，命诸臣公同考校。各家主毋得阻挠"。经过考试"得二百人，凡在皇上包衣下，八贝勒等包衣下，及满洲蒙古家为奴者，尽皆拨出"①。此外，皇太极还积极提倡学习汉文化，组织翻译汉文书籍，促进满洲汉文化水平的提升。

皇太极与努尔哈赤所采用的武力创天下思路有所不同，主张立国者必须文武并用，开始强调文治的重要性，"自古国家，文武并用，以武功勘祸乱，以文教佐太平，朕今欲振兴文治"②。其中一个主要措施就是劝令诸贝勒大臣让子弟读书，认为唯有读书才能使人明理义、忠君亲上，此举也是皇太极在与明交战过程中观察明军表现总结而来。天聪五年（1631），皇太极正率兵与明军大战辽西，他对明军将士虽处劣势仍顽强抵抗的明理忠君之举深有感触："朕令诸贝勒大臣子弟读书，所以使之习于学问，讲明义理，忠君亲上，实有赖焉。闻诸贝勒大臣，有溺爱子弟不令就学者，得毋谓我国虽不读书，亦未尝误事与。独不思昔我兵之弃滦州皆由永平驻守贝勒失于救援，遂致永平、遵化、迁安等城相继而弃，岂非未尝学问不明理义之故乎？今我兵围明大凌河城，经四越月，人皆相食，犹以死守。虽援兵尽败，凌河已降，而锦州、松山、杏山，犹不忍委弃而去者，岂非读书明道理，为朝廷尽忠之故乎？"③ 皇太极谕令诸贝勒大臣："凡子弟十五岁以下，八岁以上者，俱令读书。如有不愿教子读书者，自行启奏。若尔等溺爱如此，朕亦不令尔身披甲出征，听尔任意自适，于尔心安乎？其咸体朕意毋忽。"④ 皇太极的这一"读书令"对于推进八旗学堂教育起了重要作用，亦可视为清代设立八旗官学教育宗室子弟的开端。

八旗官学的设立与科考取士使得八旗王公子弟能够系统学习满汉文化，特别是儒家经典，其中也包括八旗蒙古子弟，全面提升了文化水平。

---

① 《太宗文皇帝实录》卷五，见《清实录》第二册，中华书局1986年版，第73页。
② 《太宗文皇帝实录》卷十，见《清实录》第二册，中华书局1986年版，第146页。
③ 王炜编校：《〈清实录〉科举史料汇编》，武汉大学出版社2009年版，第1页。
④ 《太宗文皇帝实录》卷十，见《清实录》第二册，中华书局1986年版，第146页。

在努尔哈赤与皇太极的大力倡导下，满洲在入关前不断推进汉文化在东北地区与各少数民族之间的传播与扩散。

在清军入关后，统治者更加重视发展教育，因循明代学制，召谕兴学。除了在北京建立官学外，在东北地区特别是陪都盛京创办多种学堂，在传授满语文与骑射技艺的同时，继续推进满洲及其他少数民族的汉文化教育。在康熙朝抗击沙俄入侵取得胜利后，清政府征调八旗移驻东北，并设立盛京、吉林、黑龙江将军巩固边防，并将东北大量少数民族编入满洲八旗，"使东北满族文化教育从辽东一隅发展到整个东北地区。清代东北地区的学校数量和入学人数远远超过以往任何朝代"①。

顺治元年（1644），清世祖福临迁都北京后，大批满洲"从龙入关"，盛京的学堂教育一度偏废。但是，随着屯垦实边的需要，自顺治十年（1653）开始，清政府多次颁布招民出关开垦的法令，通过移民实边的办法，达到"充实根本，图久远之策"②。盛京的府州县等管理机构也相应建立。清代地方官学设置沿用明代旧制，以其设立地的行政级别分为府、州、县学，统称儒学。"康熙四年（1665），始设盛京各府州县儒学。留守盛京的部分八旗官兵的子弟与汉人子弟同在府州县学学习。"③ 学生所习读的书主要是汉文经典，如《御纂经解》、《性理》、《诗》、《古文辞》、《十三经》（校订本）、《二十二史》、《三通》、《四子书》、《五经》、《资治通鉴纲目》、《大学衍义》、《历代名臣奏议》、《文章正宗》等，促进了汉文化在该地区的传播与影响。

自康熙三十年（1691）开始，清朝在盛京陆续设立四种八旗学堂：八旗官学、八旗义学、汉军义学与宗室觉罗官学。④ 其中八旗官学下设满学汉学两个班，"满学各二十名，教读满书，习马步箭；汉学各二十名，教

---

① 张佳生主编：《满族文化史》，辽宁民族出版社 1998 年版，第 197 页。

② 《圣祖仁皇帝实录》卷二，见《清实录》第四册，中华书局 1986 年版，第 64～65 页。

③ 张杰、张丹卉：《清代东北边疆的满族（1644—1840）》，辽宁民族出版社 2005 年版，第 343 页。

④ 张杰：《满族要论》，中国社会科学出版社 2007 年版，第 182～183 页。

读满汉书，习马步箭"①。八旗义学则以未入选官学的幼童为主，满蒙汉均教习满文满语，蒙古幼童教习蒙古语言与文字，汉族子弟则还要加习马步箭。值得注意的是，尽管各类学堂都教授满语满文，但由于科举考试需要用汉文作答，盛京满洲人均可参加，学校教育逐渐由满语文转向了汉语文。

清朝在吉林将军与黑龙江将军所辖区域也先后设立多种类型的官学。自康熙三十二年（1693）至嘉庆二年（1797），吉林将军辖区共设立9地14所八旗学校，其中也包括了今黑龙江部分地区：吉林左右翼官学（今吉林市），宁古塔左右翼官学（今黑龙江省宁安市），三姓左右翼官学（今黑龙江省依兰县），伯都讷左右翼官学（今吉林省松原市），阿拉楚喀官学（今哈尔滨市阿城区），珲春官学，乌拉官学（吉林市永吉县），拉林官学（今黑龙江省五常市拉林满族镇），额穆赫索罗官学（今吉林省敦化市额穆镇）。②清政府在黑龙江将军辖区设立4所八旗学校，其中最早的是康熙三十四年，墨尔根城满学（今黑龙江省嫩江市），齐齐哈尔城满学，黑龙江城满学（今黑龙江省黑河市瑷珲区），呼兰城满学（今黑龙江省哈尔滨市呼兰区）。②吉林、黑龙江的官学在教习内容上与辽宁有所不同，主要讲授满语文与骑射技能，因而被当地称为"满学"或"满官学"，学生都以各少数民族为主，比如，清政府根据黑龙江省将军萨布素奏请，同意"于墨尔根地方两翼各设学一处，每翼设教官一员，将新满洲、席北、索伦、达祜里等每佐领选取俊秀幼童一名，教习书义"③。由于在这些少数民族中绝大部分有语言无文字，如赫哲族、鄂温克族、鄂伦春族、锡伯族等，但同属于满通古斯语族，为亲属语言，学习满语文较方便，为了巩固东北边防，清政府将其编入八旗新满洲，教习满语文可以保证政令通畅，调用迅速。换个角度来看，这种方式实际上是延续自入关前开始的对诸少数民族

---

① 鄂尔泰等修：《八旗通志初集》，李洵、赵德贵点校，东北师范大学出版社1985年版，第960页。

② 张杰：《满族要论》，中国社会科学出版社2007年版，第185～187页。

③ 鄂尔泰等修：《八旗通志初集》，李洵、赵德贵点校，东北师范大学出版社1985年版，第961页。

满洲化的思路，即强化他们对满洲统治与满洲文化的认同。由此可以说，尽管在官学中并没有直接教授汉语与汉文化，但受满语文教育后自然对满洲文化主导地位的认同会日益加强，为其后在满洲文化引导下学习了解并接受认同汉文化奠定了基础。

除了官学之外，清朝还有私学，私学分为初等阶段的蒙养教育和高等阶段的经书学习和时文练习。其内容同样以儒学为主，如蒙养教育阶段学生一般从八九岁入学，农村则多在八至十二岁之间。一般的安排是：第一年学习《三字经》《百家姓》《千字文》《论语》；第二年学习《大学》《中庸》《孟子》的前半部；第三年学习《孟子》的后半部。农村一般人家的子弟只求习字识算够日常应用后，就因家境困难而不再深造，只有家境富足，希望科举入仕的富家子弟才继续学习。第四年后就开始学习《诗经》《书经》《易经》《礼记》《左传》等，并注重练习时文的写作，以求进入官学或书院，考取秀才。①

通过简要梳理可以看出，在清代东北地区，无论是官学还是私学，都培养了大批少数民族人才，并大幅度提高了东北各少数民族的文化水平，与此同时，也直接或间接地推动了汉语汉文化的传播，至少让更多少数民族了解认识了汉文化，为各民族间文化交流与融合提供了更多机会与更大空间。

三、流人与东北地区汉文化的涵化

清代东北的居民，由土著、流民与流人三个基本部分构成。其中，流人是指因反抗清廷统治或触犯清政府的刑律，处以充军、流放、迁徙等刑罚，被强制发配到冰天雪地、生活艰苦的东北边疆的各种罪犯。② 有清一

---

① 齐红深主编：《东北地方教育史》，辽宁大学出版社1991年版，第163页。
② 丛佩远：《中国东北史》第四卷，吉林文史出版社2006年版，第1772页。

代，东北流人数量非常多，"数十年士庶徙兹土者，殆不可以数计。"① 这些流人的来源地区范围十分广泛，如顺治十八年（1661）流放到宁古塔的张缙彦曾谈到，宁古塔"流徙来者，多吴、越、闽、广、齐、楚、梁、秦、燕、赵之人"②。这些流人的流放地点分布于东北许多地区，"在封禁政策实施前，清廷把大量犯人流放到东北各地，开始是充军到沈阳，后来到尚阳堡、铁岭、宁古塔，以后又到瑷珲、齐齐哈尔，还有抚顺、伯都讷、吉林、三姓、索伦、达呼尔等地，其中今黑龙江省主要是宁古塔与齐齐哈尔"③。

根据李兴盛的总结，流人遣戍东北各地主要包括以下几种原因：一是明清战争中被清军自关内掠到辽东，充当奴隶。在清廷入主中原之前，有100 余万人口以此种方式进入东北。二是有清一代爆发了一系列规模不等、类型各异的农民起义与农民战争（包括一些反抗民族压迫的斗争），这些起义与战争失败后，领导者或亡故，或被捕遇难，但大量"为从者"及起义者的亲属，却因这种所谓的逆案被流放到东北来。三是一些抱有"反清复明"思想的汉族地主阶级，因斗争失败而流放东北。四是清朝统治集团内部充满派系之争，在这种斗争中失势一方，有很多人也被遣戍到东北来。五是有的人由于窝藏逃人或主张修改《逃人律》，触犯了满族贵族利益，而被遣戍东北。六是有的人以科场案获罪而被遣戍东北。七是以谏言触犯统治阶级忌讳获罪而被遣戍。八是因其他形形色色的政治案件与刑事案件而被遣戍东北。④ 大量的关内人员进入东北，同时也就意味着不同的文化也随着进入东北。在这些形形色色的流人群体中，对东北文化影响最大的莫过于文化流人。文化流人是指流入前在中原为官吏或士子，掌握有较高文化或某些专长的人，因其原有地位与特长，他们在流放地所受到的待遇往往优于一般流人，对他们政治上管束较松，甚至被免除差役，在地

---

① 王源：《柳边纪略·序》，见李兴盛《中国流人史》，黑龙江人民出版社 2012 年版，第 894 页。

② 李兴盛：《中国流人史》，黑龙江人民出版社 2012 年版，第 894 页。

③ 李兴盛主编：《李兴盛文集》，黑龙江人民出版社 2017 年版，第 189 页。

④ 李兴盛：《东北流人史》，黑龙江人民出版社 1990 年版，第 99～100 页。

方上受到一定的礼遇与尊重，或者被聘用从事某些文化活动，或者自由从事某些文化教育职业，成为清前期东北地区文化领域中一批十分活跃的人物。

这些流人对东北少数民族文化的影响主要体现在两个方面：一个是为汉文化在东北地区的传播，推进东北区域文化发展发挥了重要作用；另一方面是通过著书立说，增强了中原地区对东北少数民族的了解，为各少数民族与其他民族的交流交往与交融奠定了基础。

许多东北流人都以教书授课为谋生手段，"流人通文墨，类以教书自给"①，在谪戍地开办学堂、教学授徒，这些文化流人学识渊博，尤擅长儒家汉学经典文化，因而传授内容也是以《四书》《五经》居多。因南闱科场案被诬而遣戍的江南名士吴兆骞，可谓"惊才绝艳"，流放宁古塔后，他以授徒为生，开始是教流人子弟，后来当地少数民族子弟也有从学者。在流放重镇齐齐哈尔，浙江绍兴人章汝楠在罪戍期间"馆水师营吕家，坐卧一室，终年不出"，江西王雨亭霖教授八旗义学，汪皋鹤、史堂、齐传绕、李慎吉、龚光瓒，甚至安南人范如松，"亦以训蒙为业"②。此外，还有些流人被当地官员聘为书院讲师，如朱履中曾于吉林乌拉主讲"长白书院"、王性存于齐齐哈尔主讲"经义书屋"等，致使吉林"彬彬弦诵，文教日兴"，齐齐哈尔"始有弦歌之声"。③

流人到东北地区对汉文化的传播与清朝政府设立的官学明显不同，也与私学有别。一方面，流人一般住留时间比较长，几年甚至更久。他们与当地土著居民相处不是短期行为，而是长期生活在一起，因此双方交流能够更充分、更深入，交流内容也会更广泛。这一点显然与学校课堂式教育不同，学堂往往有固定的教学内容与周期，而且每天还要受课时限制。另一方面，许多流人均以教书为生，但是这种方式仍然是私人家教式的，有的甚至就住在家里，虽然也有一定约束，但教授内容会更丰富。这种教习

---

① 西清撰：《黑龙江外记》，梁信义、周诚望注释，黑龙江人民出版社 1984 年版，第 79 页。
② 西清撰：《黑龙江外记》，梁信义、周诚望注释，黑龙江人民出版社 1984 年版，第 79 页。
③ 李兴盛主编：《李兴盛文集》，黑龙江人民出版社 2017 年版，第 331 页。

关系超越了一般的师生关系，他们言传身教所表现出来的都是汉族传统文化，是一种近距离渗透式的文化交往与交流，在展示传播汉文化的同时，也促进了汉文化对当地文化特别是少数民族传统文化的涵化，甚至改变了当地的传统风俗，比如，因浙东通海案遣戍宁古塔的著名流人杨越，在到达宁古塔后，"倡满汉人耕与贾"①，"宁古塔地初辟，严寒，民朴鲁。越至，伐木构室，垒土石为炕，出余物易菽粟。民与习，乃教之读书，明礼教，崇退让，躬养老抚孤"②。杨宾在说明撰写《柳边纪略》的原因时，就提到其父杨越在宁古塔"谪居久，变其国俗，不异于管宁、王烈之居辽东，宁古塔人至今思之"③。

特别是当学习者为青少年甚至是儿童时，他们在家庭环境中接受的是本民族传统文化，而在流人先生这里获得的却是一种新的异质文化，促进了他们对汉文化的认同，而以他们为载体则会进一步促进汉文化在当地的传播与浸润。总之，这些流人长期与当地八旗兵民生活在一起，在受当地风俗影响的同时也将汉文化传播至满族之中。也许因为流人从数量上属于少数群体，在短时间内对当地根深蒂固的传统文化不会产生颠覆性的改变，但他们所代表和传播的是有着数千年历史的汉文化，经过一定时期的接触，汉文化就可能占据上风。特别是在公共领域内，汉文化、汉语言会逐渐被广泛接受。

关于东北地区的许多清代史料文献都出自文化流人之手，其中尤以私人撰述为著，如杨宾《柳边纪略》、方式济《龙沙纪略》、吴振臣《宁古塔记略》、张缙彦《宁古塔山水记》与《域外集》等，内容多为作者亲历亲闻，且为正史所不载或不详；也有参与官修志书的编纂，如陈梦雷《盛京通志》。这些志书，记述了当地山川地貌、风土习俗，留下了一批宝贵的东北地方资料，扩大了东北少数民族文化在全国范围内的影响，促进了

---

① 李兴盛：《中国流人史》，黑龙江人民出版社 2012 年版，第 1052 页。

② 赵尔巽等撰：《清史稿》卷四九九《杨越传》，中华书局 1977 年版。

③ 《柳边纪略自序》，见杨宾、方式济、吴振臣：《龙江三纪》，周诚望、董惠敏、赵江平标注，黑龙江人民出版社 1985 年版，第 4 页。

与中原文化的交流。

杨宾本人并非被贬谪的流人，是为了探望被流放的父亲杨越而来到了宁古塔。在康熙二十八年（1689）冬至二十九年春之间，他路过山川等要地，必停下来详尽观览，遇见当地的老人，询问以往的奇闻逸事，而且"凡道里、城郭、屯堡、民情、土俗、方言、河山之险峨厄塞，悉记之"[1]；到了戍所，又陪同父亲游览名胜，凭吊古迹，访问故老，做了大量调查，回到中原后根据"耳目所闻见"撰成《柳边纪略》。《清史列传》认为《柳边纪略》"网罗巨细，足以订史书之谬，而补版图之缺"[2]。

方式济，安徽桐城人，因其父方登峄受戴名世《南山集》案株连流放卜魁（今黑龙江齐齐哈尔）而随同流寓于此。《龙沙纪略》为其于闲暇时"游览询访"中所著的清初黑龙江方志，全书分九类：方隅、山川、经制、时令、风俗、饮食、贡赋、物产和房宇。其对黑龙江水系的考证，足订辽金史之讹，补其他史料之缺，后人予以高度评价："实为黑龙江文化之祖，千载以下，万里以外，考兹土之特产风俗者，孰不珍重之。"[3]

河南新乡人张缙彦以文获遣，于顺治十八年（1661）流徙宁古塔十载而终。出塞后，在登山临水之际，"探奇搜奥"，凡耳目之所及，足迹之所至，无不留心考察，撰有专文。或记其源流、胜迹，或载其物产、风俗。而山水之无名者，"姑以其地，以其里，以其所居人姓氏名之"，从而撰成黑龙江第一部山水记与地名学专著《宁古塔山水记》。

清廷平定叛乱后，三藩部属全部流徙东北，此外还有部分"附逆"的清朝官员被流放东北，陈梦雷便是其中之一。陈梦雷到达戍所后，当时奉天府尹高尔位正在主持编修《盛京通志》，由于陈梦雷才华出众、学识渊博，他被邀请编纂《盛京通志》及审定各县志的编写工作。陈梦雷接手不久，便将准备了近10年的修志工作理出了头绪，并立见成效，不

---

① 魏世效：《柳边纪略·序》，见李兴盛《中国流人史》，黑龙江人民出版社 2012 年版，第1055 页。

② 吕秀莲主编：《黑龙江地方简史》，黑龙江人民出版社 2007 年版，第 215 页。

③ 杨宾、方式济、吴桭臣：《龙江三纪》，周诚望、董惠敏、赵江平标注，黑龙江人民出版社 1985 年版，"前言"第 6 页。

到两年，全书告竣。在此前后又审定了《海城县志》《承德县志》《盖平县志》。

东北地区在历史上就因缺史少志而不被中原人所熟悉，加之地处偏僻，与中原往来有限，常被称为"蛮荒之地"。清代流人所撰史志不仅真实记录了东北地区自然与社会风貌，为研究社会历史文化留存了珍贵的史料，而且这些文献陆续被收入多种丛书与图书集成，为全国其他地区了解东北少数民族文化，促进相互交往与交融奠定了基础。

此外，还需要补充的是，在东北流人中能够返还中原故地者很少，大多数都留在了谪戍地，娶妻生子，世代繁衍，逐渐融入东北社会之中。他们既入乡随俗接受了当地文化，又言传身教，传播了其自身所承载的汉文化。

除了流人外，对东北少数民族文化产生较大影响的还有分批而至的大量屯垦实边移民，他们的到来，改变了当地的人口结构，为汉文化在当地的传播与扎根发挥了重要作用。语言是文化的载体，在此仅以东北地区满语至汉语的转用为例加以说明。①

东北为满族的肇兴之地，也是满语使用时间最久的地区。在迁都北京之前，满语保存得较完整，盛京作为"满洲根本之地，人人俱能清语"。但随着大量八旗官兵的迁出，后又有数量可观的关内汉民的不断迁入，改变了这里的人口结构，使得满语使用的环境受到破坏，这是东北地区满语转用汉语的根本原因。而在满汉文化的接触与交流的过程中，汉文化逐渐占了上风。东北地区的满语使用变迁开始于清军入关之后，变迁过程在辽宁、吉林、黑龙江三省也不尽一致，大体上说，满语使用的衰落从地域上是由南向北。

清朝统治者为了发展其龙兴之地，充实边疆，开始由关内招丁，从事垦荒务农。从顺治十年（1653）到康熙六年（1667），多次颁布招民出关

---

① 郭孟秀：《略论满语濒危过程》，载《满语研究》2007年第2期；《满语濒危原因探析》，载《满语研究》2008年第2期。

开垦的法令，通过移民实边的办法，达到"充实根本，图久远之策"。乾隆年间，为了八旗官兵的利益以及东北地区的土产资源保护，同时也为了保存满族的风俗旧习，曾对东北地区实行封禁，但实际上关内流民并未因此而中断进入东北地区。新增加的人丁都为关内汉民，汉民的大量涌入，改变了以往的人口结构，满族不再是多数群体。说汉语的人员成为多数群体，满语的语言环境逐渐受到破坏。自乾隆中期以后，盛京八旗官兵的满语水平每况愈下，盛京辽阳补放骁骑校的人在提交个人履历中已经不能使用满文了。关内流民进入吉林省境内起于乾隆年间。"乾隆五年（1740）以后，出关民人迫于封禁政策，以及辽东日益密集的人口，流民经锦州、广宁、开原逐渐北上，冲破奉省边墙，流入吉林省，造成流民北上的大势。"① 大量汉民的移入，使得在城镇的满族已多改用汉语。但至道光初年，在满族聚居村屯仍在继续使用满语，"吉林本满洲故里，蒙古、汉军错屯而居，亦皆习为国语。近数十年流民渐多，屯居者已渐习为汉语。然满洲聚族而处者，犹能无忘旧俗"② 黑龙江地区的满语使用情况则比辽宁、吉林地区都要好一些。但满语衰退的规律是一致的，即：在公共领域的满语在清中期就基本不再有人使用了，但在私人领域中满语保存了较长时间。至清末，黑龙江地区仍有少数满族聚居村屯在使用满语。比较典型的有两个较大的满族聚居地区，一个是位于黑龙江沿岸的黑河地区，一个是嫩江流域的齐齐哈尔地区。在20世纪中期以前，这两个地区满语一直保存相对完好。

第四节　东北少数民族对中华文化认同的形成

明末时期东北少数民族处于聚族而居不相统一的分散格局，在文化上

---

① 刁书仁：《论乾隆朝清廷对东北的封禁政策》，载《吉林大学社会科学学报》2002年第6期。

② 李澍田主编、萨英额撰：《吉林外记·吉林志略》，史吉祥、张羽点校，吉林文史出版社1986年版，第35页。

呈现出以各自传统文化为代表的多样并存的局面。从文化形态上看，当时各民族的文化原生性与原始性成分更多一些，各文化之间也有相似或相同之处，但总体上仍然是未整合的零散多样状态。通过相互交往与交流，各民族对自己的文化已经萌生了主体意识，能够区别出自我与他者在文化上的差异，可以说是产生了对本民族文化的认同倾向。满洲崛起后，统一了东北各少数民族，使原本不相领属的各部整合为以八旗制度为核心的政治共同体、组织共同体与社会共同体，并由此形成了对以满洲为统领的后金－清政权的服从与认同。随着整合后的共同体的发展，相互交往越来越密切，民族文化涵化与交融程度日趋深化，东北少数民族受作为主导文化的满洲文化影响越来越大，逐渐形成了对满洲文化的认同。

后金－清政权不断发展壮大，由偏居一隅的地区政权跃升为君临天下的全国政权，满洲文化与汉族汉文化的接触交融由疏到密、由浅至深，加之身份地位变化的影响以及政权稳定发展的需要，满洲在文化认同上由满洲文化逐渐转向以汉文化为核心的中华文化。与此同时，汉文化通过多种渠道与形式传播渗透到东北地区，促进了东北区域文化水平的整体提升，东北地区不再是远离中原的蛮荒之地，东北各少数民族受汉文化影响日趋加深。在此基础上，受满洲文化认同转向的影响，东北少数民族在文化认同上也由满洲文化转向了中华文化。

一、东北少数民族对清朝政权的认同

自 1583 年努尔哈赤起兵至 1644 年入关，经过 60 多年的时间，后金－清政权在统一了东北少数民族各部的基础上，不断加强对东北的经略，如通过创办学校提高当地文化水平与人文素养，汉文化在各少数民族之间传播也越来越广泛。但是，这一阶段，满洲所代表的政权仍然是区域民族政权，而不是国家政权，因此，东北少数民族对清政权的认同更多的是对一个民族政权或者说是区域政权的认同。入关后，清军面临来自农民军与明朝余部的顽强抵抗，战火烽烟四起，因残酷的战争杀戮而导致满汉民族矛盾与冲突不断加剧，全国各地对新政权的态度仍不明朗，排满情绪十分严重。面对如此严峻的形势，清朝政府在加强全国统一的同时，不断调整治国方略，笼络汉族官僚地主，缓和民族矛盾，沿袭明制加强中央集权与制度建设与完善，用了近四十年的时间方完成国家政权的建立与稳定，逐渐实现了由区域政权到国家政权的转换。东北少数民族也随之在政治上由区域民族政权认同升华至清朝大一统政权的认同。

（一）清朝统治的强化

清朝首先集中重兵围剿李自成大顺军，李自成节节败退，先离开北京退到西安，后又撤至湖北，阿济格和吴三桂紧紧尾追，顺治二年九月，李自成被害于湖北通山县九宫山，先前投降大顺军的明朝地方官吏纷纷倒戈，大顺地方政权迅速瓦解。

清军入关后，许多不愿意投降清朝的前明将领官绅，纷纷起兵，先后拥立了明朝宗室称王称帝，与清朝抗衡，统称为"南明政权"。顺治元年（1644）五月，明福王朱由崧于南京称帝，年号弘光，顺治二年（1645）六月，多铎率清军攻入南京，弘光小朝廷灭亡。顺治二年六月，鲁王朱以海监国于浙江绍兴，唐王朱聿键于福建福州称帝，改元隆武，顺治三年先后被清军所灭。顺治三年（1646）十二月，朱聿键的弟弟朱聿鐭于广州称帝，改元绍武，绍武政权不但不组织抗清，而且为争夺权力与朱由榔永历政权相厮杀，顺治四年一月，存在了不到40天的绍武政权灭亡。顺治三年十二月，桂王朱由榔在肇庆称帝，年号永历，这是南明最后一个政权，在抗清明将与农民军支持下存在达十五六年之久，于康熙元年（1662）灭亡。①

李自成死后，余部尚有四五十万之众，后与桂王政权联合，一度收复湖南全省。除李自成率领的大顺军外，张献忠的大西军也是农民军的一支重要力量，张献忠于顺治三年中箭身亡后，其余部在孙可望、李定国率领

---

① 戴逸主编：《简明清史》第一册，人民出版社1984年版，第118~123页。

下与南明政权联合，成为抗清的主力，曾收复四川等多个省份，于顺治元年被清军击败。康熙三年（1664），自湖南转战四川、湖北山区的李自成余部为清军所灭，至此，农民军与南明政权的抗清战争基本结束。

反抗清军的一支水路力量，曾六次进军长江与清军相战，率领水师以金门、厦门为基地，多次击败清军，顺治十八年（1661）率军从荷兰殖民者手中收复了台湾。郑成功去世后其子孙继续占据台湾与清朝相抗，康熙二十二年（1683），福建水师提督施琅率清军水师攻占澎湖，郑克塽上表投降。清朝在台湾设一府三县（台湾府下设台湾、诸罗、凤山三县），由福建省管辖。

从入关到康熙二十二年，清朝用了近40年的时间才完成了对全国的统一，标志着多民族统一国家的格局基本形成，其间还包括了康熙十二年（1673）至二十年（1681）平定吴三桂、耿精忠、尚可喜"三藩之乱"。

与此同时，满洲又采取一系列措施巩固政权根基，一方面加强政治与文化上的同化，另一方面则深化对中原传统文化的认同，推进满汉文化融合，强化大一统政权的统治，树立新政权的形象与威严，进而使得一个靠军事占领而获得的政权获取更高合法性与更多民众拥戴。

作为强制性手段的代表就是对汉人实行剃发易服，留满洲发式，着满洲服饰，以此表示对满洲的归顺。早在努尔哈赤时期就曾有降者削发的要求，但当时收服对象多为东北少数民族，似乎并没受到多少抵抗。在向明朝进军后，强迫汉人剃发，着满服，表示归顺之心，这与中原传统文化"发肤身体受自父母"的观念有着强烈冲突，受到汉人的激烈反抗，曾一度暂停剃发易服政策。顺治二年（1645）六月，摄政和硕睿亲王多尔衮再次谕令推行剃发政策。"向来剃发之制，不即令划一，姑听自便者，欲俟天下大定，始行此制耳。今中外一家，君犹父也，民犹子也，父子一体，岂可违异。若不划一，终属二心，不几为异国之人乎？"[1] 这种"留发不留头，留头不留发"的强制政策，激起广大汉民特别是南方人民的愤怒与抵

---

[1]　《世祖章皇帝实录》卷十七，见《清实录》第三册，中华书局1986年版，第151页。

抗，也延缓了清政权统一全国的进程，在通过军事镇压后才得以持续推行，直至清朝结束。剃发易服"在人们的心灵深处划上了一道永远难忘的创伤，以致汉人每当从事反清活动，总把剪辫复衣冠作为一项重要的内容"①。

在政治上，清朝统治者为了缓和满汉关系，将后金时开始执行的"首崇满洲"政策调整为"参汉酌金"，加强"满汉一家"政治体制的构建。满汉关系是满洲统治者入主中原后遇到的最为棘手的问题。汉人存在着根深蒂固的"华夷之辨"传统思想。入关之后，仅凭着数量有限的八旗王公大臣及满洲兵丁，无法消灭几百万之巨抗清将士和实现对上亿汉民的统治。在这种背景下，清朝统治者提出了"满汉一家"思想及其实践，主要目的在于笼络争取汉族官僚、士绅等上层人员为清政权所用。这一政策推行后，原明朝的大学士冯铨、兵部侍郎金之俊等一大批官员得以留任。同时，多尔衮还对原来明朝的一批中等官员和文人给予超级提升，授予尚书、大学士等职。多尔衮摄政期间，规定内阁六部均设满缺汉缺，由满人、汉人分别充任，地方总督、巡抚及其以下官员，也是满汉兼用，清初更是以汉官居多。在军队建设上，清政府从顺治元年起陆续在各省设立绿营官兵，将士主要是汉人。"'满汉一家'政策的实施深刻影响着广大汉人官僚与知识分子的思想意识和行为方式，他们逐渐接纳并参与到满洲人统治的新王朝中。"② 这种吸收汉族进入统治集团的政策在一定程度上摆脱了国人对少数民族政权的排斥与敌视，极大地推动了广大汉民对清政权正统性与合法性的认同。

在文化上，清政权大兴尊孔崇儒之风。自从汉武帝罢黜百家、独尊儒术开始，中国古代历代皇帝均尊崇孔子及其代表的儒家思想。清朝也不例外。顺治皇帝袭封孔子后裔孔允植为"衍圣公"。康熙八年（1669）四月十五日，康熙皇帝采纳汉官建议，率领王公大臣到传授儒家经典的最高学

---

① 郭松义、李新达、杨珍：《中国政治制度通史》第十卷，社会科学文献出版社2011年版，第296页。

② 孙静：《"满洲"民族共同体形成历程》，辽宁民族出版社2008年版，第78页。

府——太学祭祀孔子，行三跪六叩头礼。祭奠后，他又听满汉学者讲《易经》《书经》。皇帝亲率百官祭孔，充分表明了对孔子及儒家学说的重视，肯定了儒家思想的正统地位，其目的在于巩固其统治的正统性、合法性地位。康熙十六年十月，康熙皇帝还亲自写了《日讲四书解义序》，在这篇文章中，他把孔子的治国理论和自己的治国思想统一起来，指出千百年来历代成功的君王，都遵循孔子的"仁政""合于礼"的理论来治理国家，他也要如此。这进一步提高了孔子、孟子的历史地位。他称他们为天生圣贤。康熙二十三年十一月，他第一次南巡途经山东曲阜，瞻仰孔庙，行三跪九叩大礼，并且书写"万世师表"匾额，悬挂于大成殿中，决定重修孔庙，亲自撰写孔子、孟子、周公庙的碑文，为天下人树立了尊孔崇儒的榜样。为了将儒家思想普及全国，康熙还颁布了著名的圣谕十六条。一个月后，他批准礼部题请，决定将其颁行全国，通行晓谕八旗、各省府州县乡村人等，由此，儒家思想在全国统治思想的中心地位得以确立。在清朝皇帝的尊孔崇儒的带动下，朝廷有效消解了汉族士大夫的华夷之辨的文化偏见，淡化了对满洲统治者的反抗意识。

如果说武力征服所形成的政权造成了全国对政权的被动认同，那么经过一系列措施后，稳定的社会与繁荣的经济文化，则推动了这种认同由被动转向主动。上述综合策略实施后，清代社会兴盛一时，"康乾盛世"的繁荣祥和局面促进了全国各族各地对清朝作为大一统政权的认同，并且不断巩固。

（二）东北少数民族对清朝认同意识的强化

通过一系列文治武功，满洲不仅实现了政权的创建与完善，强化了大一统国家的观念，而且，对他们自身也实现了一种身份的转换，即由一个区域政权的统治者到多民族国家政权的统治者。这一身份的转变也意味着此前就对其统治认同的东北少数民族也随之发生了转变，作为"内附"新满洲，带着荣誉与自豪，对满洲统治地位的认识与认同上升到大一统政权层面，国家观念由此而形成，并在抗击沙俄侵略的过程中得到体现与强化。

自 17 世纪中叶开始，趁明清之间争夺辽东无暇顾及东北边防之机，由波雅科夫、哈巴罗夫、斯捷潘诺夫等率领武装哥萨克，在沙皇俄国政府的支持下先后入侵黑龙江流域，并对当地居民烧杀掠抢、残酷欺压，致使东北各民族饱受凌辱、居无定所、田地荒芜、民不聊生。面对侵略者，当地少数民族愤起抗击。最初为自发组织起来抗击侵略者，比如，1643 年 7 月，波雅科夫率领 100 多人组成的远征队，翻越外兴安岭，进入黑龙江支流精奇里江（结雅河），受到达斡尔族等当地居民的顽强抗击，两年后失败而回。再如，1650 年初，哈巴罗夫率 70 名哥萨克人侵入黑龙江流域，强占雅克萨城，达斡尔族人、赫哲族人等多次对其予以打击。

清军入关后，开始加强对东北边疆的驻防，对沙俄侵略军予以坚决反击，捍卫国家领土完整与百姓生活安稳，各民族则坚定地支持清军抗俄。顺治九年（1652），宁古塔章京海色奉朝廷之命，与俄军战于乌扎拉村，达斡尔、费雅喀、赫哲等族人民积极参与，这也是一次政府官兵与当地各民族联合抗击侵略之战，后因海色麻痹轻敌，武器又逊于沙俄而失利。顺治十年（1653）至十五年，斯捷潘诺夫率人长期侵扰黑龙江地区，并曾进入松花江江口抢粮。清政府先是派轻车都尉明安达礼统兵两次征讨，重创了侵略者，复派宁古塔昂邦章京沙尔虎达强势反击，顺治十五年（1658），沙尔虎达率军 1400 人，于黑龙江、松花江汇合处大败俄军，斯捷潘诺夫也被击毙。"在清军和黑龙江各族人民的打击下，入侵黑龙江的俄军，除被就地消灭外，大部逃回雅库茨克，只有 17 人败退尼布楚。"①

康熙四年（1665），切尔尼果夫斯基纠集 84 名罪犯逃窜到黑龙江上游的雅克萨修建城堡，骚扰中国少数民族部落，掠夺人口。康熙帝在平定三藩之乱后决心彻底驱逐沙俄入侵者，在加强整饬边防的同时，操练士兵、水手，打造战船器械，积极备战。康熙二十四年（1685）与二十五年，清军两战雅克萨，大败沙俄侵略军，击毙沙俄指挥官托尔布津，将俄军残部

① 周喜峰、隋丽娟主编：《黑龙江史话》，黑龙江人民出版社 2006 年版，第 90 页。

紧紧地围困于雅克萨城内，致使沙俄政府不得不派使臣与中国政府进行谈判，通过外交手段以和平方式解决两国边界问题，遂有《尼布楚条约》签订。在两次雅克萨之战中，黑龙江地区各民族发挥了重要作用。参战的清军主力几乎都是由黑龙江地区少数民族组成，在第一次雅克萨之战中，宁古塔与索伦兵约占总人数的一半，达2000人之多；第二次雅克萨之战除了400名福建藤牌兵外，均为乌拉、宁古塔镇守官兵。同时，黑龙江流域的鄂温克、鄂伦春、达斡尔、赫哲、费雅喀等少数民族还以分散作战的方式多次袭击、围剿沙俄侵略军。此外，利用地近优势，他们承担了大量战前准备和后勤补给任务，如运送军粮、造船备战与军情侦察等。总之，在反击沙俄侵略的雅克萨战争中，黑龙江地区各族人民是抗击沙俄军的主力军，是胜利的根本保证。[①]

本书并未详细阐述清朝抗击沙俄侵略的完整过程，只是通过一些实例简要说明东北世居民族在抵制外侮时的态度与做法，意在描述作为东北世居民族与我国东北边疆的守护者，他们思想意识从维护个人安危到捍卫国家主权的转变与升华历程。如果说早期抗击沙俄侵略是为了保证自己生活安定免受欺压的话，那么，当清军大举征讨沙俄时，各民族主动积极参与抵御外寇则体现了他们的国家主权意识。人们对身份的认同往往与外来他者相关联，比如民族认同，单一民族并不需要相互认同，因为大家都是同一的，但是当面对另一个民族的存在与对比时，就会产生自我与他者的身份区别。国家认同也是如此，当面临国家安全与领土争端时，国家主权意识才会更加强烈。政府出兵保证领土完整与人民生命财产安全，本身也表明清朝作为国家主权捍卫者神圣不可侵犯的庄严态度。这种双向互动不仅反映了东北各民族对清政权的认同，同时也是他们逐渐形成的国家安全与疆域意识的一个强化过程。

---

① 周喜峰、隋丽娟主编：《黑龙江史话》，黑龙江人民出版社2006年版，第84页。

二、东北少数民族对满洲文化的认同

在本章第二节讨论满洲对东北少数民族统一时曾提及这一问题，简要说明了满洲统一各少数民族的过程也是文化整合的过程。满洲统治者在文化政策上始终有一种矛盾心态，一方面为了统治需要，大力学习汉文化；另一方面为了维护本民族传统，避免被汉族所同化，采取了推广国语骑射以及学校教育等一系列的维持"满洲根本"的政策。而事实上则是这两种政策几乎都得到了推行且同步实施。也正是在这两种政策的引领下，东北诸多少数民族首先是普遍接受、学习满文化，满文化也成为东北少数民族主导性文化，继而又接触并不断吸收了汉文化。关于对汉文化的吸收在上一节中已经作了专门论述，在此仅通过几个方面的例子，简要介绍东北少数民族对满洲文化的认同以及满文化对他们的影响，意在强调东北少数民族在中华文化认同形成过程中，满洲文化所承担的过渡与桥梁作用。

一是国语骑射的影响。为了巩固统治，清朝统治者将东北地区的众多少数民族编入八旗组织中，组织"新满洲"，通过八旗组织管理旗人。为了培养人才，清朝在各地区设立八旗官学、八旗义学等学校，如康熙三十年（1691）礼科给事中博尔济提议在盛京设立官学，"于左右两翼各设官学二所。各旗选取俊秀幼童十名，每翼四十名。满学各二十名，教读满书。汉学各二十名，教读满汉书，习马步箭"①。同时，他还提议对于没有进入官学的学童进入义学，"其余幼童，十岁以上者，各佐领于本佐领内选优长者各一人，……并教习马步箭，仍令各佐领、骁骑校稽查，将此学名为义学"②。而在吉林与黑龙江地区设立的八旗官学更是仅教授满语文与骑马步箭，因此又称为"满学"或"满官学"。对东北少数民族国语骑射教育的推行，深刻影响了这些民族的原有文化传统与文化结构，他们增强

① 鄂尔泰等修：《八旗通志初集》，李洵、赵德贵点校，东北师范大学出版社 1985 年版，第 960 页。

② 《圣祖仁皇帝实录》卷一五○，见《清实录》第五册，中华书局 1986 年版，第 667 页。

了对满洲传统文化的认同。

从语言影响上看，东北达斡尔、鄂伦春、鄂温克、赫哲、锡伯等少数民族均有语言无文字。自满文创制以来，其不仅作为官方文字发布政令，而且也成为各少数民族使用的通用文字。人们习读满语文并作为书面交际工具，许多少数民族语言都有满语借词，对其文化产生了一定影响。比如，达斡尔族没有自己民族文字，他们在学习满语文基础上，运用满文字母拼写形式创立了"达呼尔文字"，达斡尔语中也融合了不少满语词汇。锡伯族陆续被编入八旗后，开始学满语、习满文，满语逐渐成为锡伯族的母语。乾隆二十九年（1764），锡伯族由盛京迁往新疆伊犁察布查尔地区屯垦戍疆，他们全面继承并完整保留了清代满语，时至今日，满语作为濒危语言，在东北能使用者仅限于个别年龄较大的满族老人，但在新疆锡伯族却保留相对完好，只是不再称为满语而是锡伯语。蒙古族既有语言也有文字，满蒙两个民族语言交融甚多。有清一代，清朝统治者十分重视蒙古族的地位与作用，满蒙联姻制度的推行，加强了满蒙之间的民族交融，构建起了满蒙语言文化交流的桥梁。满文对于蒙古文发展产生了一定影响，"历史地看，尽管满文是仿照蒙古文创制的，但反过来它对蒙古文发展过程中的影响很大。"①

二是日常生活文化的影响。正如在第二章关于东北各少数民族文化梳理中所提到的，由于生活环境与自然地理条件接近，他们在日常生活习俗方面具有明显的"家族相似性"，当然三大族系仍然保持各自传统与特色。满洲作为政权统治者，在一定意义上可以说是文化的引领者。比如在服饰方面，由于清朝统治者剃发易服政策持续不断地强制性推行，满服上升为国服，满洲服饰逐渐为东北少数民族所接受，在款式、图案、纹饰等各方面影响着东北少数民族服饰。各民族从王公贵族、官员、士兵到普通百姓，服饰大体上同满洲一致，如赫哲族部分部落受到满洲服饰影响，"初

---

① 长山：《蒙古文 el 的来源》，载《民族语文》2011 年第 1 期。

服鱼皮，今则服大清衣冠"①。赫哲人普通百姓的服装式样也深受满洲服饰影响，妇女所穿衣服与满洲旗袍极为相似，襟长过膝，腰身稍窄，下身肥大，袖肥而短，有领窝而无衣领。达斡尔族人习惯穿短衣、长袍，头戴草帽或皮帽，足穿皮靴，后受满洲影响而穿着与满洲样式相同的坎肩，妇女也梳和满洲一样的发髻。在饮食方面，赫哲、鄂伦春、鄂温克等族作为传统的渔猎民族，饮食以兽肉、鱼肉、山菜、野果为主，粮食较少；达斡尔族以狩猎和农业为主，渔业较发达；蒙古族以畜牧业为主，他们的传统饮食均以经济生态为基础。随着与满洲接触不断加深，各民族在饮食方面也不断借鉴吸收满洲传统饮食习俗，如满洲传统面食与黏食为各民族所喜爱，达斡尔族日常饮食也以炖菜为主，宴席上也喜欢食用片白肉、血肠等，冬季满洲腌渍酸菜已经成为东北地区各族居民的通用做法。据《柳边纪略》载，满洲传统民居建筑样式为："屋皆东南向，立破木为墙，覆以莎草，厚二尺许，草根当檐际若斩，绚大索牵其上，更压以木，蔽风雨，出瓦上。开户多东南。土炕高尺五寸，周南西北三面，空其东，就南北炕头作灶。上下男女，各据炕一面，夜卧南为尊，西次之，北为卑。晓起则叠被褥置一隅，覆以毡或青布。客至共坐其中，不相避，西南窗皆如炕大，糊高丽纸，寒闭暑开。两厢为碾房，为仓房，为楼房。四面立木若城，以栅为门，成编桦枝，或以横木。庐舍规模，无贵贱皆然，唯有力者大而整耳。"② 更形象地概括满洲民居特征就是"口袋房，万字炕，烟筒座在地面上"，还有院落和仓房。达斡尔、鄂伦春、鄂温克、赫哲等民族在早期游牧或渔猎时均有自己独特的居住形式，比如，赫哲族的"撮罗子""地窨子"，鄂伦春与鄂温克的"仙人柱""奥伦"，多为生产型临时居所，待定居后则都仿照满洲民居建造固定屋舍。这种民居形式几乎成为东北民居的代表，至清末时期仍有大量保留。

---

① 杨宾、方式济、吴桭臣：《龙江三纪》，周诚望、董惠敏、赵江平标注，黑龙江人民出版社1985年版，第77页。

② 杨宾、方式济、吴桭臣：《龙江三纪》，周诚望、董惠敏、赵江平标注，黑龙江人民出版社1985年版，第19页。

此外，在婚丧嫁娶、传统信仰等方面，各民族也受到满洲风俗文化的影响，其中还包括由满洲传播而来的其他民族特别是汉族习俗文化。在一定程度上可以说，清代满洲文化对其他少数民族文化起到了文化引领作用。这些少数民族文化在发展过程中，主动或被动，自觉或不自觉地参照、模仿与学习借鉴了诸多满洲文化元素，并不断趋同于满洲文化模式，因而也是一个区域文化整合的过程。正是基于这种认同，东北各少数民族文化才有了更多的共同性与一致性，此后随着全国范围内各民族接触交往日趋频繁而深化，东北地区各少数民族文化也因吸收更多外来文化而更加丰富繁荣，但其独特的传统文化内涵依然得到了保留与传承。

三、由满洲文化认同到中华文化认同的升华

随着清朝大一统政权的稳定，各民族间的交往交流交融日趋加强，每个民族都不可能生存于孤立封闭的社会环境中，逐渐形成了"你中有我，我中有你"相互依存荣辱与共的整体。在文化上则是以汉文化为核心的中华文化成为主导性文化，各民族对中华文化的认同已经是民心所向大势所趋。作为清朝"龙兴之地""满洲根本"的东北地区同其他地区一样，开始由对满洲文化的认同转向升华为对中华文化的认同。

清朝时期，生活在东北地区的古代民族历经数千年的承转开合、交往交流交融，形成了汉、满、蒙古、赫哲、鄂伦春、鄂温克、回、达斡尔、朝鲜、锡伯、柯尔克孜等众多民族，他们彼此也在文化上相互影响、相互涵化，形成了区域范围内多元文化认同的格局。在清中期以前文化认同表现为：一是对本民族文化的认同；二是各民族彼此之间的文化认同；三是对满洲文化的认同。在这个文化认同体系中，满洲文化为主导性文化。随着大量汉移民的到来与汉文化的传入，对于中原文化、汉族文化的认同则不断加强，而满洲文化的变迁则进一步推动了满洲本身及其他少数民族对汉文化的学习与吸收。虽然清统治者非常重视传统骑射旧俗，将骑射技能视为八旗的根本技能，强化骑射教育，但是也避免不了逐渐衰微的历史命

运，究其原因，"既不是人为强迫实行的，也并非偶然，而是历史潮流发展的自然过程，也是长期的民族杂居、接触交流及民族融合的必然结果"①。伴随着生活交往扩大化，清朝统治者的民族政策也不断调整，比如在婚姻方面，一些满族人开始与汉族人通婚，越来越多的满族人说汉语、改汉姓、穿汉服。除了满族外，其他民族在中华文化影响下，在经济生产、语言、风俗习俗等各方面均发生变迁。经济形态上，以狩猎为生的鄂伦春族人，在与汉族商贸往来等影响下，一部分人也开始从事农业生产，并且学会了汉语。在清光绪九年（1883），黑龙江将军奏报，在黑河附近的兴安城，鄂伦春族人最初"久居山内，二百年来，未濡教化，几同野人"，但现在却"多通汉语，亦颇有因捕猎日艰，讲习农事者"。② 汉语文逐渐成为东北诸民族的通用语言。《黑龙江志略》记载："黑龙江文字，最初唯用满文……其索伦、达虎尔、鄂伦春、巴尔虎各种，向例只用满文，不用蒙文，且不识汉文，今日之势已趋重汉文，能通习满、蒙文字者，盖亦寥寥不多见也。"③ 蒙古族的丧葬习俗也与汉族基本相同，"蒙古每于除夕至祖先茔上烧纸祭献，今亦有遵汉礼，遇清明节拜扫者"④。汉文化成了凝聚东北各族的文化核心，在东北区域文化认同体系中，汉文化逐渐取代了满洲文化成为主导性文化。

在清入关后，满洲统治者对东北地区的态度明显与其他地区不同，一方面要保持龙兴之地传统习俗与文化之根本，另一方面还要促进这一地区的稳定与发展，但是作为边疆地区，抗击沙俄侵略、保证领土完整无疑是首要任务。因此，作为统一政权的最高统治者，出于国家治理的需要，为了促进东北地区的繁荣发展，推进东北各少数民族对清朝政权的认同，必

① 陈鹏：《清代"新满洲"兵丁"国语骑射"教育探赜》，《华夏文化论坛》第十辑，第328 页。

② 徐宗亮等撰：《黑龙江述略》（外六种），李兴盛、张杰点校，黑龙江人民出版社1985 年版，第33 页。

③ 《黑龙江志略》，见柳成栋整理：《清代黑龙江孤本方志四种》，黑龙江人民出版社1989 年版，第169 页。

④ 丛佩远：《中国东北史》第四卷，吉林文史出版社2006 年版，1870 页。

然要在文化上提升各民族的认同及由传统文化到国家共同文化的认同。

满洲作为清政权统治者、满洲文化的创造者，是一个由自身民族文化到汉文化再到中华文化转变调整的重要媒介，承担了引领作用。正是在满洲崛起并建立大清王朝这样一个大的时代背景下，随着满洲文化的变迁，东北少数民族的文化认同才完成了由区域民族文化到国家共同文化认同的转向与升华。

这一转向升华过程并非一蹴而就，大致可划分为三个阶段。如前文所述，满洲文化自形成之始就包含有汉文化元素，是一种二重结构的文化体系，因此，他们更早地接受了汉文化，尽管早期对汉文化的认知尚有局限，但他们对汉文化并不陌生，也不排斥，并在入关后与汉文化接触日趋紧密，对其吸收借鉴也不断增强。而自后金－清对东北少数民族统一后，各少数民族在认同了清政权统治基础上，因八旗制度的制约也形成了对满洲文化的认同，并越来越多地受到满洲文化的涵化。这应该是东北少数民族文化认同转向的第一个阶段。第二个阶段则是对汉文化的接受与认同，而这一过程仍然是以满洲文化为媒介。随着满洲入关后与汉文化的深度交往与融合，满洲在对东北地区管理与经略过程中，不断促进汉文化在东北少数民族之间的传播与扩散，且随时间迁移而影响日趋加深。第三个阶段则是基于对以满洲贵族为统治阶层的清政权的认同，形成了国家主权观念，这一点在抗击沙俄侵略时已表现得十分鲜明，进而实现了对国家共同文化的认同。需要注意的是，在整个过程中，明末满洲崛起的作用至关重要。历史不能假设，但却应该反思，如此方能以史为鉴。如果没有满洲的崛起，明末东北各民族处于不相统一的分散状态，如果这一状态持续下去，则存在相当大的不确定性，可能是以部落或部族甚至是部落联盟形式长期存在发展，整体发展的结果却可能形成各自独立的更高层级的社会组织形式，也不排除区域政权形式。事实上，在明朝末年，西部蒙古察哈尔林丹汗曾一度统治漠南蒙古，如果不是皇太极三次征讨直至最后消灭，也可能发展成为雄霸一方的地方政权。再有，索伦部果博果木尔，业已建成了黑龙江上游最大的部落联盟，一度与清军对抗，响者云集，势力不可谓不大，也被皇太极所灭。此外，从文化角度而言，满洲文化的形成与发展变迁，满洲文化认同的转变、拓展与提升，对东北少数民族文化变迁与文化认同转向无疑起到了重要的主导与引领作用。

"国家认同的实质是政治认同，国家认同依靠文化认同来实现，并由民族认同做保障。"① 清代东北少数民族文化认同的形成与转向可以概括为两个原因：政权与文化。东北少数民族文化认同的转向是以政治认同或政权认同为基础的，无论是作为区域政权还是全国政权，满洲贵族仍然是政权统治者，东北少数民族对这一政权的认同坚定如一，所不同的是，他们对政权的认同随后金－清政权的转变而跃升为对大一统政权的认同。在文化上，后金－清政权初期是以满洲文化为主导性文化模式，东北少数民族深受满洲文化影响并对其有明确的认同，至清中期时，主导性文化则由满洲文化转变为以汉文化为核心的各民族文化基础上形成的中华文化，因此，东北少数民族的文化认同也相应地转向了以儒家文化为内核的中华文化。这一转化意义重大而深远。时至今日，东北边疆依然有众多少数民族世居于此，但从来没有出现过民族分裂的现象，无疑与自清代以来几百年积淀形成的共同体意识与稳定和谐的民族关系直接相关。

---

① 常建华：《国家认同：清史研究的新视角》，载《清史研究》2010 年第 4 期。

参考文献

一、史料文献类

［1］国语［M］. 上海：商务印书馆，1935.

［2］孔晁. 逸周书［M］. 北京：中华书局，1985.

［3］陈寿. 三国志［M］. 裴松之，注. 北京：中华书局，1959.

［4］范晔. 后汉书［M］. 李贤，等，注. 北京：中华书局，1965.

［5］房玄龄，等. 晋书：全十册［M］. 北京：中华书局，1974.

［6］魏收. 魏书［M］. 北京：中华书局，1974.

［7］李延寿. 北史：全十册［M］. 北京：中华书局，1974.

［8］欧阳修，宋祁. 新唐书［M］. 北京：中华书局，1975.

［9］刘昫，等. 旧唐书：全十六册［M］. 北京：中华书局，1977.

［10］脱脱，等. 辽史：全五册［M］. 北京：中华书局，1974.

［11］脱脱，等. 金史：全八册［M］. 北京：中华书局，1975.

［12］徐梦莘. 三朝北盟会编：全二册［M］. 上海：上海古籍出版社，1987.

［13］叶隆礼. 契丹国志［M］. 贾敬颜，林荣贵，点校. 上海：上海古籍出版社，1985.

［14］宇文懋昭. 大金国志［M］. 李西宁，点校∥刘晓东，等，点校. 二十五别史. 济南：齐鲁书社，2000.

［15］洪皓. 松漠纪闻［M］. 翟立伟，等，标注∥李澍田. 长白丛书：初集. 长春：吉林文史出版社，1986.

［16］陈准. 北风扬沙录［M］∥上海师范大学古籍整理研究所. 全宋笔记：第十编十二. 郑州：大象出版社，2018.

［17］李贤，等. 大明一统志［M］. 西安：三秦出版社，1990.

［18］清实录［M］. 北京：中华书局，1986.

［19］清朝文献通考［M］. 杭州：浙江古籍出版社，1988.

［20］辽宁省档案馆. 满洲实录［M］. 沈阳：辽宁教育出版社，2012.

［21］赵尔巽，等. 清史稿［M］. 北京：中华书局，1977.

［22］鄂尔泰，等. 八旗通志［M］. 长春：东北师范大学出版社，1985.

［23］弘昼，等. 八旗满洲氏族通谱［M］. 沈阳：辽海出版社，2002.

［24］阿桂，等. 满洲源流考［M］. 孙文良，陆玉华，点校. 沈阳：辽宁民族出版社，1988.

［25］魏源. 圣武记：全二册［M］. 韩锡铎，孙文良，点校. 北京：中华书局，1984.

［26］盛昱，杨钟羲. 八旗文经［M］. 马甫生，等，标校. 沈阳：辽沈书社，1988.

［27］傅恒，等. 皇清职贡图［M］. 沈阳：辽沈书社，1991.

［28］清史列传［M］. 王锺翰，点校. 北京：中华书局，1987.

［29］中国历史第一档案馆，中国社会科学院历史研究所，译注. 满文老档［M］. 北京：中华书局，1990.

［30］中国第一历史档案馆. 清初内国史院满文档案译编［M］. 北京：光明日报出版社，1989.

［31］辽宁省档案馆. 盛京内务府粮庄档案汇编［M］. 沈阳：辽沈书社，1993.

［32］季永海，刘景宪. 崇德三年满文档案［M］. 沈阳：辽沈书社，1988.

［33］关嘉录，修永功，关照宏. 天聪九年档［M］. 天津：天津古籍出版社，1987.

［34］潘喆，李鸿彬，孙方明. 清入关前史料选辑：第一辑［M］. 北京：中国人民大学出版社，1984.

［35］潘喆，孙方明，李鸿彬. 清入关前史料选辑：第二辑［M］. 北京：中国人民大学出版社，1989.

［36］潘喆，李鸿彬，孙方明. 清入关前史料选辑：第三辑［M］. 北京：中国人民大学出版社，1991.

［37］徐珂. 清稗类钞［M］. 北京：中华书局，1984.

［38］昭槤. 啸亭杂录［M］. 何英芳，点校. 北京：中华书局，1980.

［39］福格. 听雨丛谈［M］. 汪北平，点校. 北京：中华书局，1984.

［40］刘献廷. 广阳杂记［M］. 汪北平，夏至和，点校. 北京：中华书局，1957.

［41］何刚德. 春明梦录·客座偶谈［M］. 上海：上海古籍书店影印，1983.

［42］震钧. 天咫偶闻［M］. 北京：北京古籍出版社，1982.

［43］吴振棫. 养吉斋丛录［M］. 童正伦，点校. 北京：中华书局，2005.

［44］西清. 黑龙江外记［M］. 梁信义，周诚望，注释. 哈尔滨：黑龙江人民出版社，1984.

［45］徐宗亮. 黑龙江述略：外六种［M］. 李兴盛，张杰，点校. 哈尔滨：黑龙江人民出版社，1985.

［46］杨宾，方式济，吴桭臣. 龙江三纪［M］. 周诚望，董惠敏，赵江平，标注. 哈尔滨：黑龙江人民出版社，1985.

［47］方登峰，方式济，方观承，等. 述本堂诗集·宁古塔纪略［M］.哈尔滨：黑龙江大学出版社，2014.

［48］李澍田. 吉林外记·吉林志略［M］. 史吉祥，张羽，点校. 长春：吉林文史出版社，1986.

［49］长顺，李桂林. 吉林通志［M］. 李澍田，主点. 长春：吉林文史出版社，1986.

［50］故宫博物院藏. 五体清文鉴：满、藏、蒙、维、汉文对照［M］.北京：民族出版社，1998.

［51］王锺翰. 朝鲜《李朝实录》中的女真史料选编［M］. 沈阳：辽宁大学历史系，1979.

［52］金毓黻. 辽海丛书：一——五册［M］. 沈阳：辽沈书社，1985.

二、著作类

［1］金毓黻. 东北通史［M］. 重庆：五十年代出版社，1981.

［2］王锺翰. 中国民族史［M］. 武汉：武汉大学出版社，2012.

［3］王锺翰. 满族史研究集［M］. 北京：中国社会科学出版社，1988.

［4］孟森. 清史讲义［M］. 长沙：岳麓书社，2009.

［5］戴逸. 简明清史［M］. 北京：人民出版社，1980.

［6］《满族简史》编写组. 满族简史［M］. 北京：中华书局，1979.

［7］干志耿，孙秀仁. 黑龙江古代民族史纲［M］. 哈尔滨：黑龙江人民出版社，1987.

［8］傅朗云，杨旸. 东北民族史略［M］. 长春：吉林人民出版社，1983.

［9］董万仑. 东北史纲要［M］. 哈尔滨：黑龙江人民出版社，1987.

［10］薛虹，李澍田. 中国东北通史［M］. 长春：吉林文史出版社，1991.

［11］孙进己. 东北民族源流［M］. 哈尔滨：黑龙江人民出版

社，1989.

　［12］孙进己，张璇如，蒋秀松，等. 女真史［M］. 长春：吉林文史出版社，1987.

　［13］佟冬. 中国东北史：全六卷［M］. 长春：吉林文史出版社，2006.

　［14］李治亭. 东北通史［M］. 郑州：中州古籍出版社，2003.

　［15］程妮娜. 东北史［M］. 长春：吉林大学出版社，2001.

　［16］姜维公. 中国东北民族史［M］. 长春：吉林文史出版社，2014.

　［17］林幹. 东胡史［M］. 呼和浩特：内蒙古人民出版社，1989.

　［18］马长寿. 乌桓与鲜卑［M］. 上海：上海人民出版社，1962.

　［19］杨保隆. 肃慎挹娄合考［M］. 北京：中国社会科学出版社，1989.

　［20］张博泉，苏金源，董玉瑛. 东北历代疆域史［M］. 长春：吉林人民出版社，1981.

　［21］张博泉. 金史简编［M］. 沈阳：辽宁人民出版社，1984.

　［22］金启孮. 满族的历史与生活——三家子屯调查报告［M］. 哈尔滨：黑龙江人民出版社，1981.

　［23］金启孮. 北京郊区的满族［M］. 呼和浩特：内蒙古大学出版社，1989.

　［24］冯尔康，常建华. 清人社会生活［M］. 天津：天津人民出版社，1990.

　［25］滕绍箴. 努尔哈赤评传［M］. 沈阳：辽宁人民出版社，1985.

　［26］滕绍箴. 满族发展史初编［M］. 天津：天津古籍出版社，1990.

　［27］滕绍箴，滕瑶. 满族游牧经济［M］. 北京：经济管理出版社，2001.

　［28］阎崇年. 努尔哈赤传［M］. 北京：北京出版社，1983.

　［29］《民族问题五种丛书》辽宁省编辑委员会. 满族社会历史调

查 [M].沈阳：辽宁人民出版社，1985.

[30] 李兴盛. 东北流人史 [M]. 哈尔滨：黑龙江人民出版社，1990.

[31] 张佳生. 满族文化史 [M]. 沈阳：辽宁民族出版社，1998.

[32] 张佳生. 中国满族通论 [M]. 沈阳：辽宁民族出版社，2004.

[33] 刘小萌. 满族的社会与生活 [M]. 北京：北京图书馆出版社，1998.

[34] 刘小萌. 满族从部落到国家的发展 [M]. 沈阳：辽宁民族出版社，2001.

[35] 张杰，张丹卉. 清代东北边疆的满族 [M]. 沈阳：辽宁民族出版社，2003.

[36] 张杰. 满族要论 [M]. 北京：中国社会科学出版社，2007.

[37] 徐海燕. 满族服饰 [M]. 沈阳：沈阳出版社，2004.

[38] 支运亭. 八旗制度与满族文化 [M]. 沈阳：辽宁民族出版社，2002.

[39] 老舍. 我这一辈子　正红旗下 [M]. 苏州：古吴轩出版社，2018.

[40] 关纪新. 老舍与满族文化 [M]. 沈阳：辽宁民族出版社，2008.

[41] 赵志忠. 萨满的世界——《尼山萨满》论 [M]. 沈阳：辽宁民族出版社，2001.

[42] 鲍明. 满族文化模式：满族社会组织和观念体系研究 [M]. 沈阳：辽宁民族出版社，2005.

[43] 孙静. "满洲"民族共同体形成历程 [M]. 沈阳：辽宁民族出版社，2008.

[44] 齐红深. 东北地方教育史 [M]. 沈阳：辽宁大学出版社，1991.

[45] 周喜峰，隋丽娟. 黑龙江史话 [M]. 哈尔滨：黑龙江人民出版

社，2006.

［46］黄润华，史金波. 少数民族古籍版本——民族文字古籍［M］. 南京：江苏古籍出版社，2002.

［47］富丽. 世界满文文献目录：初编［M］. 北京：中国民族古文字研究会，1983.

［48］王远新. 中国民族语言学——理论与实践［M］. 北京：民族出版社，2002.

［49］徐世璇. 濒危语言研究［M］. 北京：中央民族大学出版社，2001.

［50］费孝通. 中华民族多元一体格局：修订本［M］. 北京：中央民族大学出版社，1999.

［51］钱穆. 中国历史研究法［M］. 北京：生活·读书·新知三联书店，2001.

［52］衣俊卿. 文化哲学——理论理性和实践理性交汇处的文化批判［M］. 昆明：云南人民出版社，2001.

［53］衣俊卿. 现代化与日常生活批判［M］. 北京：人民出版社，2005.

［54］摩尔根. 古代社会：全三册［M］. 杨东莼，张栗原，冯汉骥，译. 北京：商务印书馆，1971.

［55］伍兹. 文化变迁［M］. 施惟达，胡华生，译. 昆明：云南教育出版社，1989.

［56］史徒华. 文化变迁的理论［M］. 张恭启，译. 台北：远流出版事业股份有限公司，1989.

［57］本尼迪克特. 文化模式［M］. 何锡章，黄欢，译. 北京：华夏出版社，1987.

［58］卡尔·雅斯贝斯. 历史的起源与目标［M］. 魏楚雄，俞新天，译. 北京：华夏出版社，1989.

［59］斯宾格勒. 西方的没落［M］. 齐世荣，田农，林传鼎，等，译.

北京：商务印书馆，1963.

　　［60］郑晓云. 文化认同论［M］. 北京：中国社会科学出版社，1992.

　　［61］张世富. 民族心理学［M］. 济南：山东教育出版社，1996.